Llyfrau Llafar Gwlad

Ambell Air

Geiriau a'u cysylltiadau, Baledi

Tegwyn Jones

Argraffiad cyntaf: 2013

Rhif rhyngwladol: 978-1-84527-425-2

Mae'r cyhoeddwr yn cydnabod cefnogaeth ariannol
Cyngor Llyfrau Cymru

Cynllun clawr: Sion Ilar

Cyhoeddwyd gan Wasg Carreg Gwalch,
12 Iard yr Orsaf, Llanrwst, Conwy, LL26 0EH.
Ffôn: 01492 642031 Ffacs: 01492 641502
e-bost: llyfrau@carreg-gwalch.com
lle ar y we: www.carreg-gwalch.com

Argraffwyd a chyhoeddwyd yng Nghymru.

AMBELL AIR

Cynnwys

Ysgrifau

Cydnabyddiaeth

Ar wahân i'r pytiau a ymddangosodd yn rheolaidd yn y golofn 'Ambell Air' yn *Llafar Gwlad*, ymddangosodd rhai o'r ysgrifau sy'n eu dilyn yma mewn mannau eraill. Dymunir cydnabod yn ddiolchgar y cyhoeddiadau canlynol - *Canu Gwerin, Ceredigion* a 'r *Faner*.

Cyflwyniad

Rhyw siaced fraith o gyfrol yw hon a fydd yn apelio gobeithio at bawb sy'n ymddiddori mewn geiriau ac ymadroddion o bob math. Rhai y byddwn yn eu defnyddio bob dydd heb feddwl ddwywaith amdanynt, eraill efallai yn fwy dieithr, ond yn llawn o swyn a chyfaredd bob un ohonynt. Gobeithio hefyd nad llai danteithiol fydd y darnau hwy a geir yma am rai cymeriadau yn ein llên a'n hanes, am ganu gwerin a baledi - ac am un ymgyrch etholiadol boeth a hanesyddol.

Mawr yw fy nyled i Myrddin ap Dafydd a'i gyd-weithwyr dyfal yng Ngwasg Carreg Gwalch am eu gofal a'u hamynedd, a phleser yw cael diolch iddynt.

Ar wahân i'r pytiau a ymddangosodd yn rheolaidd yn y golofn 'Ambell Air' yn *Llafar Gwlad*, ymddangosodd rhai o'r ysgrifau sy'n eu dilyn mewn mannau eraill. Dymunaf gydnabod yn ddiolchgar *Canu Gwerin*, *Ceredigion* a'r *Faner*.

Cyflwynaf y gyfrol i'r tair fach – Leah, Teleri a Mared.

Tegwyn Jones
Mawrth 2013

Erthyglau
'Ambell Air'

Brathu'r Gaseg ac ati

Mewn hen rifyn o'r *Cymmrodor*, cylchgrawn Anrhydeddus Gymdeithas y Cymmrodorion, fwy na chant a deg o flynyddoedd yn ôl, y mae rhywun sy'n galw eu hun yn 'Glanirvon' yn cofnodi nifer o ymadroddion a glywodd o bryd i'w gilydd, ac yr hoffai gael mwy o oleuni arnynt. Un yn unig o'r rhain sy'n gyfarwydd i mi, er na wn innau chwaith sut i'w esbonio. Y dywediad hwnnw yw 'brathu'r gaseg wen', ac yn ôl Geiriadur y Brifysgol ei ystyr yw 'dweud celwydd (golau), tynnu ar ddychymyg, arfer gormodiaith', ac fe'i clywir ar lafar, meddir, yng Ngheredigion. Gallaf dystio fod hynny'n wir, ond ei ystyr i mi yw 'torri i mewn i sgwrs â rhyw sylw amherthnasol neu wirion', a hynny'n fwy na thebyg, am fod y person a wnaeth hynny wedi bod yn rhyw hanner gwrando ar y sgwrs yn lle ymuno'n llawn â hi: 'Dyna ti, 'to – brathu'r gaseg wen. Pam na wrandi-di'n iawn?' A dyma'r union ystyr a gofnodir gan Glanirvon yn y *Cymmrodor*, er na ddywed ymhle y clywodd ef. Weithiau, meddai, yr oedd i'w glywed yn llawnach hefyd, sef 'brathu'r gaseg wen yn rhywle'. Cofiaf sôn am hyn wrth y diweddar D. G. Lloyd Hughes, ac fe'm sicrhaodd fod ei briod, a oedd yn frodor o ardal Llanfihangel-ar-arth, sir Gaerfyrddin, yn defnyddio'r ymadrodd 'caseg wen rywle' am 'stori nad yw'n iawn, stori ddi-sail'. Dyna felly ddod yn nes at ddiffiniad y Geiriadur, a lledu tiriogaeth y dywediad ychydig hefyd. Mae'n amlwg mai'r un gaseg wen sydd yma bob tro, er gwaetha'r arlliw o wahaniaeth yn yr ystyr. Tybed a fydd rhywun o blith darllenwyr y nodyn hwn yn gyfarwydd â'r dywediad, ac a allai o bosib ddweud mwy wrthym am y gaseg wen, a phryd y cafodd ei brathu gynta?

Dywediad arall o Geredigion a gofnodir gan Glanirvon, ond sy'n ddieithr i mi, yw 'yng ngodre Rhiw Dywyll', a'r enghraifft a geir ganddo yw, 'O ie, ie, yng ngodre'r Rhiw Dywyll y mae e'n cymhennu bob amser', a'r gair 'cymhennu' yma yn golygu 'difrïo, dwrdio, tafodi'. 'Yn ddigon pell o berygl' oedd ei ystyr i Glanirvon, ac fe'i defnyddid am rywun a fyddai'n barod iawn i feirniadu ac i geryddu rhywun arall yn ei absenoldeb, ond ymhlyg yn y dweud, meddai'r cofnodwr, y mae'r awgrym mai tawedog iawn fyddai'r dwrdiwr hwnnw petai gwrthrych ei sylwadau'n bresennol. 'Yng ngodre'r Rhiw

Dywyll', lle cuddiedig, dirgel, diogel. I'r graddau hynny mae'n debyg, fe ellir gweld ei ystyr, ond byddai'n dda cael mwy o wybodaeth am y fath le. Fe'm sicrheir gan gyfeillion o gyffiniau Tregaron bod yr enw'n digwydd yno, ond tywyll yw ergyd y dywediad iddynt hwythau hefyd. Mae D. J. Williams, Abergwaun, yn un o'i lyfrau, yn sôn am ddywediad tebyg a oedd yn gyfarwydd iddo ef, sef 'Rhegi'r maer o ben Allt Walis'. Ymddengys mai maer Caerfyrddin oedd hwnnw, a chan fod Allt Walis gryn bellter o'r dref, yr oedd yn ddiogel i'w regi o'r fan honno.

Yn ôl i fyd yr anifeiliaid yr awn yn un arall o'r dywediadau a nodir gan Glanirvon, sef 'gwerthu'r hwrdd'. Ystyr hyn oedd 'mwmian yn aneglur, a hynny mewn rhyw ddull sorllyd neu bwdlyd', ac fe'i defnyddid pan fyddai rhywun a oedd newydd dderbyn cerydd, yn dweud o dan ei anadl yr hyn na feiddiai ddweud yn uchel. 'Fe wedes i wrtho fe be o'n i'n feddwl ohono-fe, a dyna lle'r oedd e'n gwerthu'r hwrdd' (neu weithiau'n llawnach), 'yn gwerthu'r hwrdd am lai nag a dalai ef'. Pam cysylltu gwerthu hwrdd yn fwy na rhyw greadur arall â'r ymddygiad arbennig hwn? Dyma wybodaeth ry ryfedd i mi, chwedl y Salmydd, a byddai'n hyfryd cael esboniad.

Ac un arall – o orllewin sir Frycheiniog y tro hwn yn ôl Glanirvon – sef 'Plant (neu ferched) Siôn Cnoc'. Pobl hurt, wirion, ddwl' oedd y rhain. Am ferch ieuanc benwan a ffôl fe ddywedid 'Un o ferched Siôn Cnoc yw hi', neu 'un o blant Siôn Cnoc yw e', am fachgen neu ddyn o gyffelyb fryd, a byddai hynny'n ddigon o esboniad. Mae Geiriadur y Brifysgol yn rhoi'r ystyr 'ffŵl, hurtyn' i 'cnoc' ar ei ben ei hun, gan ychwanegu ei fod i'w glywed ar lafar yn y De. Clywais innau hen gyfaill a chyd-weithiwr o Aberdâr yn ei ddefnyddio ag arddeliad lawer tro, am rywun a oedd wedi dweud neu wneud rhywbeth gwirion. Ond pwy oedd Siôn Cnoc? Awgrymodd cyfaill arall i mi mai John Knox o bosib sydd yma, y Sgotyn tanllyd hwnnw o Brotestant a gyfeiriodd gynt at y 'monstrous regiment of women'. Ond tybed? A oes rywun a ŵyr, neu a ydyw hwn, ynghyd â'r gaseg wen a'r Rhiw Dywyll a gwerthu'r hwrdd ymhlith y pethau, chwedl Waldo, 'na ŵyr neb amdanynt 'nawr'?

Brawd

Y mae dau air 'brawd' yn y Gymraeg, a'r ddau yn hen iawn. Digon hysbys yw'r cyntaf, sef mab neu fachgen yn ei berthynas â phlant eraill o'r un rhieni, a byddwn yn sôn am 'hanner brawd' am un nad yw'n rhannu'r un tad neu'r un fam â phlentyn arall. Magodd y gair ystyron lletach dros y canrifoedd. Gall olygu 'câr, gŵr o'r un tylwyth, cyd-wladwr, cyfaill':

> Brawd hen y glêr, Brytwn glân

meddai Guto'r Glyn am un o'i noddwyr. 'Cyfaill hen y beirdd' mewn geiriau eraill. Gall olygu 'cyd-Gristion, cyd-ddyn' hefyd, ac yn yr ystyr hwnnw, mae'n debyg, y soniwn am 'y brawd John Jones' yn y capel. Ystyr arall wedyn yw 'aelod o un o urddau cardodol a mynachaidd Eglwys Rufain'. At un ohonynt hwy – y Brawd Llwyd – yr aeth Dafydd ap Gwilym pan oedd ei gydwybod yn ei boeni:

> Mi a euthum at y Brawd
> I gyffesu fy mhechawd,

a chael dadl fywiog am farddoniaeth a chariad merch.

Enw benywaidd yw'r gair arall 'brawd', a'i ystyr yw 'barn, dedfryd mewn llys barn, neu ymweliad dwyfol'. Mae enghraifft o'r ymadrodd 'dydd brawd' (sef 'dydd barn') yn digwydd mewn llawysgrif mor gynnar â'r wythfed ganrif, ac y mae hen fardd o'r enw Bleddyn Du, yn ei ddefnyddio tua dechrau'r drydedd ganrif ar ddeg mewn cerdd sy'n sôn am Grist gerbron Peilat:

> A brawd Pilat, ynad anfad.

Nid cyfeirio at un o frodyr Peilat y mae, ond am ei weithred yn barnu Crist. O roi'r fannod o'i flaen ceir 'y Frawd', sy'n gyfystyr ag 'y Farn', sef y Farn Ddiwethaf, diwedd y Byd, *dies irae*'.

Diflannodd y gair hwn o'r iaith lafar bron yn gyfan gwbl, a'r unig dro y clywir ei ddefnyddio bellach yw pan sonnir am 'frawdlys', sef 'llys barn'.

Gair cymharol ddiweddar yw hwnnw, a hyd y gwyddys, Peter Williams yr esboniwr a'i piau. O leiaf, yn y Beibl a gyhoeddodd ef yn 1770, ac sy'n dwyn ei enw, y ceir yr enghraifft gynharaf ohono ar ddu a gwyn.

Ond i fynd yn ôl am funud at y gair 'brawd' mwy cyfarwydd. Dyma'r elfen gyntaf yn yr enw diddorol hwnnw, 'brawd maeth', 'brawdfaeth'. Mae'n digwydd er enghraifft yn yr enw 'Dôl Brawdmaeth' yn ardal Dinas Mawddwy. Dywed haneswyr wrthym mai hen draddodiad ymhlith ein brenhinoedd a'n tywysogion cynnar, oedd gosod mab, neu weithiau feibion, o'r llys brenhinol, pan fyddent yn ieuanc iawn, i'w magu gan rieni maeth, sef uchelwyr cefnog o blith deiliaid y brenin neu'r tywysog. Lle byddai gan yr uchelwr hwnnw feibion ei hun, yr hyn a ddigwyddai'n aml iawn oedd bod perthynas agosach yn datblygu rhwng y tywysogion ieuanc hyn a'u brodyr maeth, nag a fyddai rhyngddynt a'u brodyr o waed. Yn wir, gan eu bod wedi eu dosbarthu rhwng gwahanol uchelwyr, dieithriaid i'w gilydd fyddai brodyr o waed yn fynych, a phan fyddai farw eu tad, âi'n ymrafael yn rhwydd iawn rhwng y gwahanol uchelwyr a'u cysgododd o dan eu to, pob un yn cefnogi hawl y tywysog neu dywysogion ieuainc a fagwyd ganddynt, yn eu hawydd i gael eu crafangau hwythau ar siâr o'r etifeddiaeth.

Ceir enghraifft o'r hyn a allai ddigwydd yn y gân olaf yn y casgliad o waith y Gogynfeirdd a elwir yn Llawysgrif Hendregadredd, cân sy'n sôn am frwydr a ymladdwyd gerllaw Pentraeth ar Ynys Môn yn y flwyddyn 1070. Yr oedd Owain, brenin Gwynedd, newydd farw, ac ar unwaith dechreuodd ei feibion – a fagwyd gan wahanol uchelwyr – ymgiprys am yr ysbail. Un o'r rhain oedd y bardd, Hywel ab Owain Gwynedd, a roddwyd i'w fagu pan oedd yn ieuanc gan uchelwr o'r enw Cedifor. Meibion y Cedifor hwn a ymladdodd ochr yn ochr â Hywel y diwrnod hwnnw, yn erbyn ei lysfam, Cristin, a dau hanner brawd iddo. Lladdwyd Hywel yn y frwydr, a rhai o feibion Cedifor gydag ef:

Buant briw ger eu brawd faeth,

meddai un o'r brodyr, Peryf ap Cedifor, a oroesodd y gyflafan. Byddai'n anodd iawn, yn ôl yr hanesydd J. E. Lloyd, daro ar well enghraifft na hon o'r modd y byddai'r traddodiad hwn, a roddodd fod i'r ymadrodd 'brawd maeth', yn llygru trefn naturiol pethau, drwy gymryd ymaith hoffter naturiol brodyr at ei gilydd, a rhoi yn ei le ymlyniad a seiliwyd ar gyfeillgarwch yn unig. Ond 'y mae cyfaill a lŷn wrthyt yn well na brawd', meddai Llyfr y Diarhebion. Hynny yn sicr oedd profiad Hywel ab Owain Gwynedd y diwrnod hwnnw dros naw can mlynedd yn ôl 'yn y pant uwch Pentraeth'.

Bwganod a Gwrachod

Rwy'n cofio clywed rhywun o waelod sir Aberteifi unwaith yn esbonio nad oedd pethau'n rhy dda rhwng dau deulu yn y gymdogaeth lle trigai ef, a'i ffordd o ddweud hynny oedd, 'Mae bwg rhint y ddou deulu 'nâ'.

Yn awr, barn y gwybodusion yw – er nad oes sicrwydd pendant chwaith – mai benthyciad o'r gair Saesneg Canol *bugge* yw'r 'bwg' yna, yn golygu 'drychiolaeth, ysbryd, ellyll', ond a fagodd yr ystyr 'gelyniaeth, dicter' weithiau. Hynny yw, yr oedd rhyw elyniaeth, rhyw ddicter, yn bod am ryw reswm neu'i gilydd rhwng y ddau deulu dan sylw. A'r gair bach yma – 'bwg' – a'r olddodiad fachigol '-an' wedi ei hychwanegu at ei gwt (fel yr ychwanegir '-an' at y gair 'gwraig' i roi 'gwreigan', er enghraifft) a roddodd y gair mwy cyfarwydd 'bwgan' inni, sy'n golygu'r un peth â 'bwg', sef unrhyw wrthrych sy'n tueddu i godi ofn neu arswyd ar rywun.

Mae hen gerdd ar gael, a ysgrifennwyd tua 1600, am ryw ferch anniben, lle ceir y bardd dienw'n cwyno'n enbyd am y lle ofnadwy oedd ganddi:

> i thŷ yn fudyr a'i llestri ar led
> a'r cŵn yn myned i'w llyfu,

ond pan aiff allan am dro, mae'n ymdrwsio ac yn ymbincio'n lliwgar dros ben:

> Yn tŷ yn fwgan nos a dydd
> Ag allan y bydd hi beunes.

Megis aderyn lliwgar ar yr heol, ond yr olwg arni yn ei chartref yn ddigon i godi ofn arnoch.

A chodi ofn, wrth gwrs, yw priod waith yr hen fwgan brain yntau, yn ei 'siaced hen sowldiwr a chlôs redi mêd' chwedl y gân. Mewn ambell dafodiaith, gan gynnwys f'un i, 'bwbach' yw'r ffurf a arferir, a 'bwbach y brain' a ddywedwn i. O fewn ergyd carreg i'r tŷ lle 'maged i yr oedd lôn gul, garegog yn arwain i fyny ochr y bryn, heibio i dyddyn o'r enw Bwlchydderwen lle bu llofruddiaeth waedlyd ddechrau'r ugeinfed ganrif, pan laddwyd gŵr y tŷ â bwyell. Ond cyn cyrraedd Bwlchydderwen, yr oedd lôn arall, gulach a thywyllach hefyd, yn arwain draw i'r dde ar hyd gwely hen ffos a oedd yn un o olion y diwydiant mwyn plwm a ffynnai gynt yn yr ardal. A'n henw ni ar honno oedd 'Lôn y Bwbach'. Ni chlywais neb erioed yn esbonio'r enw. A oedd a wnelo tybed â'r llofruddiaeth honno ychydig yn nes i fyny? Beth bynnag am hynny, hyn a wn yn dda – pan oeddwn blentyn ni fyddai ffortiwn wedi fy nenu i droedio'r lôn honno'n ddigwmni wedi nos, ac nid wy'n siŵr yr awn i eto chwaith.

Gwn am un 'Lôn y Bwbach' arall hefyd, sef lôn unig sy'n arwain o ben Rhiw Glais, ger Aberystwyth, draw i gyfeiriad y cwrs golff uwchlaw'r dref. Hyd y gwn, nid oes esboniad ar yr enw yno chwaith yn anffodus. *Rhywun*, efallai, *rywbryd* wedi gweld *rhywbeth*. Golffiwr, o bosib, wedi loetran yn rhy hir yn y pedwerydd twll ar bymtheg bondigrybwyll.

Wrth sôn am rywun yn gweld bwgan ni allaf lai na chofio am yr hen wraig honno y clywais y diweddar Tecwyn Lloyd yn sôn amdani unwaith. Honnai hi fod bwgan bob amser yn eistedd ar gamfa arbennig y byddai'n ei phasio'n rheolaidd yn y llwyd olau. Un o lanciau'r pentref un noson, er mwyn cael dipyn o hwyl, yn rhoi lliain gwyn hir dros ei ben ac yn mynd i eistedd ar y gamfa tua'r adeg y byddai'r hen wraig yn mynd heibio. Daeth ar ei hynt yn y man, a dychmyger adwaith y llanc pan arhosodd yr hen wraig yn stond o flaen y gamfa a dweud 'Ho! Mae yna ddau ohonoch-chi yma heno, os e?', a mynd yn ei blaen.

Un ffenomen yng nogledd Ceredigion a fu'n gryn fwgan yno gynt oedd yr Hen Wrach, fel y gelwid hi gan drigolion ymylon Cors Fochno, yn enwedig pentrefi Tre-Taliesin, Tre'r-ddôl a Thal-y-bont. Evan Isaac, gweinidog Wesle a brodor o'r ardal a groniclodd yr hanes, ac ni wyddai ef, meddai, am draddodiad tebyg mewn unrhyw ardal arall. Ychydig iawn, iawn o bobl a welodd yr Hen Wrach erioed, ond nid oedd enaid drwy'r ardal nad oedd arno ei harswyd ac na theimlodd ei heffaith. Oherwydd rhyw fath o anhwylder oedd y Wrach hon. 'Math o gryd ydoedd', meddai Evan Isaac,

. . .dechreuai mewn teimlad llesg a chlafaidd, tebyg i saldra môr, ac yna ceid crynu mawr drwy'r holl gorff a barhâi am awr gron. Unwaith bob pedair awr ar hugain y deuai'r crynu, ac yna awr yn ddiweddarach bob dydd . . .Pan ballai grym y clefyd a'r claf wedi troi at wella, ceid diwrnod rhydd rhwng dau bwl o grynu, ac yna ddau ddiwrnod rhydd, ac wedyn dri . . . eithr rhaid oedd bod i mewn ddiwrnod y crynu.

Un a fu'n ysgolfeistr yn Nhal-y-bont am ryw hyd oedd Richard Morgan y naturiaethwr, awdur *Tro Trwy'r Wig* ymhlith llyfrau eraill, a chyfrannwr cyson ar bynciau byd natur i'r *Cymru* Coch. Mae ef yn cofnodi hanesyn am ferch fach a fynychai ei ysgol yn dod ato un prynhawn ac yn dweud wrtho – yn iaith swyddogol ysgolion gogledd Ceredigion yn y cyfnod hwnnw, 'Please sir, I shant be in school tomorrow'. Yntau yn yr un iaith yn holi pam, a chael yr ateb, 'Please sir, I shall be shaking tomorrow'. Rhaid oedd bod i mewn ar ddiwrnod y crynu . . .

Gair mwy cyffredin yn y Gogledd am yr un anhwylder oedd 'acses' neu 'acsys' (benthyciad o'r Saesneg canol *access*). Meddai William Morris, Caergybi, un o Forrisiaid Môn mewn llythyr yn 1757:

Y pryd hyn pur anaddas wyf i ymhel â'r pin gan fod fy modryb Acsus, yr hon a eilw'r deheuduriaid yn Wrâch yn ymweled a myfi bob yn eilddydd er yr wythnos, a minnau yn ceisio ei hymlid ymaith a Phowdr Coch ffieiddflas.

Mae'n dra thebyg mai gan ei frawd Lewis Morris, a oedd erbyn hynny'n byw nid nepell o Gors Fochno, y clywodd William ddefnyddio 'gwrach' am yr anhwylder a'i blinai. Roedd gan Lewis fab (yn ogystal â brawd) o'r enw William, a phan dyfodd hwnnw i oedran gŵr byddai'n ceisio prydyddu ychydig o dro i dro, o dan yr enw Wil Teifi. Nid oedd agos cystal bardd â'i dad – yn wir, byddai Lewis Morris yn troi'n ei fedd pe gwelai rhai o'r pethau rhyfedd a luniai ei fab weithiau, a'u galw'n 'englynion'. Ond fe wnâi ei orau, ac mewn casgliad bach o'i gerddi yn ei law ei hun a welir yn y Llyfrgell Genedlaethol, y mae ganddo bennill am y 'wrach' sy'n rhoi syniad reit dda i ni o'r annifyrrwch a achosid ganddi – ysgrydiau oer, gwres uchel, dim chwant bwyd, syched mawr, a'r corff ar waith i gyd gan y cryndod:

> Hen wrach, clefyd ysgryd,
> Yr un awr yn dwym danllyd,
> Hen wrach afiach newynllyd,
> Gweddill gwayw yn waith i gyd,
> Hen wrach sychedig, swrth,
> Irdang [= 'syfrdandod'] ar odre Mawrth,
> Hen wrach grach frech grog,
> Llwyd i lliw – dyna'i llog.

Cors Fochno, fel y soniwyd, oedd trigfan yr Hen Wrach, a'r gred oedd ei bod yn ymweld â holl gartrefi'r ardal yn eu tro drwy ymrithio'n rhan o'r tarth llaith a thrwchus a godai yn awr ac yn y man o'r gors honno. Ac yna, yn ôl Evan Isaac eto, yn negawd olaf y bedwaredd ganrif ar bymtheg, diflannodd y crynu mawr yn gyfan gwbl o'r ardal, ac ni flinwyd neb ganddo byth wedyn. Cymerwyd yn ganiataol bod yr Hen Wrach, ar ôl yr hir ganrifoedd, o'r diwedd wedi marw, ond gwell gan Evan Isaac oedd cysylltu ei diflaniad â'r ffaith mai dyma'r cyfnod y rhoddodd yr ardalwyr y gorau i losgi mawn o'r gors, a defnyddio glo yn ei le. 'Cysgu yn y gors y mae'r Hen Wrach' yw ei eiriau rhybuddiol, 'a phan dderfydd glo Morgannwg a Mynwy deffry hithau a bwrw ei melltith fel cynt'. Darfod yn wir a wnaeth glo Morgannwg a Mynwy bellach, ond ni chlywais fod Meiledi wedi deffro. Dim eto.

Gellid sôn, petai amser a gofod yn caniatáu, am fwganod a gwrachod eraill yn ogystal. Fel y 'bwgan lol' y sonia'r Morrisiaid amdano yn eu llythyrau. William Morris, y brawd a arhosodd gartref ym Môn, yn cwyno wrth ei frawd Richard yn Llundain nad oedd yn ysgrifennu'n ddigon aml, ac yntau fel canlyniad yn mynd yn bryderus ac yn ofnus yn ei gylch. Mor ofnus yn wir â'r hen gymeriad hwnnw a adwaenai'r ddau yn eu plentyndod, sef Wiliam y Teiliwr o'r Efail Fawr.

Fo fyddai ar yr hen ŵr ofn ei gysgod . . . Unwaith y dychrynodd gwŷdd aradr fo yn erchyll, ag ni ddaeth ato ei hun dan drannoeth a chael gweled o ba ddefnydd y gwnaed y bwgan lol.

A beth am y 'bwgan bo' a'r 'bwgan dall' a'r 'cusan bwbach', sef enw arall ar ddolur annwyd ar wefus? Ond dyna ddigon o fwganod am y tro, rhag codi gormod o ofn ar y darllenydd a pheri iddo ddweud, fel y ferch fach honno o Dal-y-bont gynt, 'I shall be shaking tomorrow'.

Ceffyl Pren

Dau fath o blant sydd, meddai *Rhodd Mam*, ond dau fath o geffyl pren a fydd dan sylw yn yr ychydig eiriau sy'n dilyn Tybed a yw'r rhigwm canlynol yn gyfarwydd i ddarllenwyr y nodyn hwn?

> Ceffyl pren sydd imi'n gymwys,
> Ar ei bedwar troed mae'n gorffwys,
> I fynd rhwng pedwar o'n ffrins penna
> Mewn crys gwyn yn dynn amdana'
> Tua'r bedd a'm traed yn gynta'.

Elor i gario arch neu goffin yw'r ceffyl pren y cyfeirir ato yma, ac yn ôl nodyn a welais mewn hen gopi o'r *Brython*, lle bu gohebiaeth ar un adeg ynghylch penillion o'r fath, yr oedd hwn yn bennill y byddai galarwyr yn ei ganu mewn angladdau yng Nghymru gynt.

Ond yr oedd ceffyl pren arall y byddai'n cyndeidiau'n gyfarwydd ag ef, sef y polyn hwnnw y gorfodid gŵr, gan ei gymdogion, i'w farchogaeth pan fyddai wedi cam-drin ei wraig, neu wedi bod yn anffyddlon iddi, a byddai'r un driniaeth yn aros gwraig a fyddai'n euog o'r un peth. Nid cosb am dorri unrhyw ddeddf gwlad oedd hon, ond cosb am dorri un o reolau'r gymdeithas, a châi'r pechadur ei osod ar gefn polyn hir a'i gludo trwy ei bentref a'i ardal i gyfeiliant gwawd a sen a chrechwen ei gyd-ardalwyr.

Yn y gyfrol fach *Dafydd ap Gwilym a'i Gyfoeswyr* a gyhoeddwyd gyntaf yn 1914, mae'r golygydd, Syr Ifor Williams, yn cynnwys cywydd 'I Eiddig', a'i briodoli i Ddafydd ap Gwilym. Ynddo, mae'r bardd yn dymuno gweld claddu Eiddig, sef y gŵr sarrug hwnnw a safai – nid yn afresymol mae'n rhaid dweud – rhwng y bardd a'i gariad, gan mai gwraig Eiddig oedd honno wedi'r cyfan. Ond nid oedd ei gladdu yn 'y ffos gau', hynny yw, yn y bedd, yn ddigon o gosb ym marn y bardd. Dylid ei gladdu yno, meddai, 'a gwernen felen yn farch'. Cofiaf y diweddar Ddr R. J. Thomas, golygydd Geiriadur y Brifysgol ar y pryd, yn dweud ei fod ef o'r farn mai cyfeiriad sydd yma at yr arferiad gwerin hwn a elwid yn 'geffyl pren'. Yr hyn a ddymunid gan y bardd oedd gweld claddu Eiddig ar gefn 'ceffyl' o goed gwern am iddo drafod ei wraig fel y gwnâi, a'i rhwystro rhag dod allan i'r llwyn at ei chariad.. A chan fod gwernen, am ei bod yn tyfu mewn tir gwlyb, yn bren durol nad yw'n pydru mewn lleithder, gallai'r gosb hon fod yn un hir iawn ei pharhad. Ond cymaint â hynny oedd dicter y bardd.

Erbyn hyn fe wyddom, diolch i waith ymchwil mawr a manwl Syr Thomas Parry, nad Dafydd ap Gwilym a ysgrifennodd y cywydd dan sylw o gwbl, ond un o'i ddynwaredwyr diweddarach na wyddom beth oedd ei enw. Bu hynny'n gryn siom i mi, gan i mi gael fy ngeni a'm magu yn yr union ardal lle ganed ac y maged Dafydd ei hun, oherwydd rai blynyddoedd yn ôl, wrth chwilio ychydig o hanes lleol, deuthum ar draws cyfeiriad mewn hen bapur newydd, at gosb y ceffyl pren yn cael ei gweinyddu ar ŵr o'r ardal honno, sef pentref Penrhyn-coch, yn 1872. Byddai wedi bod yn ddiddorol iawn gallu cyfeirio at y cywydd hwn fel prawf fod Dafydd ap Gwilym yn gyfarwydd ag arferiad gwerin arbennig a oedd yn dal mewn bri yn ei hen ardal bum canrif yn ddiweddarach.

Cicaion a Ciconia

Ciconia Alba yw'r enw Lladin ar y rhywogaeth mwyaf cyffredin ohono. Aderyn Cyfandirol, claerwyn ei liw, hir ei goes, hir a chryf ei ylfin hefyd, ac ynddo duedd i godi ei nyth ar simneiau tai. Gŵyr pawb amdano.

Gwelwn ei lun yn aml ar y cardiau hynny y byddwn yn eu hanfon i longyfarch rhieni pan ddaw baban newydd i'r aelwyd, oherwydd yn ôl y traddodiad, ym mhig y cyfryw aderyn y bydd y newydd-ddyfodiad yn cyrraedd. Rhyfedd braidd fod yr ofergoel hon sydd â'i tharddiad, mae'n debyg, yn llên gwerin yr Almaen a'r Iseldiroedd, wedi gwreiddio mor ddwfn yn yr ynysoedd hyn na fu erioed yn gartref i'r aderyn dan sylw. Treiddiodd hyd yn oed i'r byd meddygol, yn ôl tystiolaeth y gyfrol ddifyr *A Dictionary of Superstitions* a gyhoeddwyd yn Rhydychen yn 1989. Dyfynnir yno eiriau gwraig o Bermondsey ddwy flynedd cyn cyhoeddi'r gyfrol:

> *When I took my baby to the Clinic, I asked about the red marks on the back of her neck and the assistant said, 'They're 'stork marks', where the stork holds the baby in its beak. Don't worry, they go in about a year.*

Gwelir llun yr un aderyn yn addurno pecyn o fath arbennig o farjarîn hefyd, y math hwnnw na ellir, yn ôl ei gynhyrchwyr o leiaf, wahaniaethu rhwng ei flas a blas menyn go iawn.

A bu i'r aderyn hwn ar un achlysur darfu ar bythefnos o wyliau i mi.

Rhai blynyddoedd yn ôl bellach, ar wyliau yn y car yng nghanolbarth Sbaen, gwelais rhyw fore o ffenest y gwesty yn Toledo, nyth fawr ar simnai uchel un o'r tai gyferbyn â ni. Gwyddwn ar unwaith nyth pa aderyn ydoedd, gan imi ddarllen yn rhywle ei fod yn gyffredin yn y rhan honno o Sbaen, a bod nythu ar simneiau yn un o'i nodweddion. Gwyddwn yn iawn hefyd beth oedd ei enw Saesneg, ond yn fy myw y gallwn gofio ei enw Cymraeg.

Y gair a fynnai wthio ei hun i flaen fy meddwl dro ar ôl tro oedd *cicaion*, ond yr oedd yr enw personol, Jonah, yn mynnu ei ddilyn –

23

cicaion Jonah – a gwyddwn mai planhigyn o ryw fath oedd hwnnw, planhigyn a roddodd gysgod i Jonah (yr oedd wedi ymadael â bol y pysgodyn mawr erbyn hynny) am un noson yn unig, ac yna gwywo. 'Mewn noswaith y bu', meddai'r Gair, 'ac mewn noswaith y darfu'. Ofnaf nad i'r Ysgol Sul yr wyf yn ddyledus am gofio cicaion Jonah, ond am imi ddarllen unwaith fod rhywun wedi gofyn i Lloyd George tua 1925, beth oedd ei farn ef am y blaid newydd a oedd wedi ei sefydlu yng Nghymru bryd hynny – y Blaid Genedlaethol, fel y gelwid hi – ac yntau'n sicrhau'r holwr mai'r un fyddai ei thynged â thynged cicaion Jonah – gwywo dros nos. Nid oedd proffwydo'r dyfodol ymhlith ei aml ddoniau, mae'n amlwg. Felly ni wnâi *cicaion* y tro am yr aderyn a gododd y nyth fawr honno yn Toledo, a chan nad oedd geiriadur Cymraeg wrth law, bu'r hen beth yn bwhwman yn fy mhen weddill y gwyliau.

Cyrraedd Santandêr ar ddiwedd y gwyliau, rhoi'r car yn ddiogel yng nghrombil y llong fferi, a dringo i fyny i chwilio am ein caban. Ac yna, y cyd-ddigwyddiad o'r cyd-ddigwyddiadau! Am y tro cyntaf ers pythefnos clywed rhywun arall heblaw ni'n dau yn siarad Cymraeg. A phwy oedd yno – o bawb – ond y diweddar hoffus Ted Breeze Jones a'i briod Anwen – hwythau hefyd wedi bod am seibiant yn Sbaen. Enw'r aderyn felltith yma wedi fy mhlagio fel y ddannodd am ddyddiau lawer, a dyma ddod wyneb yn wyneb ag adarwr enwocaf Cymru, a hynny yn Sbaen. Bûm i fawr o dro cyn gofyn beth oedd yr enw y chwiliwn amdano, a chael yr ateb ar unwaith – *ciconia*. Wrth gwrs! 'Y ciconia yn yr awyr a edwyn ei dymhorau', meddai Llyfr Jeremeiah. Doeddwn-i ddim ymhell iawn ohoni chwaith, chware teg – 'does yna fawr rhwng *cicaion* a *ciconia* – ond dyna foddhad oedd cael y wybodaeth hon mor annisgwyl, a chan y fath awdurdod, oriau lawer cyn y gallwn roi fy llaw ar eiriadur Cymraeg. I'r Esgob William Morgan y mae'r diolch am y ddau air. Ei drawslythreniad ef o'r Hebraeg yw *cicaion*, a'i fenthyciad o'r Lladin yw *ciconia*, ac felly 1588 yw dyddiad cynharaf ymddangosiad y ddau air fel ei gilydd. Ni fu'r un ohonynt yn eiriau poblogaidd ar lafar nac yn ein llenyddiaeth, a phrin yw'r enghreifftiau ohonynt, ond y mae un peth yn siŵr. Os byth yr af i'r ardal honno yn Sbaen eto rywbryd, a gweld nyth fawr ar simnai uchel, byddaf yn sicr o gofio mai enw'r aderyn sy'n codi

nythod o'r fath yw *ciconia* – diolch i'r cyfarfyddiad hapus hwnnw –
a hiraethus bellach – yn harbwr Santandêr.

Clewyn, Llefelyn, Llyfrithen

Beth amser yn ôl, pan deimlais rhyw stiffrwydd o gwmpas fy llygad chwith, dywedais wrth gyfaill fy mod, yn ôl yr arwyddion, ar fin cael clewyn ar fy llygad. Edrychodd arnaf heb ddweud dim, a phetai'n digwydd bod yn gymeriad mewn cartŵn y funud honno, byddai marc cwestiwn mawr uwch ei ben. Esboniais mai ein gair ni yng ngogledd Ceredigion am yr hyn a elwir yn Saesneg *stye* yw 'clewyn', neu a bod yn fanwl, 'clewyn ar y llygad', oherwydd gall 'clewyn' ar ei ben ei hun olygu 'cornwyd', 'ploryn', *boil*, ar unrhyw ran o'r corff. Ffurf ar y gair 'cloyn' yw 'clewyn', o'r gair 'clo' a'r terfyniad '–yn', a'i ystyr wreiddiol (ac y mae'r enghreifftiau cynharaf ohono sydd ar glawr yn mynd yn ôl i'r bedwaredd ganrif ar ddeg) yw 'cnepyn crwn ar ddwrn cleddyf, rhyw addurn crwn, disglair lle gafaelir yn y cleddyf â'r llaw'. Mae'n rhwydd gweld sut y gallai gair felly fynd i olygu 'cnepyn crwn ar gnawd', a hwnnw'n ddisglair ambell waith pan fydd yn goch a llidus, ond ymhell o fod yn addurn bryd hynny. Anaml iawn, mae'n siŵr, y daw 'cloyn' cleddyf i'n sgwrs bob dydd heddiw, ond yn y rhan yma o Gymru o leiaf, y mae'r ffurfiau 'clewyn' a 'clewyn ar lygad' yn ffurfiau byw iawn o hyd. Brodor o'r de yw'r cyfaill a edrychodd mor syn pan glywodd y gair 'clewyn', a'i air ef am yr aflwydd hwn ar amrant y llygad yw 'llefelyn'. Thomas Richards, y geiriadurwr o Langrallo ym Morgannwg, oedd y cyntaf hyd y gwyddys i gofnodi'r ffurf honno ar ddu a gwyn, a hynny yn ei Eiriadur yn 1753, er i'r gair fod ar lafar am flynyddoedd cyn hynny debyg iawn. Nid oes sicrwydd ynghylch yr elfen gyntaf 'lle' yn y gair, ac mae'n werth nodi bod 'llynmelyn' yn un amrywiad arno, ond mae'n debyg mai 'melyn' yw'r ail elfen, sef cyfeiriad at liw'r crawn sy'n ymgasglu yn yr enyniad cyn iddo dorri a gwella. Ar y llaw arall, gweld lliw'r crawn yn debyg i laeth neu lefrith a wnaeth y gogleddwyr, a galw'r ploryn poenus hwn yn 'llefrithen', a aeth yn 'llyfrithen' ar lafar. Mewn llawysgrif sy'n dyddio o 1545 y ceir yr enghraifft gynharaf o'r gair sydd ar glawr, ac y mae pob geiriadurwr o bwys, o William Salesbury ymlaen, wedi ei gofnodi wedi hynny.

Un defnydd diddorol o'r gair hwn yw'r ymadrodd a glywir ar lafar mewn rhai rhannau o'r gogledd, sef 'llyfrithen ar dafod'. Defnydd ffigyrol sydd yma, gan na chyfeirir at unrhyw bloryn ar y tafod, ond at rhyw nam bychan ar leferydd rhywun, *lisp* yn Saesneg. Mae 'deilen ar dafod' yn ymadrodd arall am yr un peth.

Pan fyddwn i'n cael clewyn ar fy llygad – ac fe gefais fy siâr ohonynt pan oeddwn yn blentyn – y cyngor a gawn yn fynych iawn oedd ei rwbio â modrwy aur, a chofiaf wneud hynny lawer gwaith â modrwy briodas mam. Mae'n bosib iddo wneud lles, ni wnaeth fawr o ddrwg am wn i, ond nid oedd dim yn wyrthiol yn y feddygyniaeth. Ni fyddai'r clewyn yn diflannu ar amrantiad, os maddeuwch y gair mwys. Ond yn y gogledd gynt, fe ymddengys bod gan ambell hen wraig y ddawn i wella llyfrithen drwy ei 'chyfrif', neu ei 'rhifo' ymaith. Hynny yw, adrodd rhyw eiriau swyn arbennig yn gyflym, gyflym heb dynnu anadl, a thrwy hynny beri i'r aflwydd wella a diflannu. Gwyddai'r Morrisiaid yn iawn am hyn. Yn 1763, yr oedd William Morris, Caergybi, a oedd yn hanner cant ac wyth oed y flwyddyn honno – ei flwyddyn olaf ar y ddaear – yn ysgrifennu llythyr at ei frawd mawr, Lewis, yng Ngheredigion, am gyflwr ei lygaid. 'Mae'r golwg', meddai,

> er na welir mo'r llongau ymhell tu draw i Ynys Moelrhoniaid, etto, mawl i'r Rhoddwr, yn abl i ddarllain ac ysgrifennu cystal y buont oreu erioed . . . Dyma lyfrithen ar amrant un o'r ddau. Nid oes yma yr un hen wrechyn i'w rhifo ymaith.

'Clewyn', 'llefelyn', 'llyfrithen' – tri gair gwahanol am aflwydd bach digon poenus waeth beth y dewisir ei alw.

Clwch, Cinast a Mr Mostyn

A oes rywun yn Nyffryn Clwyd heddiw tybed – neu yn rhywle arall o ran hynny – yn defnyddio'r ymadrodd 'Fe aeth yn glwch'? Enw personol yw Clwch, sef yn yr achos yma, Syr Richard Clwch, neu Clough, o Ddinbych, a briododd Gatrin o Ferain yn 1567 – ei hail ŵr. Fe gofiwch y stori ddifyr, nad yw'n wir yn ôl ein haneswyr, ond sy'n stori dda yr un fath, am Gatrin y weddw ieuanc yn angladd ei gŵr cyntaf, yn mynd i mewn i'r eglwys ym mraich Syr Richard Clwch, ac yn dod allan wedi'r gwasanaeth ym mraich uchelwr arall, Morris Wynn o Wydir. Hwnnw'n sibrwd cwestiwn yn ei chlust dlos, sef a fyddai'n ystyried ei briodi ef, a hithau bellach yn wraig weddw? Hithau'n sisial yn ei glust ef ei bod wedi addo priodi Syr Richard Clwch ar y ffordd i *mewn* i'r eglwys. Ond beth bynnag am y stori honno, yr oedd Richard wedi gadael Dyffryn Clwyd am yr Iseldiroedd yn ieuanc a chymarol dlawd, ac wedi dychwelyd ymhen rhai blynyddoedd yn graig o arian. Aeth ei enw drwy'r ardaloedd yn gyfystyr â 'dyn cefnog', ac o dipyn i beth fe dyfodd yr ymadrodd 'fe aeth yn glwch' i olygu 'fe aeth yn gyfoethog mewn byr amser', ac ymhlyg ynddo yr awgrym nad oes gyfrif manwl ynglŷn â sut y daethpwyd i'r cyflwr hapus hwnnw. Hynny yw, enghraifft o enw personol yn mynd yn rhan o ymadrodd cyffredin ar lafar gwlad.

Yn un o'i lawysgrifau yn y Llyfrgell Genedlaethol mae Gwallter Mechain (Walter Davies 1761-1849) yn cyfeirio at enghraifft arall lai cyfarwydd o'r un peth, sef 'fe aeth yn ginast', ymadrodd o'r un rhan o Gymru eto, a 'Cinast' yma yn Gymreigiad o 'Kynaston'. *This*, meddai Gwallter, *may have originated from Kynaston the Wild* [pwy oedd hwnnw tybed?] *and here the characteristic is not opulence but rapacity and violence.* 'Fe aeth yn Ginast'. *He is become the tyrant and terror of the neighbourhood.*

Ond hwyrach mai'r enghraifft fwyaf cyfarwydd o enw personol yn cael ei ddefnyddio felly fel rhan o ymadrodd cyffredin yw 'Mae meistr ar Mr Mostyn'. Bu cenedlaethau o Feistri Mostyn mae'n siŵr, ond pa un tybed o'u plith oedd yr un y cafwyd meistr arno? Ceir nodyn yn un o rifynnau'r *Brython* – cylchgrawn a gyhoeddid yn Nhremadog tua chanol y bedwaredd ganrif ar bymtheg – yn cofnodi'r traddodiad mai Syr Gruffudd Llwyd o Ddinorwig ac o Drefgarnedd, Môn, oedd y meistr gwreiddiol ar Mr Mostyn, ond yn anffodus nid oes dim i awgrymu beth oedd yr achlysur na sut y cafodd y llaw uchaf arno. Trigai Syr Gruffudd Llwyd yn y drydedd ganrif ar ddeg, ac os gwir y traddodiad, y mae'r dywediad yn un hen iawn. Yn y flwyddyn 1732, serch hynny, y gwelir ef mewn du a gwyn am y tro cyntaf, a hynny yng ngwaith Jeremi Owen o Henllan Amgoed yn sir Gaerfyrddin, ac y mae'n arwyddocaol mai gŵr o'r de sy'n ei ddefnyddio, cadarnhad efallai ei *fod* yn hen, ac wedi treiddio i rannau eraill o Gymru erbyn hynny.

Byddai'n ddiddorol gwybod mwy am gefndir dywediadau ac ymadroddion o'r fath – pryd yn union y defnyddiwyd hwy gyntaf, a beth oedd y digwyddiad neu'r amgylchiad a roddodd fod iddynt yn y lle cyntaf. Faint o ddarllenwyr y nodyn hwn tybed sy'n cofio bod mewn rali yn y Bala yn chwedegau cynnar y ganrif ddiwethaf pan oedd Cwm Tryweryn a Chapel Celyn o dan fygythiad o gyfeiriad Lerpwl? Enw pur amhoblogaidd yng Nghymru ar y pryd oedd enw'r Henadur John Braddock (heb sôn am ei annwyl briod, Bessie) a oedd yn aelod blaenllaw o Gyngor Dinesig Lerpwl. Ef a arweiniai'r frwydr i foddi'r Cwm, ac yr oedd yn fyddar i bob ymbil arno i atal ei law. Wrth sôn am haerllugrwydd y dyn hwnnw, meddai un o'r siaradwyr yn y rali (y diweddar Dafydd Orwig os cofiaf yn iawn), 'Ond dowch chi, mae meistr ar Mr Mostyn', gan ychwanegu i gymeradwyaeth uchel a hwyliog, 'a brêc ar Mr Braddock!' Yn anffodus iawn, nid oedd brêc ar Mr Braddock, ac ni ddaeth yr ymadrodd yn ddywediad ar lafar gwlad. Ond dyna, mae'n debyg, sut y gallai fod wedi digwydd.

Coch

Peth eithaf difyr weithiau yw aros uwchben ambell air cyffredin bob-dydd, a cheisio meddwl o ble tybed y daeth i'r iaith yn y lle cyntaf. Clywais rhywun y dydd o'r blaen yn cyfeirio at gerdd J. J. Williams sy'n canmol 'Cotiau Coch Gogerddan' – cerdd a ystyrir yn wleidyddol anghywir bellach gan rai, maen siŵr – a meddyliais am y gair 'coch'. Benthyciad o'r Lladin diweddar *coccum* ydyw, ond rhaid inni beidio â chael ein camarwain gan y 'diweddar' yna chwaith, oherwydd mae'r enghraifft gynharaf ohono mewn du a gwyn yn y Gymraeg yn digwydd yn Llyfr Llandaf, llawysgrif o'r ddeuddegfed ganrif. Ac yn briodol iawn mae'r enghraifft honno o'r gair yn ymwneud â pherson, sef un Iaco Goch, ac fel y gwyddys bu'n arferiad cyffredin iawn yn ein hanes i ddefnyddio'r gair felly i ddisgrifio rhywun coch ei wallt neu goch ei wisg. Dyna'r Ynad Coch, na wyddom fawr amdano, ond er bythol glod iddo, fe gododd fab, Gruffudd, a ganodd un o gerddi mwyaf ysgytwol ein llên, sef y farnad urddasol honno i'r Llyw Olaf sy'n sôn am hynt y gwynt a'r glaw, ac am y deri'n ymdaraw. Iolo Goch wedyn, a ganodd i Owain Glyndŵr a'i lys yn Sycharth, a Llywelyn Goch ap Meurig Hen, awdur y cywydd marnad enwog i Leucu Llwyd, 'y ferch wen o Bennal'. Yr oedd rhyw hen fardd hefyd a orfoleddai yn yr enw Coch y Pwyts ('pwyts' o'r Saesneg *pouch* 'pwrs'). Da gennyf gyhoeddi nad Cardi mohono neu'n ddiau y byddid yn cyfeirio at ei bwyts fel tystiolaeth bellach yn ein herbyn. Nac anghofiwn Wylliaid Cochion Mawddwy, a Huw Huws y Bardd Coch o Lwydiarth Esgob, Môn, a ddenodd oddi wrth Oronwy Owen y cywydd ateb hyfryd hwnnw sy'n cynnwys y llinellau:

> Henffych well, Fôn dirion dir,
> Hyfrydwch pob rhyw frodir.

Ac y mae cofio am Goch Bach y Bala yn brawf fod yr arfer yn dal mewn bri ar ddechrau'r ganrif ddiwethaf o leiaf.

Ond nid y lliw y byddwn yn meddwl amdano yng nghyd-destun gwaed dyweder, neu liw bron y robin, yw ei ystyr bob tro. Pan fyddwn yn sôn am fuwch goch, neu lwynog coch, am 'gringoch' *ginger*, *russet* y meddyliwn. Ac am liw arall eto y meddyliwn pan soniwn am 'ddime goch', 'ceiniog goch', 'tir coch', 'siwgwr coch' a 'bara coch'. 'Brown' ydyw yma.

Ystyr arall i 'coch' yw 'gwael', 'tila', 'sâl', 'anfedrus'. 'Wel, on'd oedd e'n goch', medden-ni am areithiwr neu ganwr sâl. Yng ngwaith Goronwy Owen yn 1755 y down ar draws yr enghraifft gynharaf mewn print o'r gair yn yr ystyr yma. Roedd Goronwy'n casáu â chas perffaith y baledwr a chyfoeswr iddo, Elis y Cowper o Landdoged ger Llanrwst – nid yn unig am ei fod yn ystyried ei ganu'n isel a dichwaeth, ond am iddo fygwth cosfa i Oronwy unwaith mewn rhyw ymryson beirdd, a chosfa fyddai wedi dod i'w ran hefyd onibai fod clochydd Caernarfon, a oedd gydag ef yn yr ymryson, wedi achub ei groen. Mewn cyfres o englynion a luniodd i'r Cowper, yn ddiweddarach, meddai Goronwy:

> E weddai, (er na wyddoch)
> Druan! Nad yw'ch cân ond coch.

Cofiaf imi yn ôl yn chwedegau'r ganrif ddiwethaf, anfon cartŵn i'r cyhoeddiad byrhoedlog ond tra difyr hwnnw *Miriman* a gyhoeddid gan Ddafydd Glyn Jones ac eraill o fyfyrwyr Coleg y Brifysgol Bangor ar y pryd. Y tu mewn i gapel anghydffurfiol oedd yr olygfa a bortreadid yn y llun, a'r gynulleidfa ar ei thraed yn canu emyn. Ond cynulleidfa o Indiaid Cochion (rhagor o anghywirdeb gwleidyddol) oedd hon, ac un ohonynt yn sibrwd yng nghlust un arall 'Rhyw ganu digon coch sydd 'ma, yntê?' Meddyliwn ar y pryd ei fod yn gartŵn digon digri, ond erbyn hyn tueddaf i gredu mai 'coch', efallai, fyddai'r gair gorau i'w ddisgrifio yntau hefyd.

Crog, Crwys, Croes

Byddwn yn tueddu i gysylltu dyfodiad Cristnogaeth i Gymru â'r Rhufeiniaid, er mai tywyll yw'r dechreuadau hynny mewn gwirionedd, ond o'r Lladin y daeth ein gair ni am symbol ganolog Cristnogaeth, sef y Groes. Ac nid un ffurf a fenthyciwyd, ond tair. Dyna'r gair *crog* o ryw ffurf Ladin fel *crocem*. Nid gair a glywir ar lafar heddiw, ond y mae digon o dystiolaeth ar gael iddo fod yn un byw iawn unwaith, ac mae'n britho ein llenyddiaeth o'r drydedd ganrif ar ddeg ymlaen. Daliwn i'w ddefnyddio, wrth gwrs, mewn geiriau cyfansawdd fel *crocbren* a *croglofft*. Mae *croglith* yn air cyfarwydd i ni i gyd – a chyfeiria at y llith neu'r efengyl am y croeshoeliad a ddarllenir yn yr eglwys ar y dydd Gwener cyn y Pasg. Dydd Gwener Llith y Grog oedd hwnnw felly, dydd Gwener y Grog Lith (Groglith). Cyfarwydd hefyd yw'r ferf a ddeilliodd o *crog*, sef *crogi*, a ddefnyddir gan amlaf yn yr ystyr o roi rhywun i farwolaeth, a'r gŵr a fyddai'n cyflawni'r weithred farbaraidd honno oedd y *crogwr*.

Gair Cymraeg arall am groes yw *crwys*, benthyciad o'r Lladin *crux*, ac fel *crog* yn air na chlywir yn gyffredin bellach. Ceir tystiolaeth er hynny iddo fyw am gyfnod hir ar lafar mewn un ymadrodd diddorol sef 'dan grwys' neu 'dan ei grwys'. Fel hyn y mae Simon Thomas, awdur *Hanes y Byd a'r Amseroedd*, 1718, yn ei esbonio mewn paragraff lle mae'n gofidio bod cymaint o weddillion y 'grefydd Babaidd', chwedl yntau, i'w canfod ymhlith y bobl gyffredin:

> [M]ewn rhai mannau o Gymru fe ddywedir pan fo marw un, fod y cyfryw un 'dan ei grwys', canys felly oedd y ddefod gynt, sef gwneuthur Crwys o bren neu rhyw ddefnydd arall a'i gosod ar y corff hyd oni osodid mewn daear. Y ddull o ymadrodd a arferid ar yr achos, a gynhelir eto, er i'r peth ei hun gael ei droi heibio.

Fe allai 'dan ei grwys' hefyd gyfeirio at ystum breichiau'r marw wedi eu croesi ar ei fron. Yng nghyffiniau Clydach, Morgannwg, y mae mynwent yn dwyn yr enw swynol Pant-y-crwys. Yno y claddwyd y Cyn-Archdderwydd Crwys, brodor o Graig-cefn-parc gerllaw, ac yno hefyd y gorwedd gweddillion Cyn-Archdderwydd arall, y diweddar annwyl Dafydd Rowlands.

Ond y ffurf fwyaf cyfarwydd o ddigon yw'r gair *croes* ei hun, a all fod yn ffurf ar *crwys*, neu yn fenthyciad o ryw air Lladin anhysbys. Ond hen air yn sicr, a hwnnw'n cael ei ddefnyddio'n feunyddiol gennym. Ac fel mewn achos felly'n fynych, lledodd yr ystyr i sawl cyfeiriad. Yn Llyfr Ancr Llanddewi-brefi, llawysgrif a luniwyd yn 1346, y cofnodir y gair am y tro cyntaf yn yr ystyr 'y groesbren y croeshoeliwyd Crist arni', er y gellid mentro dweud ei fod yn digwydd ar lafar ymhell cyn hynny.

Datblygodd ystyr ffigyrol iddo wedyn, a *chroes* yn golygu 'gofid, adfyd'. William Salesbury yn ei gyfieithiad o'r Testament Newydd yn 1567 oedd y cyntaf i gofnodi'r defnydd hwn ar y gair, er bod John Davies, Mallwyd, yn ei gyfrol yntau, *Lyfr y Resolution*, 1632, yn rhoi gwell enghraifft ohono yn yr ystyr ffigyrol hon. '[N]i ddichon neb fod yn gadwedig', meddai, 'heb groes – hynny ydyw, heb flinder a thrallod'.

Rhaid bod darn o arian cyffredin gynt ac arno lun croes, oherwydd ceir nifer o enghreifftiau yn ein llenyddiaeth, o'r ail ganrif ar bymtheg ymlaen, lle mae *croes* yn golygu 'darn o arian bath'. Mewn llyfr a gyhoeddwyd yn 1660 mae James Howell yn cofnodi pennill am grydd meddw yn gorffwys ger croes ar sgwâr y farchnad, ac yn gweld popeth yn ddwbl. 'Onid digri', meddai, 'yw gweld dwy groes, / A finne yn grydd heb un groes'. Druan ohono – roedd wedi gwario pob dimau goch ar y ddiod.

Hwyrach mai'r cyfuniad mwyaf diddorol o dan y gair *croes* yng Ngeiriadur y Brifysgol yw 'Y Groes Naid', sef y groes gysegredig honno, a addurnwyd â meini gwerthfawr, a darn ohoni meddid wedi ei naddu o'r Wir Groes, a oedd yn eiddo i dywysogion Gwynedd, ac a ystyrid gan y Cymry yn symbol o sicrwydd ac amddiffyniad, ac yn arwydd o ardderchogrwydd. Fe'i dygwyd hi i Lundain wedi cwymp Llywelyn ger Cilmeri yn 1282, a'i chynnwys wedyn ymhlith trysorau Coron Lloegr.

'Curo', 'Cnocio', 'Cnoco'

Yn Eisteddfod Genedlaethol Aberdâr, 1885, fe gynigiwyd gwobr o
£10 am gasgliad o Lên Gwerin Morgannwg, ac o'r tri beirniad yr
oedd dau yn Gardis, sef Syr John Rhŷs, o Bonterwyd, a'r Parchedig
J. Spinther James, un o haneswyr enwad y Bedyddwyr a brodor o
ardal Tal-y-bont yng ngogledd y sir. Y trydydd oedd yr hanesydd a'r
llyfrwerthwr o Ferthyr Tudful, Charles Wilkins. Dau yn cystadlu, a
Thomas Christopher Evans (Cadrawd) o blwy Llangynwyd,
Morgannwg yn ennill. Yn ei feirniadaeth, ac wrth sôn am dribannau
Morgannwg, awgrymodd Spinther mai 'camgymeriad' oedd
cysylltu'r mesur hwn â Morgannwg yn unig, 'oblegid', meddai, 'yr
oedd llawer o honynt yn cael eu canu dan bared wrth "guro'r
merched" yn Ngheredigion ddeugain mlynedd yn ol'. Nid gwŷr yn
canu tribannau wrth guro'u gwragedd oedd gan Spinther mewn
golwg wrth gwrs, ond cyfeirio yr oedd at yr hen arfer gynt,
ymhlith gweision ffermydd yn bennaf, o fynd liw nos pan fyddai
gwaith y dydd ar ben, i guro wrth ffenestri morynion ffermydd eraill,
gyda golwg ar ddechrau carwriaeth, neu o leiaf orig o gofleidio a
charu yn ystafell y ferch. 'Cnocio', neu 'Mynd i gnoco' (hynny yw,
'mynd i garu, mercheta') oedd enw'r arferiad hwn mewn
ardaloedd eraill, ac mae'n amlwg fod canu y tu allan i'r ffenest (canu
reit dawel mae'n siŵr, rhag deffro'r ffermwr a'i wraig) yn rhan
ohono.

Gresyn na byddai Spinther wedi rhoi enghraifft neu ddwy o'r
tribannau a genid yn ei ardal ef pan oedd yn llanc. Ceir ambell
driban yn sôn am y daith i garu, fel hwn:

> Mae'r gwynt yn oer yn chwythu,
> Mae'r wybren yn tywyllu,
> A minnau'n mynd trwy lwyn a ffos
> Ar hyd y nos i garu.

Ond anodd iawn dod ar draws triban sy'n cyfeirio'n benodol at 'guro
merched', chwedl Spinther James, at 'gnoco' neu 'gnocio', tra ar y

llaw arall y mae'r hen benillion telyn, sy'n perthyn i'r un byd â'r tribannau, yn sôn yn aml am yr arferiad.

> Os 'nghariad ddaw 'ma heno
> I guro'r gwydr glas

yw llinellau cyntaf un o'n penillion telyn mwyaf adnabyddus, a'r siom a ddaw i ran y carwr yn y pennill hwnnw yw cael gwybod bod 'llanc ifanc o blwyf arall' wedi denu serch yr un a dybiai ef oedd yn gariad iddo. Yr oedd ffactorau eraill yn milwrio yn erbyn y carwr hefyd. Mamau, er enghraifft:

> Cnocio wnes i at Wen lliw'r blode,
> Fe ddwedai 'i mam nad oedd hi gartre,
> Mi â'i canfûm hi wrth olau lleuad
> Ar y llawr yn camu'i llygad.

Gallai'r tywydd fod yn rhwystr, yn enwedig yn y gaeaf:

> Titrwm, tatrwm, Gwen lliw'r wy,
> Ni alla'i'n hwy mo'r curo,
> Mae'r gwynt yn oer oddi ar y llyn
> Lliw blodau'r dyffryn deffro.
> Chwyth y tân i gynnau toc –
> Mae'n hin ddrycinog heno.

Ond y pennaf felltith, fel yr awgrymir yn y pennill uchod, oedd tuedd y merched hyn, ar ôl diwrnod o waith caled debyg iawn, i gysgu'n drwm, yn rhy drwm o lawer i glywed y cnocio:

> Curo y bûm yn anial ffest
> Yn ffenest onest eneth,
> Methu'n wir ei deffro hi
> A wnaeth i mi fynd ymeth.
> Bydd yr hin yn rhewi'r haf
> Pan geisiaf nesaf nosweth.

Fy ffefryn i o blith y penillion sy'n ymwneud â'r arferiad o 'gnocio' yw'r sgwrs ddau-bennill yma rhwng y llanc y tu allan a'r ferch yn ei hystafell glyd y tu mewn:

'Fy nghariad annwyl, dyner, glws,
Tyrd i'r ffenest neu i'r drws,
Mae gŵr ifanc dan y pared
Yn dymuno cael dy weled'.

'Yn wir ni chodaf i o'm gwely
I siarad gwagedd drwy'r ffenestri,
Mae'r gwynt yn oer, a minnau'n dene,
Dowch yn gynt neu sefwch gartre'.

Onibai fy mod yn ofni cael fy ngalw'n secsist (y mae'r gair yng Ngeiriadur y Brifysgol) fy nghyngor i iddo fyddai – aros gartref, neu dos i gnocio ar ffenest merch o dymer fwynach.

Cwrt lid

Byddaf yn dod ar draws ambell air benthyg o'r Saesneg weithiau, yn arbennig wrth bori mewn hen bapurau newydd, a'r cwestiwn a ddaw i'r meddwl bob amser yw – tybed a yw hon yn enghraifft gynharach o'r gair na'r un a roddir yng Ngeiriadur y Brifysgol? Weithiau byddaf yn taro'n lwcus, ond nid bob amser o bell ffordd. Digwyddodd hyn yn ddiweddar pan oeddwn yn chwilio am hanesyn arbennig yn wythnosolyn y Bedyddwyr, *Seren Cymru* am y flwyddyn 1865. Sylwi ar gân yng ngholofn y beirdd mewn un rhifyn, ac ynddi'r gair 'cwrt-lid' yn digwydd. Cymreigiad o'r Saesneg *court-leet* yw hwn, sef enw ar fath o lys barn lleol, nad yw'n bod bellach, a fyddai'n delio â mân droseddau a materion sifil yr ardal, gan gynnwys perchnogaeth anifeiliaid crwydr, defaid yn arbennig. Troi i'r Geiriadur ac i'r gair 'cwrt' – i weld a oedd enghraifft gynharach na 1865 o 'cwrt-lid', neu a oeddwn i wedi taro ar enghraifft gynharach? Siom! Oedd, yr oedd y geiriadurwr o dref Aberteifi, William Gambold, yn ei eiriadur anghyhoeddedig, ond sydd ar glawr yn y Llyfrgell Genedlaethol, ac yn ei lawysgrif fân a chymen, wedi ei gofnodi yn 1722, dros ganrif dda ynghynt. Diddorol, gyda llaw, yw ffurf arall a welir yn y cyfuniadau o dan y gair 'cwrt' yng Ngeiriadur y Brifysgol, sef 'cwrt clyd', a glywid gynt ar lafar yn y de. Enghraifft mae'n siŵr, o air cyfarwydd ei ystyr yn cymryd lle un dieithr – 'clyd' yn lle 'lid'. Onid oedd rhywbeth cartrefol ynghylch y llys bach lleol hwn lle adwaenai pawb ei gilydd, ac onid gwell enw arno ar lafar gwlad oedd 'cwrt clyd'?

Fe hoffwn aros ychydig gyda'r gân sy'n cynnwys y gair dan sylw. Cân o waith bardd gwlad ydyw, o'r enw I. ab Ioan, brodor o Aberduar, heb fod nepell o Lanybydder, a choffeir ynddi henwr o'r enw Timothy Davies, a oedd, meddai'r nodyn uwchben y gân, wedi marw yn ystod 1865, ac a adwaenid wrth yr enw Tim Pant Seiri. (A yw'r enw Pant Seiri yn bod o hyd yn yr ardal tybed?) Hynodrwydd pennaf yr henwr hwn, ar wahân i'w wisg 'henafol', oedd ei fedrusrwydd rhyfeddol i adnabod 'llwdwn dafad', chwedl y bardd. 'Cyfansoddwyd a ganlyn', meddai, 'i fod yn goffadwriaeth am dano fel Amherawdr y Bugeiliaid yn yr ardaloedd hyn'. Dyma rai penillion o'r gân:

Mawr oedd Newton fel seryddwr,
Mawr oedd Howard fel gwladgarwr,
Mawr oedd Tim a chraff ei lygad
I adnabod llwdwn dafad.

Llawer un a fu yn holi
Gyda'r hynod Tim Pant Seiri
A ddigwyddodd iddo weled
Mewn rhyw le mo'i grwydrol ddefed?

Yr ateb fyddai ran fynycha'
'Do, mi'u gwelais yng Nghwmeira
Ddoe, yn pori wrth yr afon,
Rwy'n 'u hadnabod hwy yn burion'.

Pan byddai dadl am rhyw lwdwn
Mewn Cwrt-lid, efe deallwn,
Fydda'n torri'r ddadl yn union,
A heddychu y cymdogion.

Mae'r diweddar Barchedig Luther Moseley, yn ei gyfrol ddiddorol
Utgorn Atgof, (1990) yn sôn am gymeriad tebyg a gofiai yntau ym
mlynyddoedd cynnar yr ugeinfed ganrif, yn ardal Rhymni. Evan
Thomas, neu Ianto Pep, oedd enw hwnnw, a gallai adnabod dafad
grwydrol, meddai'r awdur, yng nghanol diadell o gant neu ddau ar
ddiwrnod cneifio, heb hyd yn oed fynd yn agos ati. Cymwynaswyr
mawr yn eu hardaloedd, mae'n sicr, oedd pobl fel Twm Pant Seiri a
Ianto Pep. Diolch bod enwau dau ohonynt o leiaf ar gof a chadw.

Ffordd a Llwybr

'Ffor' dech-chi heddi?', 'Ffor' mae'i heddi?' Dyna ddau gyfarchiad sy'n gwbl gyfarwydd i mi a anwyd yng ngogledd Ceredigion, ond sy'n taro'n ddieithr, yn ôl a ddeallaf, ar glust llawer un na chafodd y fraint aruchel honno, er ei fod i'w glywed hefyd yn sir Drefaldwyn ac yg ngorllewin Morgannwg. 'Sut mae'i heddiw?' yw cyfarchiad cyffredin y Gogledd, a 'Shw mae'i 'eddi?' yn y De. Ond y gair 'ffordd', oherwydd dyna beth ydyw, a ddewiswn ni ar ddechrau ein cyfarchiad. Prin ein bod yn sylweddoli, mae'n siŵr, ein bod wrth wneud hynny, yn defnyddio un o'r benthyciadau cynharaf o'r Saesneg i'r Gymraeg, oherwydd dyna yw'r gair 'ffordd'. Daw o'r ffurf gyfarwydd Saesneg *ford* sef 'rhyd', ac y mae'n digwydd mewn llenyddiaeth Gymraeg cyn y ddeuddegfed ganrif. Ond pam tybed bod gair sy'n golygu 'rhyd' yn Saesneg wedi magu ystyr 'ffordd' yn y Gymraeg? Tebyg iawn bod unrhyw lwybr neu dramwyfa rywbryd neu'i gilydd yn mynd i gyrraedd rhyd ar afon neu nant, a'i chroesi,, ond rhaid bod ffyrdd o ryw fath gan ein cyndeidiau cyn clywed sôn am *ford* y Sais erioed. Pam benthyca felly ? Awgrym y diweddar ysgolhaig gwych hwnnw, R. J. Thomas, oedd mai llwybr a redai ar waelod dyffryn neu gwm a fyddai'n debyg o groesi rhyd, ac mai peth anghyffredin i'n hynafiaid fyddai hynny, a hwythau, er mwyn osgoi'r tir corsiog, coediog, llawn anifeiliad rheibus ar waelod y cwm, wedi arfer byw a cherdded ar hyd yr ucheldiroedd. Rhywbeth diweddarach yn eu profiad hwy oedd ffordd ar lawr dyffryn, yn croesi afonydd a nentydd llydan, ac aeth enw'r fan a groesid yn enw yn y Gymraeg ar y llwybr a arweiniai ati. Aeth *ford* yn 'ffordd'.

A Saesneg fel mae'n digwydd yw tarddiad nifer o'r geiriau eraill a arferwn yn gyffredin am dramwyfa o unrhyw fath. Dyna 'lôn', benthyciad o *loan*, sef amrywiad ar *lane*. Dyma air cyffredin yn y Gogledd am ffordd, a 'lôn fawr' a 'lôn bost' yn ddatblygiadau diweddarach. Un cyfuniad diddorol o dan 'lôn' yng Ngeiriadur y Brifysgol yw 'y lôn goch' am y gwddf neu'r llwnc, a gorchymyn gwreiddiol Evan Thomas Rhys, awdur *Diliau Awen*, 1842, i'w wraig unwaith, pan nad oedd taw arni, oedd:

Rhowch glo ar lidiart y lôn goch.

Ym Mhowys fe glywir y gair 'wtra', gair eithaf dieithr am 'ffordd', ac y mae 'stryd' wedyn yn fenthyciad cynnar arall o'r Saesneg – digon cynnar beth bynnag i rai o'r cywyddwyr ei ddefnyddio'n naturiol ddigon yn eu gwaith.

Ond y mae gan y Gymraeg ei geiriau gwreiddiol ei hun am dramwyfa neu ffordd, a'r un sy'n gyffredin i bob rhan o'r wlad yw'r gair 'llwybr'. Gair cynhenid Gymraeg, sy'n digwydd yn Nyfed yn unig, yw 'meidr' neu 'feidr', sy'n perthyn mae'n debyg i 'medr' a 'medru'.

Ac yno mae'r feidir fach gul yn ymestyn
Rhwng cloddiau mieri i lawr ac i lawr

meddai Waldo yn ei gân swynol i 'Gwm Berllan'. A gair y De hefyd yw 'heol', na ŵyr neb beth yw ei darddiad, ond a drôdd yn 'hewl' ar lafar, fel yr aeth 'eofn', 'eon' yn 'ewn' yn y De. (Rwng cromfachau megis, clywais am un brifathrawes ar goleg i ferched yn y De yn rhoi'r cyngor canlynol i'r rhai diniwed dan ei gofal, 'Don't let the boys get ewn on you', gan ychwanegu na wyddai hi am air Saesneg a fyddai'n cyfleu cystal yr hyn oedd ar ei meddwl).

Ac yna yn olaf yr hen, hen air Cymraeg 'hynt' y gellir ei olrhain yn ôl i'r ieithoedd y tarddodd y Gymraeg ohonynt, ac a olygai i ddechrau 'ffordd, llwybr, cwrs', ond a aeth i olygu 'siwrnai, taith, helynt' erbyn hyn – fel yn yr ymadrodd 'Rhwydd hynt i chi!' Ond mae'n ddiddorol fel y cadwodd ei hen ystyr mewn dau air o leiaf, ac un o'r rheini'n enw lle, sef Epynt. Cyfuniad yw hwn o 'eb' fel yn 'ebol' a 'hynt', lle ceir yr 'h' yn caledu'r 'b' a'i throi yn 'p'. 'Ep – hynt', sef 'llwybr yr ebolion', 'ffordd y ceffylau'. Gair arall y byddwn yn ei ddefnyddio'n gyffredin, ac sy'n cynnwys y gair 'hynt' yn ei hen ystyr yw 'dyffryn'. Gair cyfansawdd ydyw o 'dwfr' a 'hynt', ond bod y 't' ar y diwedd wedi ei golli ar lafar, a'r 'h' wedi dylanwadu ar yr 'fr' a'i droi'n 'ffr'. 'Llwybr y dŵr', felly, 'ffordd y dŵr', a pha ddisgrifiad gwell na hwnnw o dir isel rhwng bryniau, y rhed afon neu nant ar hyd-ddo?

Defnyddiais y gair 'llwybr' fwy nag unwaith uchod, ac y mae'n werth aros gyda hwnnw hefyd am ychydig. Sôn a wnaf, nid yn gymaint am y gair ei hun a'i hanes, ond am y modd y ceir ef mewn ambell gyfuniad sy'n digwydd yn yr iaith.

Dyna er enghraifft 'llwybr Adda'. Mae'n amlwg mai'r hyn a olygai'r ymadrodd i'r beirdd gynt oedd 'man lle nad oedd glaswellt yn tyfu', a hynny am fod llawer o ddamsang neu sarnu wedi bod arno. Mae Dafydd ap Gwilym yn un o'i gywyddau yn sôn am daith i gyfarfod â Morfudd, ac yn enwi nifer o leoedd yr âi heibio iddynt ar ei hynt – nifer ohonynt wedi ei lleoli o gwmpas ei hen gartref ym Mrogynin ger Penrhyn-coch yng ngogledd Ceredigion. Yng Ngwern y Talwrn y byddai'n cwrdd â hi (yn anffodus dyna un lle nad yw wedi ei leoli hyd yma), ond yn ôl Dafydd, am ei fod ef a Morfudd wedi eistedd a chydorwedd cymaint yno, 'lle y gwelir yn dragywydd / heb dwf gwellt' ydyw. 'Llun ein gwâl', meddai Dafydd:

> dan wial da
> Lle briwddail fal llwybr Adda.

Gwelodd bardd arall o'r bedwaredd ganrif ar ddeg – Gruffudd ab Adda (dim perthynas) – fedwen braf yn Llanidloes unwaith, wedi ei thorri i lawr a'i gosod yng nghanol y dref i'r trigolion gael dawnsio o'i chwmpas ar galan Mai. Ni fyddai'n gartref i adar mwyach, meddai'r bardd:

> Ni chwsg aderyn na chân
> Meinlefn ar dy frig meinlan,

a chymaint fydd y troedio o'i chwmpas,

> ni thyf gwellt glas
> Danat gan sathr y dinas,
> May nag ar lwybr ewybrwynt
> Adda a'r wraig gynta' gynt.

Ac y mae gan feirdd eraill gyfeiriadau tebyg. Dichon mai cyfeiriad sydd yma at yr adnod yn Genesis sy'n sôn am Dduw yn anfon Adda o Baradwys am fwyta'r afal. Rhaid bod y beirdd o'r farn bod Adda wedi sengi'n drwm iawn wrth fynd i'r dwyrain o Eden, a thebyg iawn ei fod, ac yntau'n gadael lle mor ddymunol. Mor drwm nes ysigo a lladd pob tyfiant ar y llwybr a gymerodd, a rhoi i'r beirdd ymadrodd cyfleus i ddigrifo lle didyfiant, moel.

Yr ydym i gyd yn gyfarwydd â'r cwmwl gwelw hwnnw o oleuni a welir yn ffurfafen y nos, ac a ffurfir mae'n debyg gan filiynau lawer o sêr sydd yn bell, bell i ffwrdd. *Via Laceta* oedd enw'r Rhufeiniaid arno, a chyfieithwyd hwn i'r Saesneg yn y bedwaredd ganrif ar ddeg yn 'Milky Way', ond y mae yn y Gymraeg nifer o enwau gwahanol am y cyfryw ryfeddod. Y 'Llwybr Llaethog' yw'r un mwyaf cyfarwydd wrth gwrs, ond yn ogystal â hwnnw ceir 'Llwybr Caergwydion' am yr un peth, 'Llwybr Gwydion' hefyd, 'Llwybr Fforchog' (yn Llangyfelach y cofnodwyd hwnnw), 'Llwybr y Gwynt', 'Llwybr Llanc' (ar lafar yn Nyfed a Morgannwg ar un adeg o leiaf), 'Llwybr y Mab Afradlon' a 'Llwybr Olwen'. Yn un o lawysgrifau Llanofer yn y Llyfrgell Genedlaethol y cofnodwyd yr olaf, ac i'r cyfarwydd golyga llawysgrifau Llanofer un peth yn unig – Iolo Morganwg! Gall mai ei glywed yn rhywle ar ei bererindodau a wnaeth Iolo, ond gall hefyd mai ef a'i bathodd. Os felly yr oedd yn fathiad ysbrydoledig, oherwydd am chwedl 'Culwch ac Olwen' yn ddiau y meddyliai, a'r disgrifiad prydferth hwnnw o'r meillion gwyn yn tyfu lle bynnag y troediai Olwen.

Mae 'llwybr llygad' yn gyfuniad diddorol arall. Llwybr unionsyth yw hwnnw sydd yn mynd yn syth yn ei flaen, heb boeni am rwystr na maen tramgwydd o unrhyw fath. Mae'r cyn-Archdderwydd Dyfnallt (J. Dyfnallt Owen 1873-1956) yn adrodd stori ddiddorol am y llwybr yma yng nghyswllt ei hen ardal yn y Rhiw-fawr, Morgannwg:

'Cer i neges droso-i i'r Ystrad', meddai meistr wrth ei was dieithr un tro, 'cer ar unwaith, a thyn lwybr llycad'. Ac i ffwrdd â'r gwas nerth ei draed. Dilynodd ei lygad, a daeth ar ei daith ar draws hen dŷ bach to cawn isel, ac yn ei flaen i'w ben. Clywodd y teulu rhyw dwrw ar ben y tŷ. 'Bachan', meddai gŵr y tŷ, 'yr wyt wedi mynd yn hurt, ble'r wyt ti'n mynd?' 'Rwyn mynd tua'r Ystrad dros meistr', meddai yntau, 'a chan i meistr

ddweud wrtho'i am dynnu llwybr llycad, yr oedd hwnnw yn
arwain dros ben eich tŷ chi'.

Mae 'llwybr brân' hefyd yn digwydd am yr un peth, sy'n dwyn ar
gof yr ymadrodd Saesneg, 'as the crow flies', a 'llwybr tarw' hefyd,
sy'n llawer gwell. Wedi'r cyfan gallai storm o wynt chwythu brân
oddi ar ei chwrs ac ychwanegu llathenni at ei thaith, ond mae'n
anodd meddwl am ddim oll yn sefyll ar flaen tarw penderfynol a'i
fryd ar fynd o A i B.

Gair Mwys

Yn ôl Lewis Edwards, Prifathro Coleg y Bala gynt, 'anodd iawn ydyw gwneud *pun* dda yn Gymraeg'. Y gair Cymraeg am *pun* yw 'gair mwys', a'i ystyr, fel y gwyddys, yw gair neu ymadrodd ac iddo fwy nag un ystyr, ac o chwarae â'r ystyron gwahanol hynny, gellir yn aml daro ar ddywediad neu ymadrodd a fydd yn cymell gwên ac yn rhoi boddhad i'r sawl sy'n ei ddarllen neu yn ei glywed. Wrth Griffith Ellis, Bootle, gweinidog amlwg gyda'r Hen Gorff yn ddiweddarach, ond a oedd yn fyfyriwr yn y coleg yn y Bala ar y pryd, y dywedodd Lewis Edwards y frawddeg honno, a hynny wedi i Griffith Ellis sôn wrtho am un o ddywediadau un arall o fyfyrwyr y coleg ar y pryd, sef neb llai na Daniel Owen. Byddai Griffith yn mynychu'r dosbarth mathemateg yn y coleg, ond cadw draw o hwnnw a wnâi Daniel bob amser – fel y gwnawn innau, mae'n rhaid cyfaddef. Un diwrnod, yn ôl Griffith ei hun, ceisiodd ddenu Daniel i'r dosbarth, ond gwrthod a wnaeth. 'Na', oedd ei ateb, 'dydw i ddim yn greadur cyfrifol'. Y chwarae hwn â'r gair 'cyfrifol' a blesiodd Lewis Edwards, ac a barodd iddo fynegi'r farn uchod o'i eiddo.

Ac y mae hanesion eraill wedi eu cadw sy'n dangos hoffter Daniel Owen o eiriau mwys. Cyfarfu â llanc ar y stryd unwaith ar fore glawog, ac meddai wrth hwnnw, 'Dyma law gwlyb!' 'Wel Mr Owen bach', meddai'r llanc, 'a welsoch chi law sych erioed?' Tynnodd y nofelydd ei law o'i boced, ac meddai, 'Dyma law sych'. Rywbryd arall yr oedd mewn cyfarfod ar noswaith waith yn y capel, ac un o'r merched – Grace wrth ei henw – yn gwrthod mynd gyda'r lleill o'i chwmni i baratoi bwyd ar gyfer y rhai oedd yn bresennol y noson honno. 'Mae gennyf adnod sy'n gorchymyn iddi fynd', meddai Daniel Owen wrth y merched eraill. 'A beth yw honno?' holodd y merched, a chael yr ateb 'Gras a fyddo gyda chwi'. Fel canlyniad, gwnaed Grace 'yn ystwyth fel maneg', meddai adroddwr y stori.

Blynyddoedd cyn geni Daniel Owen yr oedd Rhys Jones, y bardd a'r hynafieithydd o'r Blaenau, Llanfachraeth, wedi gweld posibilrwydd yr enw 'Grace' (neu Gras yn y Gymraeg) ac wedi ysgrifennu cerdd i ferch o'r enw hwnnw a adwaenai ef:

Dyn wyf i sy'n tramwy beunydd
Ddydd a nos yn fawr fy ngherydd,
Nid o chwant i gyfoeth undyn
Ond am Ras yr wy'n ymofyn.

O serch Gras rwyf yn breuddwydio,
Cynnyrch Gras pwy eill eu rhifo?
Llibyn wyf a gwan fy ngafal,
Ni all dim ond Gras fy nghynnal.

Mwy cyfarwydd efallai na chân Rhys Jones yw cân gynharach eto
gan Peter Lewis – nad oes ysywaeth fawr o wybodaeth amdano – lle
ceir y bardd yn chwarae'n gelfydd iawn â'i gyfenw ei hun – Lewis:

Arferol i bob merch a welais
Am ei breichiau wisgo llewis,
I'r gwrthwyneb dyro dithau,
Am dy Lewis gwisg dy freichiau,

Ac yn y blaen yn ddifyr dros ben. Ond fy hoff enghraifft i o
ddefnyddio gair mwys yn y Gymraeg yw'r hen bennill dienw hwnnw
sy'n chwarae â'r gair 'llun':

Merch o lun rwyf yn ei charu,
Merch o lun rwyf yn ei hoffi,
Nid o Lŷn gerllaw Pwllheli,
Ond o'r lliw a'r llun sydd arni.

Galosis

Mae Syr Ifor Williams yn un o'i ysgrifau yn sôn am y profiad a gafodd unwaith pan ddarllenodd hen rigwm, a ddysgodd pan oedd yn blentyn, i ddau fachgen bach pump oed:

Ci mawr yn corddi,
Adar bach yn pobi,
Llygod mân yn chwythu'r tân
A'r gath yn golchi llestri.

Nid oedd adwaith o gwbl i'r tair llinell gyntaf gan y gynulleidfa ieuanc, na welodd yr un ohonynt erioed neb yn corddi na phobi na chwythu tân â megin, ond cafwyd cymeradwyaeth, meddai Syr Ifor, i'r llinell olaf. Roedd golchi llestri'n weithred y gwyddai'r plant amdani, ond tybed, a pheiriant hwylus ar gael ers tro bellach i gyflawni'r gorchwyl hwnnw, y bydd plant bach y dyfodol yn fud ar ddiwedd *pob* llinell o'r rhigwm o glywed ei ddarllen? Nid peth anghyffredin wrth gwrs yw i eiriau ac ymadroddion fel yna ymddieithrio, ac weithiau ddiflannu, am fod yr hyn a ddisgrifir ganddynt wedi mynd o'r ffasiwn.

Rwy'n cofio derbyn llythyr yn adran Geiriadur y Brifysgol rai blynyddoedd diogel yn ôl bellach, gan y diweddar Ddr Ceinwen Thomas, Caerdydd, yn holi am y gair 'galis', sef yr unig air a glywsai hi yn ei hardal enedigol, Nantgarw, am yr hyn y byddai dynion a bechgyn yn ddieithriad bron gynt, yn eu defnyddio i ddal eu trywseri i fyny – *braces* yn Saesneg, a 'bresys' yn gyffredinol yn y Gymraeg hefyd. Ond 'galis' neu 'gálasis' ym Morgannwg, gair cwbl ddieithr, meddai Dr Thomas, i un o'r genhedlaeth iau a ddigwyddodd ei chlywed hi yn ei ddefnyddio. A dyma finnau'n cofio mai ein gair ni yng ngogledd Ceredigion am yr un peth oedd 'golosis' a gwelaf yn ôl y Geiriadur fod ffurfiau fel 'galoshwns' a 'galwshis' hefyd yn digwydd mewn gwahanol rannau o'r de. Gallaf dystio serch hynny na chlywir 'golosis' heddiw ymhlith gŵyr a llanciau gogledd Ceredigion, yn rhannol mae'n siŵr am na wisgir mohonynt gan y mwyafrif bellach. Gyda chiliad y gwrthrych ciliodd y defnydd o'r gair hefyd. Ond beth am y gair? Benthyciad o'r gair Saesneg tafodieithol *gallows* ydyw, gair lluosog gynt, ond fe fagodd ystyr unigol, ac felly yr oedd angen am luosog arall iddo, sef *gallowses* – a hwn yw'r gair a fenthyciwyd gan y Gymraeg. Pan gofiwn beth oedd diben *gallows*, sef crogi drwgweithredwyr, gallwn weld sut yr aethpwyd, gydag amser, i ddefnyddio'r un gair am ddyfais (ddiniweitiach mae'n wir) i grogi trywser. Yn ystod y blynyddoedd diweddaraf hyn rwyf wedi sylwi bod mwy o ddefnyddio arnynt nag a fu, a hynny gan bobl reit drendi ar y teledu ac yn y blaen, ond pan ddywedais wrth fy mab beth amser yn ôl fy mod wedi gweld hwn-a-hwn yn cyflwyno rhaglen deledu yn llewys ei grys a golosis llydan coch, ni wyddai am beth y soniwn. 'Bresys' yw'r gair iddo ef, er ei fagu fwy neu lai yn yr un ardal â mi. Os digwydd iddynt ddod yn ôl i'r ffasiwn o ddifri unwaith eto, a phawb yn eu gwisgo fel cynt, mae'n debyg mai'r benthyciad hwn o'r Saesneg – 'bresys' – fydd ar dafod pawb, hyd yn oed yn yr ardaloedd hynny lle gynt y clywid 'galis', 'gálasis', 'golosis' a 'galoshwns'. Piti am hynny.

Gardd

Ysgrifennaf y nodyn hwn ar ganol mis Mai. Mae'n ddiwrnod digon diflas a thipyn o wynt yn erlid ambell gawod i fyny'r cwm o'r môr. Petai'r tywydd yn debyg i'r mis Mai y canodd Dafydd ap Gwilym iddo mae'n debyg mai allan yn yr ardd y byddwn yn gwylio'r tatw a'r cidnabêns yn dechrau ymddangos, ac nid yma yn y tŷ o flaen y cyfrifiadur. Ond gan nad oes dichon mynd i'r ardd, beth am hel meddyliau amdani? Gair cyfarwydd i bob un ohonom yw 'gardd', a gair y ceir yr enghraifft gynharaf ohono yn y Gymraeg yn y llawysgrif a elwir Llyfr Du Caerfyrddin sy'n perthyn i'r ddeuddegfed a'r drydedd ganrif ar ddeg. Ac eto, nid gair cynhenid Gymraeg mohono, ond yn hytrach benthyciad o'r Hen Norseg, meddai *Geiriadur Prifysgol Cymru*. Pam, meddech-chi, yr oedd angen i'r hen Gymry fenthyca gair Hen Norseg am beth mor gyffredin â gardd? Onid oedd gair ganddynt eu hunain? Ond tybed a oedd gardd yn beth cyffredin i'n cyndeidiau? Mae Gerallt Gymro, wrth adrodd am ei daith trwy Gymru yn y ddeuddegfed ganrif, yn dweud nad oedd y Cymry'n trin na pherllannau na gerddi. Ond y mae'n rhaid eu bod yn neilltuo rhyw ddryll o dir yn rhywle i dyfu llysiau, oherwydd y mae hŷn gair na 'gardd' yn y Gymraeg, sef 'lluarth' 'gardd lysiau', yr elfen gyntaf yn perthyn i fyd tyfiant, a'r ail elfen 'garth' yn golygu 'lle amgaeedig, iard'. Mae 'lluarth' yn digwydd mewn llawysgrif o'r nawfed ganrif, a hefyd yn y gerdd hynafol honno Y Gododdin, a gyfansoddwyd yn yr Hen Ogledd pan oedd ffurf gynnar ar y Gymraeg i'w chlywed o gwmpas Caeredin. Felly yr *oedd* gan ein cyndeidiau air am ardd lysiau o leiaf, ond rhaid bod y gair hwnnw wedi ei ddisodli'n gynnar gan 'gardd' oherwydd erbyn dyddiau'r ysgolhaig a'r geiriadurwr o Fallwyd, Dr John Davies, a gyhoeddodd ei eiriadur Cymraeg-Lladin, Lladin-Cymraeg yn 1632, yr oedd y gair 'lluarth' yn dipyn o ddirgelwch. Credodd mai 'llu' yn golygu 'byddin, mintai o wŷr arfog' oedd yr elfen gyntaf yn y gair, a'i ystyr felly oedd 'lle amgaeedig i filwyr hyfforddi ynddo, gwersyll milwrol', ac fe'i dilynwyd wedyn gan eiriadurwyr eraill, a chan ambell fardd fel Robert Davies, Bardd Nantglyn.

Ond i fynd yn ôl at y gair 'gardd'. Prin bod angen esbonio'r ystyr arferol, ond efallai y byddai'n werth oedi gyda rhai o'r ystyron eraill sydd iddo, a chyda'r defnydd a wnaed ohono o dro i dro ac o ardal i ardal. Gall olygu 'cadlas, ydlan' ym Môn ac Arfon, ac yn siroedd y De ffurf eithaf cyffredin a welir ar hen fapiau yw 'Cae'r Gardde' (hen luosog 'gardd'). Ystyr y gair yma yw 'ffald, clos' gerllaw'r ffermdy, darn caeedig o dir glas byrwelltog, a ffens gref o'i gwmpas, lle byddai'r lloi yn cael eu troi allan am y tro cyntaf. Yn y *gardde* hefyd gynt (neu *gardda* mewn rhannau o Forgannwg) y câi'r ychen eu cwympo ar gyfer eu pedoli.

Twm o'r Nant mae'n debyg oedd y cyntaf i alw casgliad o farddoniaeth yn 'Ardd'. Cyhoeddodd ei lyfr *Gardd o Gerddi* yn 1790, ac yn hyn o beth fe'i dilynwyd gan William Williams (Caledfryn) pan olygodd waith Robert ap Gwilym Ddu yn 1841, a galw'r gyfrol yn *Gardd Eifion*. Aeth yn ffasiynol hefyd i alw 'gardd' ar gasgliad o gynhyrchion eisteddfodol arbennig, fel *Gardd Aberdâr* sy'n cynnwys cyfansoddiadau Eisteddfod y Carw Coch yn 1853.

Ac nid amherthnasol, gan fy mod yn sôn am 'ardd' a 'gerddi' fyddai cyfeirio at 'ferched y gerddi', sef y merched hynny o ganolbarth Cymru'n bennaf a fyddai'n cerdded i Lundain gynt, yng nghwmni'r porthmyn yn aml, i chwynnu gerddi a lawntiau'r ddinas fawr. Ysgrifennodd Daniel Evans (Daniel Ddu o Geredigion), a fu farw yn 1846, rigwm amdanynt:

> O na bawn i fel colomen
> Ar ben Sant Paul's yng nghanol Llunden
> I gael edrych lawr ar ferched Cymru
> Ar eu gliniau'n chwynnu gerddi.

Mynnodd Thomas Beynon, Archddiacon Ceredigion, ac un o'r Hen Bersoniaid Llengar, mewn llythyr yn 1822 at un arall ohonynt, Ifor Ceri, fod tuedd yn y merched hyn i ddychwelyd i Gymru 'heb eu mamiaith'. Twt Twt.

Dywed Myrddin ap Dafydd wrthyf fod hen bentref o'r Oesoedd Canol uwchben Trefriw yn Nyffryn Conwy a elwid ar un adeg yn Ardda'r Myneich. Y mae ar draws y dyffryn o Abaty Maenan, a byddai'r myneich yn tyfu llysiau ar y llechwedd hwn sy'n wynebu'r de ac yn dal haul yr hwyrddydd. Yn yr ardal hon y ganwyd Gwilym Cowlyd a chodwyd capel bach yno, ond diboblogwyd y tir uchel hwn yn ystod hanner cyntaf yr ugeinfed ganrif. Serch hynny, saif yr enw 'Ardda'.

Geiriadur John Walters

Hoffwn sôn ychydig yn y nodyn hwn, nid am air neu eiriau penodol, ond am un a dreuliodd ei oes yn trin geiriau, a hynny yn wyneb anawsterau lawer tro. Ganed John Walters y Geiriadurwr yn 1721 a bu farw yn 1797. Brodor o Lanedi yn sir Gaerfyrddin ydoedd, a aeth yn ieuanc i gadw ysgol yn sir Fynwy a Morgannwg, a dod yn y diwedd yn rheithor Llandochau ger y Bont-faen, ac yna yn ficer Sain Hilari gerllaw. Yr oedd ganddo bum mab, a gwelodd ddau o'r rheini'n fyfyrwyr yng Ngholeg Iesu, Rhydychen, a'r ddau yn eu tro yn esgyn i brifathrawiaeth hen ysgol ramadeg enwog y Bont-faen. Bu'r ddau, a brawd iddynt, farw yn eu hugeiniau, trodd mab arall yn feudwy na fynnai ymolchi na thorri ei farf na'i wallt, a meddwl plentyn fu gan y pumed mab ar hyd ei oes. Er hyn i gyd ni wyrodd John Walters oddi wrth ei fwriad i gyhoeddi Geiriadur Saesneg-Cymraeg swmpus iawn (y mae ei deitl llawn – yn ôl arfer y cyfnod – yn llawer rhy hir i'w roi yma!), ac y mae hwnnw yn un o gyhoeddiadau pwysicaf y ddeunawfed ganrif yng Nghymru. Llwyddodd Walters i berswadio'r argraffydd Rhys Thomas i symud ei wasg o Lanymddyfri i'r Bont-faen, ac ar y wasg honno y llwyddodd i argraffu'r rhan fwyaf o'r Geiriadur, a gyhoeddwyd mewn rhannau rhwng 1770 a 1794. Teithiodd filltiroedd lawer ar gefn ei geffyl i bob rhan o Gymru i gasglu enwau tanysgrifwyr, a rhai o'r rheini yn nes ymlaen yn gwrthod talu pan ymddangosai *rhan* o'r gwaith yn unig, rhag ofn na welid diwedd arno, a hwythau â geiriadur anghyflawn ar eu dwylo. Byddai prinder inc neu bapur yn rhwystro'r gwaith yn aml, a châi'r argraffydd, Rhys Thomas, ei hun mewn dŵr poeth weithiau oherwydd ei fyrbwylldra a'i ddiffyg pres. Ar un achlysur taflwyd ef i garchar Caerdydd am ei ddyledion, ac oddi yno ceisiodd drefnu i ryw argraffydd anghyfiaith o Fryste gymryd ei le yn y Bont-faen, i yrru gwaith y Geiriadur yn ei flaen.

Mynnai John Walters fod y Gymraeg yn iaith y gellid trafod pob math o bynciau ynddi, a bathodd ugeiniau lawer o eiriau newydd sydd erbyn hyn yn rhan naturiol o'r iaith – geiriau fel 'adloniant', 'adnoddau', 'amaethyddiaeth', 'aralleirio', 'bytholwyrdd', 'graddoli', ac yn y blaen. Braf weithiau yw dod ar draws diffiniad lle ceir rhyw gyffyrddiad personol, a rhaid cofio na welai geiriadurwyr y cyfnod ddim o'i le ar hynny. Dyma er enghraifft ei ddiffiniad o'r gair *gypsy*, a byddai'n ddiddorol gwybod a oedd rhyw brofiad personol y tu ôl iddo:

> *Gipsy* [. . . *a vagabond of a tawny complexion who pretends to tell fortunes, &c*] Un o'r crwydraid melyn-ddu, a welir yn rhy fynych mewn trêf a gwlâd, yn tynnu arian oddi wrth lawer symlyn a symlen, am ddarllain eu tesni, a dywedyd eu ffortun, a hithau'r grwydrai heb fedru darogan pa ddryglam a ddigwydd iddi ei hun, er mai hawdd yw dewino, pe cai . . . y daledigaeth a haeddai ei dihirwch mai ei rhan hi fyddai ei dwyn i'r cyffion i'w chosbi.

A dyna ni bawb yn gwybod beth yw sipsi. Mae'n amlwg na lwyddodd John Walters fodloni ei hun ynglŷn ag enw Cymraeg Ynysoedd yr Hebrides:

> *Hebrides* [*a cluster of islands on the western coast of Scotland, otherwise called the western isles*] Heledd (yn ôl tŷb Mr Edward Lhwyd; yr hwn a wypo'n well, ammheued ef).

A beth am ei ddiffiniad o ffrwyth y goeden *jujuba*?

> *Jujubes, or jujube* [*a sort of fruit so called*] Ei enw Cymraeg dyweded y neb a'i gŵyr.

Pa eiriadurwr na fu'n dyheu am y llwybr ymwared yna o bryd i'w gilydd? Ie, mwynglawdd cyfoethog a diddorol yw Geiriadur John Walters.

Glas

Pa liw yw glas? Cwestiwn digon syml ar yr wyneb, efallai, ond y mae'r ateb ychydig yn fwy cymhleth. Mae'n hen air, a gellir ei olrhain yn ôl drwy'r Frythoneg a'r Gelteg a thu-hwnt, ac yn air wrth gwrs y byddwn yn ei arfer bob dydd mewn rhyw gyswllt neu'i gilydd. Dim rhyfedd iddo fagu nifer o ystyron gwahanol yn ystod ei dreigl hir ar dafodau cenhedlaeth ar ôl cenhedlaeth ohonom ni'r Cymry. Ond 'pa liw yw glas?' oedd y cwestiwn.

Mae'n debyg mai lliw'r môr neu liw'r awyr ar ddiwrnod heulog a digwmwl a ddaw gyntaf i'r meddwl, a digon naturiol hynny, gan mai dyma'r lliw glas mwyaf cyfarwydd i'r rhan fwyaf ohonom. Ond mae'r fath beth yn bod â 'thir glas' a 'dail glas', 'A dail glas ar dâl y glyn' meddai Dafydd ap Gwilym, ac yn sicr, nid yr un lliw â'r môr a'r awyr yw'r rheini. Felly gall 'glas' olygu 'gwyrdd' hefyd, ac yng nghysgod hynny, 'iraidd' ac 'anaeddfed' yn ogystal. Mae cyfeiriad yn Llyfr y Datguddiad at 'bren ffigys yn bwrw ffigys gleision', a ffigys anaeddfed oeddynt. Ond nid dyna holl ddefnyddioldeb 'glas' wrth ddisgrifio lliwiau.

Sylwch ar y dyfyniadau hyn. 'Paham y daw pyst glaw glas?' Rhys Goch Eryri rhwng y bedwaredd ganrif ar ddeg a'r bymthegfed sy'n holi. Meddai Dafydd ab Edmwnd wedyn yn y bymthegfed ganrif, 'Mae ias iâ glas yn un galon', a Thudur Aled ychydig yn ddiweddarach, 'Gwead ar glog o wydr glas'. Ac meddai un bardd arall, llai adnabyddus, am wraig Lot, 'Aeth yn garreg halen las'. 'Glaw glas', 'iâ glas', 'gwydr glas', 'halen glas'. Prin bod yma gynhesrwydd lliw'r awyr ar ddiwrnod braf i'w deimlo yma, na chwaith ireidd-dra glaswellt a dail yn yr haf. Rhyw liw gwelw, llwyd yn hytrach, lliw llechfaen, lliw tryloyw ac oer. A dyna liw arall felly y gellir defnyddio 'glas' i'w ddisgrifio. Gall olygu hefyd 'lliw arian'. Cyn dyddiau degol clywid pobl yn sôn am 'swllt glas', 'chwecheiniog las' ac 'arian gleision'. Ychydig bach yn wahanol i liw arian yw lliw'r dur neu haearn, ond yma eto gellir galw ar wasaneth 'glas'. 'A rhoi dur i rai diras, / Hir iawn gledd, a haearn glas', meddai Huw Morus, Pontymeibion. A defnyddir ef hefyd wrth sôn am liw llwyd, sef y lliw a gysylltir â dillad clerigwr. 'Dwndwr yr eglwyswr glas', meddai

Goronwy Owen, ac meddai Twm o'r Nant, 'Cael mynd yn wr eglwysig i wisgo dillad gleision'.

Oherwydd ei gysylltu â lliwiau llwyd a digalon, fe aethpwyd i ddefnyddio 'glas' i olygu 'gwelw', 'marwol', 'angheuol'. Ceir cyfeiriad yn y bedwaredd ganrif ar ddeg at gleddyf arbennig a'i enw'n 'Angau Glas', ac y mae Dafydd Llwyd o Fathafarn yn un o'i gerddi'n cyfeirio at farwolaeth Ifor ap Rhys, ac at y chwarren 'llawn o wenwyn glas' a'i lladdodd.

Datblygiad o hyn, mae'n debyg, yw'r ystyr 'oeraidd', 'claear', 'hanner', 'rhannol' a geir i 'glas', yn enwedig yn y Gogledd, mewn ymadroddion megis 'glas groeso', 'glas ofn', a dyna yw ei rym hefyd ar ddechrau geiriau fel 'glaswenu', 'glaschwerthin' ac yn y blaen.

Ystyr ffigyrol arall i 'glas' sy'n mynd â ni'n ôl at y lliw gwyrdd y cyfeiriwyd ato uchod, yw'r ystyr 'cynnar' (bore glas), 'ieuanc, anaeddfed' (wrth gyfeirio at ferch neu lencyn ieuanc), 'ffres, iraidd' (mae Dafydd ap Gwilym yn sôn am 'fedd glas', sef y ddiod a oedd mor hoff gan uchelwyr ei ddydd – 'medd ffres'). Tair canrif yn ddiweddarach mae Thomas Jones yr Almanaciwr yn cyfeirio at 'Llawer glas fachgen', sef 'ieuanc, dibrofiad' yma, a dyna'i ystyr ar ddechrau geiriau megis 'glaslanc', 'glasoed', a 'glasfyfyriwr'. A gellid ychwanegu enghreifftiau eraill ohono mewn gwahanol ystyron mewn sawl tafodiaith.

Mae'n digwydd hefyd fel enw yn ogystal ag fel ansoddair am nifer o bethau, ond bodlonwn ar un yn unig. Fe gofiwch am yr hen gerdd galonrwygol honno a ganodd rhyw fardd anhysbys o Lyn Cynon yn yr unfed ganrif ar bymtheg pan dorrodd y meistri haearn cynnar holl goed gogoneddus y cwm hwnnw a'u bwydo i'r ffwrneisi. Meddai mewn un pennill:

> Gwell y dylasai y Saeson fod
> Ynghrog yng ngwaelod eigion
> Uffern boen, yn cadw eu plas
> Na thorri glas Glyn Cynon.

Coed a thyfiant o ddail gwyrddion arnynt yw'r ystyr fan hyn. Ond mae'n hwyr glas dirwyn y llith yma i ben.

Hoeden a Maeden, Hyswi a Hwrswn

Soniodd rhywun wrthyf beth amser yn ôl ei fod wedi synnu braidd wrth weld y gair *hoyden* mewn rhyw gyhoeddiad Saesneg. Credodd erioed, meddai, mai gair Cymraeg diledryw oedd 'hoeden', a thebyg iawn fod hynny'n wir am lawer iawn ohonom. Ond benthyciad o'r Saesneg *hoyden* ydyw, gair a ddaeth i'r Saesneg o bosib o'r Iseldireg neu'r Almaeneg, ac a gofnodwyd am y tro cyntaf yn Saesneg yn yr unfed ganrif ar bymtheg – yn yr un ganrif, fel mae'n digwydd, ag y cofnodwyd yr enghraifft gyntaf ohono yn y Gymraeg. Gair gwrywaidd oedd yn y Saesneg i ddechrau, a olygai rhyw labwst anfoesgar, anwybodus, ond gydag amser daeth i olygu merch neu wraig anfoesgar, swnllyd – *an ill-bred, boisterous, noisy girl, a romp* meddai un geiriadur Saesneg, a dyma mwy neu lai ei ystyr i ni. 'Merch benwan, rhampen, merch sy'n cellwair caru, coegen'. 'Putain' hyd yn oed. 'Gocheled pob hoeden rhag syrthio'n y domen', meddai'r bardd Huw Morus 'Eos Ceiriog'. 'Y wraig gan feddwed â hoedan beunoeth', meddai William Morris, Caergybi, wrth ysgrifennu at ei frawd Richard yn Llundain, am rywun a oedd yn adnabyddus ddigon i'r ddau. Enw benywaidd yn unig ydyw yn y Gymraeg, yn ôl Geiriadur y Brifysgol, ond nodir un enghraifft yno lle gallai'r gair fod yn wrywaidd, fel yr oedd yn y Saesneg i ddechrau. Mewn cywydd gan Siôn Tudur mae cyfeiriad at gymeriad poblogaidd o'r enw Rhys Grythor, ac meddai'r bardd amdano:

> Rhowtiwr yfed rhyd trefydd
> Rhys fel hobi hors a fydd,
> Un ystum (anonestair)
> A dyn ffôl, hoeden y ffair.

'Hoeden' am ddyn felly? Ond beth bynnag am hynny, nid yw'n anodd gweld pam y gellid ei gamgymryd am air Cymraeg. Yn un peth, mae'n air byw bob dydd yn y Gymraeg o hyd – yn y gogledd yn enwedig – ond mae blas hen arno ar yr adegau prin hynny pan ddeuir ar ei draws yn Saesneg bellach. Y mae'r terfyniad *–en* hefyd yn rhoi arlliw Cymraeg iddo – daw geiriau benywaidd eraill i gof, geiriau Cymraeg glân gloyw fel 'awen', 'deilen', 'seren' ac yn y blaen, a hawdd iawn oedd i'r gair 'hoeden' gymryd ei le yn eu plith, ac ymddangos yn air Cymraeg mor naturiol a hen â hwythau.

Gair arall tebyg iddo, a'r un terfyniad –*en*, yw 'maeden' – gair byw iawn i mi yng ngogledd Ceredigion o leiaf. Lawer tro y clywais yr ymadrodd 'hen faeden fach yw hi' am ferch nad oedd yn gymeradwy gan y llefarwr ar y pryd. 'Jaden, cenawes, merch ddrwg ei thymer' – dyna'r math o ystyr sydd i'r gair yn Gymraeg. 'Myfi â gyfarfûm ag un a elwid Drythyll', meddai Stephen Hughes yn ei gyfieithiad o *Daith y Pererin* John Bunyan yn 1688, 'a chwi a ryfeddech pa fath dafod gwenieithus oedd gan y Faiden'. Mae un hen awdur yn defnyddio'r gair i ddisgrifio'r frech wen, un arall – protestant pybyr – yn ei ddefnyddio am Eglwys Rufain. A dyma un o'r geiriau a ddefnyddiai'r Morrisiaid wrth sôn am y 'fygydfa' a achosodd gymaint o beswch yn eu plith. Benthyciad o'r gair Saesneg cyffredin *maiden* yw 'maeden', a hyd y gellir barnu, ni bu iddo ystyr drwg erioed yn yr iaith honno. Mae un enghraifft yn y Gymraeg lle gall fod iddo ystyr da serch hynny. Yn llyfr Robert Holland o Landdowror, *Dau Gymro yn taring mewn gwlad bell*, a gyhoeddwyd tua 1600, ceir disgrifiad o nifer o bobl yn eistedd o gwmpas tanllwyth o dân yn y gaeaf, ac yn adrodd straeon wrth ei gilydd. Ac yno y mae mam yn cyfeirio at ei merch fel 'y faeden gymen acw'. Onid cyfeiriad hoffus, annwyl yw hwnnw? Ac eto, rhyw ganrif a hanner bron yn ddiweddarach, cyfieithiad Thomas Lloyd, y geiriadurwr o Blas Power, sir Ddinbych o'r ymadrodd hwnnw oedd *that pert huzzy*, nad yw'n swnio'n hoffus ac annwyl o gwbl. Felly mae'n amlwg nad benthyca gair o'r Saesneg yn unig a wnaethom yma, ond rhoi ystyr tipyn yn llai cariadus iddo yr un pryd.

Sylwer ar *huzzy* uchod. O'r Saesneg Canol *housif* y daw, sef yr un gair â *housewife* yn Saesneg heddiw, ac ochr yn ochr â'r ystyr dda sydd iddo, sef 'gwraig sy'n gofalu ar ôl y tŷ, gwraig ddoeth, ddarbodus' fe dyfodd ystyr ddrwg hefyd, yn enwedig yn y ffurf arall a geir ar y gair yn Saesneg, sef *hussy* neu *huzzy*. Benthyciwyd hwn hefyd gennym yn y ffurf 'hyswi', 'hwswi', nad yw bellach ar lafar yn gyffredinol yn unman hyd y gwn. A'r un oedd y patrwm yn Gymraeg. Mae'r hen enghreifftiau ohono, o tua chanol y bymthegfed ganrif, yn rhai canmoliaethus iawn. Huw Cae Llwyd, y bardd o blwyf Llandderfel, Meirion, er enghraifft, yn canmol Dafydd Llwyd o Fathafarn a'i wraig Marged:

Efo'n broffwyd llwyd y llu
Urddasol a rodd Iesu,
Hithau'n hyswi'n llenwi'r llys . . .

Canmola garedigrwydd mawr Marged at y rhai a gyrchai'r llys:

Cryfion a gwychion i gyd,
Pawb ai yno pob ennyd.

A'r un yw tystiolaeth yr hen bennill hwnnw sy'n canmol rhyw bobydd o'r enw Siôn, a oedd, gellir tybio, yn well na'r un wraig wrth drin blawd. Gallai bobi pedair torth fawr, neu wyth o rai bach o bec o flawd, ac meddai'r pennill:

Ac os bydd y wraig yn hyswi
Fe fydd teisen gyda hynny.

Hynny yw, gallai gwraig dda wneud teisen o'r ychydig flawd a oedd yn weddill gan ei gŵr. Defnyddio'r gair yn chwareus i ddechrau a arweiniodd i'r ystyr ddrwg yn Saesneg, a hynny am y tro cyntaf ar ddu a gwyn yn 1546. Benthyca'r cyfryw ystyr yn uniongyrchol o'r Saesneg a wnaeth y Gymraeg, fel yn achos yr ystyr dda, er i ganrif a hanner bron fynd heibio cyn y gwelir enghraifft Gymraeg ohono yn ei ystyr ddrwg, sef ystyr debyg i 'hoeden', 'maeden', 'jaden'. Mewn anterliwt o'r enw *Sierlyn Benchwiban*, a gyfansoddwyd tua 1689 y ceir hynny, ac mewn un man yn y chwarae mae tafarnwaraig o'r enw Ffilo yn tafodi rhai o'i chwsmeriaid yn bur huawdl, ac un o'r rheini yn gweiddi arni, 'Arhoswch, arhoswch yr hyswi', ac yn mynd yn ei flaen i ddweud rhai pethau na thâl eu hailhadrodd yma, ond sy'n awgrymu'n gryf iawn nad yr ystyr 'gwraig ddoeth, ddarbodus' oedd ganddo mewn golwg. A dyna'r ystyr a welir yn bur gyffredin yn ein llên ar ôl hynny. *Hussy*, meddai John Walters, yn ei eiriadur yn 1774, '*a corruption of Huswife used in an ill sense*, anllad-ferch, dihiren, maeden'. Ond da yw cael dweud na ddisodlwyd yr ystyr dda yn llwyr gan yr ystyr ddrwg, ac mai ystyr dda sydd iddo er enghraifft yn y dywediad hwnnw o Forgannwg, 'Fe naiff slwt fenyn ond raid ca'l 'yswi i neud caws'.

Y mae'r gair *jade* yn Saesneg, fel y gwyddys, yn golygu carreg ledwerthfawr o liw gwyrdd, ond y mae *jade* arall yn digwydd yn yr iaith honno sy'n golygu 'gwraig gras ddigymeriad, cenawes o wraig'. Fel yn achos geiriau dilornus eraill am ferched a ddaeth o'r Saesneg, fe ddaeth hwn hefyd yn y ffurf 'jâd'. Mewn anterliwt o'r flwyddyn 1765 y gwelir ef gyntaf ar ddu a gwyn, lle ceir tad yn cwyno am ei ferch a oedd wedi ymgodi yn y byd:

> A phan elw i ofyn rhyw beth i'r jâd
> Hi etyb ei thad yn Saesneg.

Pan fenthyciwyd y geiriau Saesneg *hoyden* a *maiden* , a rhoi 'hoeden' a 'maeden' yn Gymraeg, yr oedd y terfyniad '-en' yno yn y gwreiddiol, ac o dan ddylanwad y geiiau hynny a rhai tebyg, tyfodd '-en' ar ddiwedd 'jâd' hefyd gan roi 'jaden', a'r '-en' yn troi'n '-an' yn y Gogledd i roi 'jadan' – 'yr hen jadan'. Ond yn rhyfedd iawn gellir defnyddio'r gair weithiau a rhyw ychydig o anwyldeb yn perthyn iddo, fel pan ddywedir yn chwareus am ferch fach ddireidus, 'yr hen jadan bach!'

Ond rhag i ni fynd i dybio mai am ferched yn unig y benthyciwyd geiriau dilornus o'r fath, y mae enghreifftiau o rai gwrywaidd hefyd. Gair cyfarwydd iawn gynt, ond na chlywir ef yn gyffredin ar lafar bellach, yw 'hwrswn' neu 'horswn'. Benthyciad o'r Saesneg *whoreson* ydyw, sef cyfuniad o *whore* a *son*, sef yw hynny, 'mab y butain'. Gair cyffredin iawn yn y Saesneg gynt, ac a oedd wedi ymgartrefu yn y Gymraeg erbyn y bymthegfed ganrif. Mae'n digwydd yn lled aml yng ngweithiau'r cywyddwyr, a hynny'n rhannol am iddynt sylweddoli ei fod yn air cyfleus i gynganeddu â 'Hors' neu 'Horsa'. Hwnnw oedd brawd Hengist, a hwy yn ôl y traddodiad oedd y cyfeillion annwyl a arweiniodd y Saeson i Ynys Brydain am y tro cyntaf erioed. 'Ho! Wŷr Hors. Ha Ha Hwrswns', meddai Lewis Glyn

Cothi am ein cymdogion, yn un o'i linellau bywiocaf os nad y mwyaf celfydd. A gellir dilyn hynt y gair wedyn o ganrif i ganrif hyd at ein dyddiau ni. Mae hen gerdd Gymraeg ar gael o ddyddiau Elisabeth y Gyntaf sy'n rhestru'r cynllwynion a fu i'w lladd, ac yn un pennill dywedir hyn:

> Efe a wnaeth y Doctor Nab
> Ffals lythyrau at y Pab
> Efe addawsai'r hwrsyn fulen
> Roi tân gwyllt yn siti Llunden.

Nid 'tân gwyllt' yn ein hystyr ni heddiw sydd yma, ond 'tân y collwyd rheolaeth arno, tân ysgubol'. Os bu cynllwyn i roi Llundain ar dân a lladd y Frenhines yn y dull hwnnw, nid yw llyfrau hanes, hyd y gwyddys, yn ei gofnodi, ond y mae'n amlwg fod y prydydd anhysbys o Gymro wedi cael achlust yn rhywle o fwriad o'r fath. Yn y ganrif ddilynol, pan oedd yr Hen Ficer o Lanymddyfri yn chwilio am air pwrpasol i ddisgrifio'r cwrw a oedd yn gwneud cymaint o lanastr ymhlith ei blwyfolion, hwn oedd yr un y trawodd arno:

> Gwell rhoi'r gore i'r hwrswn cwrw
> Nag ymostwng iddo'n feddw.

Ac eto fel yn achos 'jaden', gellid defnyddio hwn hefyd weithiau a rhyw ystyr hoffus iddo. Cofiaf am ŵr o ardal Pontarddulais yn dweud unwaith am hen ferch addfwyn a duwiol iawn a drigai yn y pentref lle magwyd ef, ac a fyddai'n rhoi ei llaw ar ei ben pan oedd yn fachgen bach, gan furmur yn dawel, ''En wrswn bach annw'l wyt ti'. Petai rhywun wedi esbonio iddi, meddai, beth oedd gwir ystyr y gair, byddai'r hen greadures fwyn wedi cael sioc ei bywyd.

Hydref

Fe ddaw cwpled o gywydd, neu esgyll englyn efallai, nid wyf yn siŵr pa un, i'm cof bob blwyddyn pan glywaf hwn a'r llall yn sôn bod yr hydref wedi dod yn ei dro unwaith eto, a'r gaeaf heb fod ymhell. A synnwn i ddim fod mwy nag un o'm ffrindiau wedi laru braidd ar fy nghlywed yn hanner-llafarganu'r cwpled flwyddyn ar ôl blwyddyn. Chwiliais y mannau arferol i gyd a holais sawl un o dro i dro am y llinellau yma, ond hyd yn hyn beth bynnag ni lwyddais i gael enw'r awdur na'r englyn neu'r cywydd sy'n eu cynnwys. Dyma'r cwpled:

> Adref af, mis Hydref yw,
> Adeg mynd adref ydyw.

Mae'n gwpled swynol iawn am fis Hydref, ac yn y Gymraeg wrth gwrs, y mae *hydref* yn enw ar ein degfed mis ac ar ein trydydd tymor. Does dim pendantrwydd ynglŷn â tharddiad y gair *hydref*. Mae geiriau o'r un tras yn digwydd yn y Gernyweg a'r Llydaweg, ac y mae'r cofnod cynharaf ohono yn y Gymraeg yn digwydd yn y drydedd ganrif ar ddeg. Mae dwy ffurf ar y gair, a dweud y gwir, sef *hydref* a *hyddfref*, a'r ail yn gyfuniad o *hydd* 'carw' a *bref*, gan gyfeirio at yr adeg o'r flwyddyn, sef y tymor dan sylw, pan fydd yr hydd yn brefu am ei gymar. Mae'n bosib mai honno oedd y ffurf wreiddiol ar y gair – mae'n digwydd yn gynnar – ac y mae modd esbonio petai raid, sut yr âi *hyddfref* yn *hydref*. Ond nid oes sicrwydd, a gall y ddau fod yn eiriau gwahanol.

Beth bynnag am hynny, dyma dymor disgyniad y dail, a hynny yn yr iaith Saesneg a roddodd y gair *fall* amdano, gair a aeth allan o ffasiwn yn gyfan gwbl yn Lloegr ei hun ers blynyddoedd, ond sy'n fyw ac yn iach yn yr Unol Daleithiau lle cludwyd ef gan yr ymfudwyr cynnar ar draws yr Iwerydd. Mae'r beirdd wrth reswm, wedi canu i'r hydref fel i bob tymor arall. 'Liwgar deg lygredigaeth' ac 'Amryliw wisg marwolaeth' yw disgrifiadau trawiadol Ap Hefin ohono. Haf oer a gwlyb iawn, mae'n debyg a gafwyd ym 1923, on fe'i dilynwyd gan hydref mwyn a heulog, ac meddai Gwilym Deudraeth:

Bu i'r haf gwlyb a rhyfedd – oer wyro
  I'r weryd o'r diwedd,
  Ond wele'n llawn hudoledd
  Hydref aur yn crwydro'i fedd.

Ond gwynt yr hydref yn anad dim arall a dynnodd sylw'r beirdd.
'Gwynt yr hydref ruai neithiwr', meddai Crwys ar ddechrau ei
delyneg am yr henwr hwnnw 'yn ei blyg uwchben ei sgubell', ac felly
hefyd y mae R. Williams Parry yn agor ei awdl fawr i'r 'Haf':

  Ag oerwynt hydre'n gyrru
  Y gawod ddail yn gad ddu.

Ond cyn bod sôn am na Chrwys na Williams Parry, yr oedd Dafydd
ap Gwilym hefyd wedi sôn am yr un gwynt. Canodd gywydd i'r
'Seren' unwaith, lle mae'n bendithio'r Creawdwr am ei chreu – hi a'i
chwiorydd lu – i roi llewych i'w lwybr ar hyd nos:

  Hi a ddengys ym heb gudd
  Em eurfalch, lle mae Morfudd.

Ac ar ôl galw'r seren yn un o 'ganhwyllau'r Gŵr biau'r byd', yn
'fwcled y goleuni', ac yn 'faen mererid Mair', mae'n llawenhau nad
oes modd ei diffodd:

  Nis diffydd gwynt hynt hydref
  Afrlladen o nen y nef,

Ac mewn cywydd arall mae ganddo ddisgrifiad trawiadol iawn o
ochenaid:

  Ef yw gwynt hydref hoedran.

Ystyr *hoedran* yw 'gofid, tristwch', a 'gwynt hydref' y cyflwr hwnnw
yw ochenaid.
  Fel yn achos enw pob tymor, mae i hydref ei ystyr ffigyrol. 'Y

61

tymor o oes dyn', meddai'r Geiriadur, 'a nodweddir gan lawn ddatblygiad a ffrwythlondeb, pan fo ieuenctid drosodd a nodau dirywiad heb fod yn amlwg iawn eto'. Ai hydref yn ei ystyr ffigyrol oedd ym meddwl y bardd pan luniodd y cwpled a ddyfynnais ar y dechrau? Os felly fe weddai'n well o ran ystyr i'r gaeaf, ond awgrymodd y Prifardd Ieuan Wyn, Bethesda, mewn sgwrs a gawsom am y pwnc unwaith, mai bugail o bosib sydd yma yn sôn am symud i lawr o'r hendre i'r hafod ar yr adeg arbennig honno o'r flwyddyn. Awgrym sy'n dal dŵr yn ddiamau – ond pa le mae gweddill y gân, os oes gweddill iddi?

Jac y do ac eraill

Yr oedd 'Yn ei Elfen' yn enw ar raglen radio wâr a difyr ar Radio Cymru ers talwm, a Dr R. Alun Evans a'r Athro Bedwyr Lewis Jones yn gofalu amdani. Byddai gwrandawyr yn codi'r ffôn ac yn sôn am eiriau, enwau lleoedd a thraddodiadau lleol o bob math, a Bedwyr ac eraill yn rhoi eu sylwadau arnynt, gan esgor yn aml ar lu o ymatebion pellach yn y rhaglen ddilynol. Rhaglen a oedd yn addurn ar yr orsaf radio. Arni hi cofiaf i mi glywed gwraig o Fancyfelin ger Sanclêr, sir Gaerfyrddin, yn nodi'r enw 'jac y rhaca', sef iddi hi (ac yn ei geiriau hi) rhywun na allech 'ddim dipendo dim byd arno fe'. Euthum i chwilio Geiriadur Prifysgol Cymru fel arfer a chael fod 'jac y rhaca' yn enw ar drychfilyn bach sy'n byw ar wyneb y dŵr mewn pyllau gweddol lonydd. 'Pryfcopyn y dŵr' yw ei enw mewn ambell ardal, ac y mae'r geiriadurwr o Forgannwg (ond yn wreiddiol o Lanedi, sir Gaerfyrddin), John Walters, yn cyfeirio ato wrth yr enw 'carw'r dŵr'. Ond yng ngodre sir Aberteifi, rhannau o sir Gâr a sir Benfro, 'jac-y-rhaca' (weithiau 'jac-y-rhoca') yw'r enw ar y creadur bach amlgoesog hwn sy'n symud yn gyflym, gyflym ar wyneb y dŵr, heb fyth fynd oddi tano. Yn ei gyfrol *Rhamantwyr y De* mae D. Tegfan Davies, wrth sôn am rywun neu'i gilydd, yn dweud amdano ei fod 'mor ddwl â jac-y-rhaca'. Sut yn y byd tybed y cafodd y creadur bach diwyd a phrysur hwn y gair o fod yn annibynadwy a gwirion?

Ond wrth chwilio yn y Geiriadur am un jac fe ddown ar draws ambell jac arall. 'Jac llwyd y baw', er enghraifft, sydd ar lafar mewn rhai ardaloedd am yr *hedge sparrow*, 'llwyd y berth', neu 'lwyd bach' mewn ardaloedd eraill. A beth am yr hen gyfaill 'Jac y do'? Benthyciad o'r Saesneg *jackdaw* yw hwn, o'r elfennau *jack* (sy'n gallu dynodi'r ceiliog yn Saesneg) a *daw*, sef yr hen air am yr aderyn cyn ychwanegu *jack* ato. Ond wrth ei fenthyca rhoddwyd rhyw wedd Gymraeg arno wrth ychwanegu 'y' yn y canol, a rhoddwyd cartref iddo wrth gwrs yn un o'n hwiangerddi mwyaf adnabyddus – 'Mi welais Jac-y-do / Yn eistedd ar ben to . . .' 'Jac ffa' yw'r enw arno mewn rhannau o sir Frycheiniog, a chafodd le hefyd yn iaith ardal chwareli'r Gogledd. Emyr Jones yn ei gyfrol *Canrif y Chwarelwr* sy'n dweud pan fyddai chwarelwr neu griw ar isrif cyflog oherwydd methu â chynhyrchu digon o gerrig, dywedid ei bod 'yn Jac-y-do' arno neu arnynt – hynny yw bod y sefyllfa'n un ddu iawn – yr un lliw â'r aderyn.

Jac arall yw 'jac y jympar', neu 'jac y jwmper' sef yr enw a glywir yng Ngheredigion, sir Gaerfyrddin a sir Benfro – os nad yn lletach – am 'geiliog y rhedyn' neu 'sioncyn y gwair'. Mae 'jac sbonc' i'w glywed yn Arfon, meddai'r Athro Fynes-Clynton yn ei astudiaeth o iaith lafar ardal Bangor.

Byddai gennym ni gynt yng ngogledd Ceredigion, rigwm yn cynnwys 'jac y jympar', a dyma'r drefn. Yn gyntaf, byddai'n rhaid dal un, ac yna ar ôl ei osod ar gledr un llaw, ei orchuddio â'r llaw arall, gan ofalu peidio â'i gyffwrdd na'i wasgu â honno. Yna adrodd y rhigwm:

> Jac y jympar, pwra dy wa'd [poera dy waed]
> Neu mi dy ladda i di a dy dad.

Bygythiol iawn, ac nid wyf yn siŵr sut y down o hyd i'w dad beth bynnag, petai'n anufuddhau i'r gorchymyn. Ond hyn oedd yn rhyfedd – yn ddieithriad, pan godem y llaw uchaf yn ofalus, a phipo ar y creadur bach yn swatio yno, byddai diferyn o ryw hylif oren ei liw ar gledr y llaw isaf. Yn y cyfnod diniwed a hygoelus hwnnw, arwydd oedd hyn i ni ei fod wedi deall ac wedi ufuddhau, ac am hynny câi fynd yn rhydd. Ond o feddwl heddiw am y truan bach yn garcharor ofnus yn y tywyllwch rhwng dwy law boeth a chwyslyd, rwy'n sylweddoli nad gwaed o bosib oedd yr hylif oren hwnnw ar gledr fy llaw, ond rhywbeth arall y byddai'n well gennyf beidio â meddwl amdano.

Mynd yn Boeth

Mewn tri rhifyn o *Gylchgrawn Llyfrgell Genedlaethol Cymru* (Haf 1969 – Gaeaf 1970) cyhoeddodd y diweddar Ddr E. D. Jones, y Llyfrgellydd Cenedlaethol ar y pryd, ddau lyfryn yn cynnwys cofion a chyfrifon gŵr o'r enw Owen Thomas o blwy Henllan yn sir Ddinbych. Adeiladu cychod gwenyn oedd ei brif gynhaliaeth, ac âi ei wraig a'i naw o blant, pan oedd y rheini'n fân, i loffa yn y meysydd, i geisio cael y ddau ben llinyn ynghyd. Cyfnod y cofnodion yw o 1729 hyd 1775, pan fu farw Owen Thomas, ac yn ôl E. D. Jones cadwodd gofnodion am stad y tywydd a chyflwr y marchnadoedd o fis i fis am dros ddeng mlynedd ar hugain, gan ychwanegu, yma ac acw, gofnodion am ddigwyddiadau anghyffredin a rhyw fân wybodaethau o ddiddordeb iddo ef. Prin yw'r rheini at ei gilydd, ond ceir ef yn 1776, er enghraifft, yn cyfeirio at farwolaeth un William Prus, 'gwr oedd yn dysgu plant yn Lygen' pan gafodd ei ddal yn yr eira mawr a fu y flwyddyn honno, ac yntau o fewn 'haner milldir at ei du wrth ddwad adre o farchnad Dinbech'. Yn yr un flwyddyn sonia am 'y clwy trwm oedd ar y ceffyle yn Henllan . . . wedi dechre yr haf o'r blaen, o'r hwn y bu farw llawer nid ychydig'. Ond o blith y digwyddiadau a gofnodir ganddo, y mae sawl un am y tanau a enynnai weithiau yn rhai o dai a ffermydd yr ardal. Fel hwn: 'Ar nos dudd Iau y 19 or mis hwn [Ionawr 1769] y cafodd Thomas Foulkes o'r Rosedd ym mhlwy Llanrhauad golled fawr gan dan yr hwn a losgodd lawer o ud a gwair mewn ysgubor ac ydlan'. Ond er nad yw'n digwydd yn y frawddeg honno, dyma ddod at yr ymadrodd 'mynd yn boeth' yn yr ystyr 'mynd ar dân', a hynny mewn cyfeiriad at anffawd arall a ddigwyddodd i'r un Thomas Foulkes yn ddiweddarach yn yr un flwyddyn. Meddai Owen Thomas: 'Ar yr 16d o'r mis hwn [mis Hydref erbyn hyn] ynghulch dau or gloch y Bore y llosgodd euddo Thomas Foulkes o'r Rosedd, cumaint oll ac a fedde o ud a gwair a'r un tai ac a *aethe yn boeth* ym mis Ionawr ddechre'r flwuddun.' Dair blynedd cyn hynny, ym mis Hydref 1766, yr oedd wedi cofnodi tân arall. 'Ar yr 18 dudd or mis hwn', meddai, 'yr *aeth* y sgubor yn *boeth* yn perthyn ir Plas Isa, Pant y gwuddul'. Weithiau digwyddai a fyddai gwaeth: 'Ar y plygen ddudd Mawrth yr 16 or mis hwn [Chwefror

1768] yr *aeth* y Crown Isa yn Rhuthun yn *boeth*, a gwr ai henw [*sic*] Thomas Seimon o Landegle a losgodd yno'. Mannau eraill a enwir a 'aeth yn boeth' yw 'tu Thomas William or Bryn deunydd' a 'tu Thomas Hughes o frun notlan yn mhlwy Llanrhauad'.

Digwydd un enghraifft gynharach o'r ymadrodd hwn yng Ngeiriadur y Brifysgol, sef o'r flwyddyn 1657, o dan y gair 'poeth' yn golygu 'llosg, llosgedig, ar dân', ond byddai'n ddiddorol gwybod a ydyw'n fyw o hyd, neu a oes cof amdano tybed yn hen ardal Owen Thomas.

Pengwin

'*Pick up a Penguin*' meddai'r hysbyseb gyffredin honno am fisgeden siocled wedi ei gorchuddio â phapur lliwgar a llun yr aderyn arbennig hwnnw arno. Ond sut cafodd y pengwin ei enw? O'r Saesneg, yn ôl pob golwg y daeth y gair i'r Gymraeg, ond nid oes neb yn rhyw siŵr iawn o ba le y daeth i'r Saesneg. O'r Lladin *pinguis* yn golygu 'tew' yw un cynnig a wneir ar esbonio hynny, neu mai llygriad yw o 'pin-wings', gan gyfeirio at adenydd anarferol a hynod yr aderyn. Ond yr hyn sy'n ddiddorol yw bod damcaniaeth s'yn awgrymu mai gair Cymraeg oedd 'penguin' i ddechrau, a gellir olrhain tystiolaeth i'r ddamcaniaeth honno i'r unfed ganrif ar bymtheg o leiaf.

Mor gynnar â 1582, mewn llyfr o waith y daearyddwr Prydeinig, Richard Hakluyt ceir cyfeiriad at y Carfil Mawr, neu'r *Great Auk* yn Saesneg, ynghyd â'r sylw yma:

> *The country men call them Penguins which seemeth to be a Welsh name.*

Nid oedd amheuaeth o gwbl ym meddwl Syr Thomas Herbert, daearyddwr arall, pan ysgrifennodd ar ei daith o gwmpas y Penrhyn Gobaith Da yn 1638, am yr adar y byddwn ni heddiw yn eu galw'n bengwiniaid. '*Here*', meddai, am Ynys Robben ger Cape Town – a ddaeth, fel y gwyddom, yn ddrwgenwog mewn canrif ddiweddarach – '*are also birds called Pen gwins (white head in Welch) like pygmies walking upright.*' Ac mewn llawysgrif Saesneg o'r flwyddyn 1677, sy'n sôn am y modd y daeth Francis Drake ar draws miloedd o'r adar yma ganrif ynghynt yng Nghulfor Magellan ar waelod De America, dywedir mai '*infinite were the number of fowles which the Welsh men named Penguin.*'

Ond pen du sydd gan y pengwin. Pam yn y byd felly y byddai'r Cymry yn ei alw'n 'ben gwyn'? Mae damcaniaeth ar gael i esbonio hyn hefyd, ac y mae i'w gweld mewn o leiaf ddau lyfr safonol a gyhoeddwyd yn 1987 a 1988, sef *Encyclopaedia of Word and Phrase Origin*, gan Robert Hendrickson, *a Dictionary of Word and Phrase*

Origin, gan William a Mary Morris. Mae'n bwysig cofio yn y lle cyntaf, yn ôl y damcaniaethau hyn, fod gennym ddau aderyn gwahanol dan sylw. Y cyntaf yw'r Carfil Mawr (*Great Auk*), aderyn na allai hedeg, ac a ddiflannodd oddi ar wyneb y ddaear tua chanol y bedwaredd ganrif ar bymtheg. Arfordir Newfoundland a rhai o ynysoedd gogledd yr Iwerydd oedd ei gynefin, ac yr oedd yn ddigon tebyg i bengwin, ond ei fod yn sylweddol fwy, a chanddo (ac y mae hynny'n bwysig o safbwynt y ddamcaniaeth) ddau smotyn neu batsh gwyn yn ymyl ei ddau lygad. Hwn, meddai awduron y ddwy gyfrol a nodwyd, a hynny'n bendant ddigon, oedd yr aderyn a welodd morwyr o Gymru ar eu teithiau yn yr unfed ganrif ar bymtheg – cyn hynny o bosib – a rhoi iddo'r enw 'pen gwyn' ar gyfrif y cyfryw ddau smotyn. Yn ddiweddarach pan hwyliodd Drake drwy Gulfor Magellan, a Thomas Herbert i'r de o Affrica, dyma sylwi ar aderyn arall, tebyg iawn i Garfil Mawr y moroedd gogleddol, ond ei fod yn llai, ac yn naturiol fe ddechreuwyd defnyddio'r un enw am hwn 'pen gwyn'. Ond pen du oedd gan hwn. Rhy hwyr! Roedd yr enw wedi glynu. A dyma'r esboniad, meddai'r awdurdodau hyn, ar yr enw paradocsaidd a geir ar y pengwin hyd heddiw.

Ond beth sydd gan rai o'r geiriaduron safonol Saesneg i ddweud am darddiad y gair?

According to some, Welsh pen *'head' and* gwyn *'white'*

meddai Geiriadur Chambers, 1972, a'i gadael hi felly.

Perhaps from Welsh pen gwyn *'white head'*

meddai geiriadur Longmans, 1982, a cheir yr un geiriad bron yn argraffiad 1984 o Eiriadur Collins. Mae Geiriadur Mawr Rhydychen, yr awdurdod terfynol hwnnw ar yr iaith Saesneg a'i tharddiadau, hefyd yn ymdrin â'r pwnc, ond tueddu i wrthod y cysylltiad Cymraeg a wneir yno, er bod y sawl a luniodd yr erthygl ar y gair 'penguin' yn prysuro i'n hatgoffa hefyd am y ddau smotyn gwyn a nodweddai ben y Carfil Mawr – fel petai'n hwyrfrydig i gau'r drws yn glep ar y ddamcaniaeth. Ond petai 'penguin' yn air Cymraeg, ac yn mynd yn ôl i'r unfed ganrif ar bymtheg, oni fyddai geiriadurwyr Cymraeg fel Thomas Jones yr Almanaciwr, Siôn Rhydderch, John Gambold, John Walters a'i tebyg, wedi ei gofnodi? Ac onid 'penwyn' fyddai'r ffurf? Yn ofer y chwilir amdano yn eu geiriaduron hwy, ac yn wir, nid cyn 1827 y gwelir ei ddefnyddio gyntaf yn y Gymraeg, a phrin y gellir dadlau nad ei fenthyg o'r Saesneg a wnaed bryd hynny. Ond y tro nesaf y byddwch mewn sŵ, neu ar daith i bellteroedd daear, ac yn cael hwyl wrth weld yr aderyn diddorol hwn, yn ei wisg ffurfiol, yn mynd trwy'i bethau, sylwch ar ei ben du, a chofiwch bod cenedlaethau o deithwyr, daearyddwyr a geiriadurwyr wedi tybio mai enw Cymraeg sydd iddo.

Planed

I ni heddiw, pan glywn-ni'r gair *planed/planet* fe fyddwn yn meddwl
ar unwaith am naill ai gylchgrawn Cymreig adnabyddus, neu am un
o'r naw corff nefol, symudol sy'n troi o gwmpas yr haul, ac yn cael eu
goleuo ganddo – sef, yn ôl eu pellter oddi wrth yr haul – Mercher,
Fenws, y Ddaear, Mawrth, Iau, Sadwrn, Wranws, Neifion a Phlwton.
Yn yr hen amser, yn ôl y rhai a astudiai'r sêr bryd hynny, nid naw
ond saith o blanedau a oedd yn bod. Iddynt hwy nid oedd y Ddaear
yn blaned, ond ystyrient yr Haul ei hun, a'r Lleuad yn blanedau:

> Brenin tân a saith blaned

meddai Lewis Glyn Cothi yn y bymthegfed ganrif am Dduw. Ni
wyddai'r bardd am fodolaeth Wranws, Neifion a Phlwton.
　　Ond yr oedd ystyr arall gyffredin iawn i'r gair *planed* yn y
Gymraeg gynt, sydd i bob golwg wedi hen ddiflannu erbyn hyn.
Oherwydd y gred fod gan bob planed (ar wahân i'r Ddaear) reolaeth
ar un, neu weithiau ddwy o arwyddion y Sidydd neu'r Sodiac, fe aeth
planed i olygu 'ffortun', 'tynged', 'ffawd', ac fe'i defnyddiwyd yn
helaeth yn ein llenyddiaeth i olygu hynny:

> Ar gerdded y planedau
> Y deellir gwir a'r gau

meddai Iorwerth Fynglwyd tua diwedd yr unfed ganrif ar bymtheg,
ac y mae'r ansoddeiriau sy'n dilyn y gair yn y gwahanol gerddi a
darnau o ryddiaith yn awgrymu'n gryf mai yn eich erbyn gan amlaf
ac nid o'ch plaid fyddai'r ffawd honno. Planed 'erwin' yw hi, planed
'ddu', planed 'annedwydd', planed 'drom', planed 'anhapus'. Yn
ystod y rhyfel cartref rhwng y Brenin a'r Senedd yn yr ail ganrif ar
bymtheg, yr oedd John Griffith o Landdyfnan, Môn, ysgwïer, bardd,
eglwyswr, ac un o bleidwyr selog y Brenin Siarl, yn poeni ynghylch y
byd oedd ohoni. Ysgrifennodd gerdd ar ddull ymddiddan rhyngddo
ef a'i ewythr, William Bwlclai – brenhinwr pybyr arall:

Dwedwch, f'ewythr call gyfyrdro,
A aeth y planed erwin heibio?
A ddaw pen ar ddyddiau blinion?
A ddaw byth y byd a welson'?

Ond digalon yw ateb ei ewythr:

Digofaint Duw oedd ffrwyth y planed,
Nid aeth hi heibio er ei garwed,
Ni ddaw pen ar ddyddiau cystudd
Nes cael cymod Duw o'r newydd.

Dwy ganrif cyn hynny, yr oedd y bardd Guto'r Glyn yn galaru ar ôl
William Herbert, Iarll Penfro, a ymladdodd ym mhlaid Iorc yn
Rhyfeloedd y Rhosynnau, ac y torrwyd ei ben ar ôl brwydr Bambri,
1469:

Doe 'dd aeth dan y blaned ddu
Drwy'r Fâl draw i ryfelu,
Och finnau, ucho f'anhun
Nad arhôi'n ei wlad ei hun.

Ond yn rhy hwyr – fe gefnodd ar ei wlad ei hun am y tro olaf. Ac yn
un o'r cywyddau a luniodd Iolo Morganwg, a honni mai Dafydd ap
Gwilym oedd ei awdur, mae'n hiraethu am Forfudd, a honno mor
ddi-hid ohono nes bod y bardd yn gresynu iddo'i gweld erioed:

Gwae o'm planed annedwydd
Weled erioed liw dy rudd.

Lliw methiant ac anlwc hefyd sydd ar y cyfuniad 'planed dair ceiniog'
sy'n digwydd yn y dywediad a glywir (neu a glywid o leiaf) mewn
ambell ardal, sef 'y sawl aned dan blaned dair ceiniog ni ddaw byth i
rôt' (neu 'byth i swllt').

Ac eto 'doedd dim rhaid i blaned fod yn un anffodus bob amser.
O leiaf mae John Walters, y geiriadurwr o'r ddeunawfed ganrif yn

cynnwys yn ei eiriadur yr ymadrodd Saesneg 'born under a lucky planet', a'i gyfieithu 'a aned (wedi ei eni) ar awr dda neu dan blaned ddedwydd'. Faint ohonom tybed a aned o dan honno?

Pry, Pryf, Pryfyn

Ar y 13eg o Fehefin 1761 yr oedd William Morris Caergybi, a'i fab ar ymweliad â Bangor, ac mewn llythyr sydd ar lun rhyw fath o ddyddiadur a anfonodd at ei frawd, Lewis Morris yng Ngheredigion, fe ddywed hyn:

> Myned efo Robin [ei fab] i weled pryf llwyd, alias penfrith a ddaliesid yn fyw, a phryf digrif yttoedd hefyd.

I ni, yng ngogledd Ceredigion, ystyr 'pryf' neu 'bryfyn llwyd' yw *horsefly* yn Saesneg, y pry bach hwnnw sy'n disgyn yn ysgafn, ysgafn ar eich croen ar ddyddiau braf yn yr haf, ac yn brathu.

Ond nid mynd i weld un o'r rheini wedi'i ddal yr oedd William Morris a'i fab, debyg iawn, ond i weld beth fyddwn i'n ei alw'n 'fochyn daear' Ond ym Môn – yr adeg honno beth bynnag – yr enw arno oedd 'pryf llwyd' neu 'bry penfrith'.

Ac os awn yn ôl ddwy ganrif yn gynharach, roedd William Salesbury o Lansannan, hefyd yn gwybod am yr enw 'pry penfrith'. Noda'r enw yn ei eiriadur a gyhoeddwyd yn 1547, ac fe rydd fel cyfystyr Saesneg, y gair 'brock' – nid 'badger' ond 'brock', hen air Saesneg am yr anifail, ond yn ddiddorol iawn, gair a fenthyciodd y Saeson o'r Gymraeg. Petaech yn mynd yn ôl i gyfnod llunio'r Mabinogion, i gyfnod cynnar yr iaith, y gair Cymraeg am fochyn daear oedd 'broch', neu 'brôch'. Byddwch yn cofio am y 'chware brôch yng nghod' yng nghainc gynta'r Mabinogion, Pwyll Pendefig Dyfed. Felly dyna dri enw gwahanol yn barod ar y mochyn daear.

Ond mae o leiaf un arall. Yn 1778, yn ei gasgliad o'i farddoniaeth, *Bardd a Barddas*, mae Jonathan Hughes, Llangollen, yn rhestru yn un o'i gerddi y gwahanol greaduriaid y byddai ef yn hysio'i gŵn arnyn-nhw, sef

> Y geinach (ysgyfarnog), cadno, coedhwch (mochyn neu hwch wyllt) a'r 'pryf brych',

Ac mae'n rhaid gennyf mai 'mochyn daear' oedd yr olaf hwn yr oedd y bardd yn awyddus i hysio'i 'gŵn meinion' arno..

Gair hynod o gyfleus a fu 'pryf' yn y Gymraeg. Ar wahân i'r mochyn daear fe'i defnyddir ar ei ben ei hun mewn rhai ardaloedd yn y gogledd i olygu 'llwynog' neu 'gadno'. Yn yr hwiangerdd honno o waith Ceiriog fe ddywedir wrthym fod y bonheddwr mawr o'r Bala wedi,

> Carlamu ar ei gaseg
> O naw o'r gloch tan ddeuddeg
> Heb unwaith godi pry,

a'r 'pry coch' (fel y gelwir y llwynog weithiau yn sir Drefadwyn), oedd hwnnw. Mewn rhai ardaloedd yn y gogledd gelwir yr ysgyfarnog yn 'bry mawr' Pa un o'r rhain tybed a oedd y 'pry' yn enw hen gartref Syr O. M. Edwards, Coed-y-pry?

Mae digon o enghreifftiau yn ein llên o ddefnyddio 'pry' ar ei ben ei hun i olygu 'anifail' neu 'greadur' yn gyffredinol. Yn y stori honno am Fanawydan yn y Mabinogion yn mynd i grogi llygoden a fu'n difa ei gynhaeaf gwenith, y mae rhyw ysgolhaig crwydrol a ddaeth y ffordd honno, yn gofyn iddo beth oedd ei fwriad. 'Crogi lleidr', atebodd Manawydan, ac meddai'r ysgolhaig, 'Ba ryw leidr, Arglwydd, pryf a welaf i'th law di fal llygoden' – hynny yw, 'anifail', 'creadur'. Ym *Mrut y Tywysogion* cofnodir rhyw ddigwyddiad rhyfedd iawn yn Iwerddon, amser maith yn ôl yn y flwyddyn 897. 'Ac yna,' meddai'r croniclydd, 'y diffygiawdd bara yn Iwerddon, o achaws pryfed a ddigwyddodd [syrthiodd] o'r awyr a deuddaint iddynt ar waith twrch daear a'r rai hynny a fwytasant y bwyd oll'. Yma eto 'anifeiliaid', 'creaduriad' yw'r ystyr mae'n amlwg.

Yr oedd gennym ddywediad yn ein hardal ni gynt pan fyddai arnom eisiau bwyd yn o ddrwg – 'Dew! Fe allwn-i fyta penne pryfed'. Anodd gennyf gredu mai sôn yr oeddem am bryfed hedegog neu ymlusgiaid, nid yn unig am fod y syniad yn un annifyr, ond rhyw ffest annigonol iawn a fyddai i rywun ar ei gythlwng. Ai am bennau anifeiliaid tybed y soniem heb sylweddoli hynny, a'r dywediad yn adlais o'r helfa gynt? Mor llwglyd fel y gallem fwyta'r darn hwnnw o'r anifail na fyddai fawr o fynd arno fel rheol?

Diddorol iawn yw'r amrywiaeth enwau sydd i'w cael mewn gwahanol ardaloedd am yr un pry'n union. Dyna'r 'sini' neu'r 'siani' ('sieni) flewog' er enghraifft. Enwau eraill sydd arni yn cynnwys yr elfen 'pry' yw 'pry blewog, pry cadachog, pry cantroed, pry'r dail, pry'r lindys a phry'r rhwd'. Gyda llaw, slawer dydd, fe ddywedid wrth blant gogledd Ceredigion (o leiaf) na châi'r un ohonynt a laddai siani flewog fyth reid ar drên.

Yna wedyn y pry bach prysur a busneslyd hwnnw a ddaw i'r tŷ yn yr haf a disgyn ar unrhyw fwyd heb ei orchuddio os caiff gyfle. 'Pry bach' neu 'bry bach du' yw'r enw arno ef mewn rhai ardaloedd, 'pry ffenest' mewn ardaloedd eraill. Yn fy nhafodiaith i yng ngogledd Ceredigion roedd 'pryfyn' ar ben ei hun yn gwneud y tro amdano, a byddem yn gwahaniaethu rhyngddo a'r un mwy o faint sy'n chwythu ar gig, drwy alw hwnnw naill ai'n 'bryfyn hwthu' neu'n 'bryfyn mawr'. Mae 'pry glas' yn enw arall arno (cymharer *bluebottle* yn Saesneg), er ym Môn fe glywir 'pry glas' hefyd am *greenfly* ar rosynnod.

A beth am yr hen gyfaill y 'pry (neu 'bryfyn') genwair' – 'mwydyn' yn y de?

Mae 'pry'r ddaear' hefyd yn enw arall ar y 'pry genwair'. Ceir enghraifft o ddefnyddio hwnnw'n ffigyrol am ddyn pechadurus yn un o emynau Williams Pantycelyn:

> Pryf y ddaear
> A ddaw hwnnw fewn i'r nef?

Cwestiwn!

'Pry'r gannwyll' wedyn. Gall hwn fod yn amwys ei ystyr. I rai 'gwyfyn' *moth* ydyw, ac y mae 'pry dillad' a 'phry'r melinydd' yn enw arall ar hwnnw. Pam 'pry'r melinydd' tybed? Ai oherwydd y llwch sydd ar ei adenydd ac sy'n powdro'r awyr pan fydd yn taro yn erbyn y gannwyll neu'r lamp? Byddai cryn dipyn o lwch blawdog yn glynu wrth ddillad y melinydd, siŵr o fod. I eraill serch hynny, enw arall ar 'bry'r teiliwr', y *daddy longlegs*, yw 'pry'r gannwyll'. Mae gennym ddau englyn campus i 'Bry'r Gannwyll', a synhwyraf nad yr un pry oedd gan y ddau englynwr mewn golwg chwaith. Dyma englyn John Penry Jones:

Ni ddychwel drwy'r tawelwch – o olau'r
    Aelwyd i'r tywyllwch;
Herio fflam â chorff o lwch
Oedd ei farwol ddifyrrwch.

Onid 'gwyfyn', *moth* a awgrymir gan y 'corff o lwch'? Beth bynnag
am hynny, nid oes amheuaeth ynglŷn â pha bryf oedd gan Charles
Jones yn ei feddwl pan ganodd yntau hefyd i bry'r gannwyll:

Er huno rhyw fer ennyd – â'i asgell
    O'r plisgyn y cyfyd;
Garan holl wybed gweryd
A'i gorff brau yn goesau i gyd.

Gwell tewi yma, rhag i rywun awgrymu fod 'yna bry yn ei ben o', sef
ymadrodd o Arfon a gofnodir gan yr Athro Fynes-Clinton yn ei
astudiaeth o eirfa Bangor a'r cyffiniau. Cyfieithiad yr Athro yw, *'he is
not quite all there'.*

'Pwnco' a 'Posio'

Gair cyfarwydd ym Morgannwg gynt oedd *pwnco* (*pyncio*), sef berf o'r enw *pwnc*. Un o amrywiol ystyron *pwnc* yw 'cân', ac yn yr ystyr hwnnw y ceir ef yma. *Pwnco* oedd y gair a ddefnyddid am yr ymrysonfeydd prydyddol hynny a ddigwyddai o boptu'r drws caeëdig pan ddôi'r Fari Lwyd o gwmpas yn ystod y Gwyliau. Dim ond ar ôl ymryson o'r fath y câi'r Fari ganiatâd i ddod i mewn i'r tŷ am ryw lasied bach a theisen. Digwyddai'r un peth ym Morgannwg adeg priodas go fawr hefyd pan fyddai ffrindiau'r priodfab yn gorfod dwyn perswâd ar deulu'r ferch ifanc i adael iddi fynd i'r eglwys, a'r teulu o fewn y tŷ yn dadlau – ar dribannau – pam na ddylai fynd. Adroddir hanes am briodas merch Robert Francis, Ty'nycoetgae, fferm yng Nghwm Dulais, a oedd i'w huno â llanc ifanc o'r enw Noah Davies. Bu hir yr ymryson ar fore'r briodas, ond o'r diwedd, i gyfeiliant chwerthin a chryn hwyl, agorwyd y drws pan adroddwyd y triban hwn:

> Wel, Robert Ty'nycoetca,
> Paham yr y'ch mor smala?
> Ble gall eich merch-chi gael gwell parch
> Na mynd i'r arch at Noah?

Gair arall a oedd yn gyffredin yng Ngheredigion gynt, ac arferiad arall ynglŷn ag ef, oedd *posio*, sef berf o'r gair *pos* 'tasg anodd, pysl'. Deuthum ar ei draws yn ddiweddar yn yr hen newyddiadur ardderchog hwnnw *Tarian y Gweithiwr*, a gyhoeddid gynt yn Aberdâr, mewn erthygl gan rywun a'i galwai ei hun yn Myfyr Dâr. Ei enw bedydd oedd David Morgan Richard, ond yn anffodus, ar wahân i'r ffaith mai o Geredigion y symudodd i fyw i Aberdâr, ac iddo farw yno'n drigain oed yn 1913, ni wn i ddim mwy amdano. Ond fel hyn y sonia ef am arferiad sydd wedi hen ddiflannu, beth bynnag am yr enw a oedd arno:

> Pa faint ohonoch sy'n cofio 'noson bosio'? Yr wyf yn cofio'n dda amryw hirnos aeaf yn Sir Aberteifi wedi ei rhoddi i fyny i

hyn. Y mae llafurwaith y dydd drosodd ac y mae pawb yn tynnu at y tân. Wrth gwrs y mae yma amryw ddieithriaid wedi cael eu gwahodd am mai 'nosweth bosio' ydyw. Y mae yr hwyrbryd drosodd yn gynnar, y llestri wedi eu golchi, ac oddi amgylch tân mawr o fawn, y mae yr holl deulu yn eistedd. Y gwŷr yn brysur yn gwneud llwyau neu letwad, neu feallai bâr o wadnau clocs . . . tra'r merched yn gwau. Ac yna dechreuid posio.

Ond cyn mynd at y cwestiynau a fyddai'n cael eu taflu ar draws yr ystafell, mae'n werth sylwi ar un sylw diddorol arall gan Myfyr Dâr, sef bod rhan o'r noson bosio, ac weithiau'r noson gyfan, yn cael ei defnyddio i ddysgu Saesneg, a'r dull o wneud hynny, meddai, fyddai adrodd cyfres o benillion y mae'n eu galw'n *what ye call*, neu *how di call*, fel hyn:

> *How di call* afon? *How di call* nant?
> *How di call* ugain? *How di call* cant?
> *River is* afon, *brook is* nant,
> *Twenty is* ugain, *hundred is* cant.

Ond beth fyddai'r posau a fyddai'n help i'r cwmni dreulio noson oer o aeaf o flaen tanllwyth o dân? Byddwch yn gyfarwydd â llawer ohonynt. Beth sy'n mynd yn fwy wrth dorri ei phen? Ffos mewn cae. Ar ba ochr i'r fuwch y mae mwyaf o flew? Yr ochr allan. Paham y mae defaid gwynion yn bwyta mwy na defaid duon? Am fod mwy ohonynt.

Weithiau bydd Myfyr Dâr yn cofnodi rhai sydd ychydig yn fwy dieithr (i mi o leiaf). Pa le y mae hi'n ddydd Sul o un pen blwyddyn i'r llall? Yn Llan-dy-sul. Pwy sydd yn yfed dŵr ar le sych? Chwarae ar y ddau air 'lle' a 'sych' sydd yma, sef: Pwy sydd yn yfed dŵr ar les ych? Wel, ych wrth gwrs. Beth sydd yn mynd gyda'r gert i bob man, yn cael ei wneud yn y gert, nid yw o un defnydd i'r gert, ond ni all y gert fynd hebddo? Na? Wel, yr ateb yw 'sŵn'. Weithiau ceir y pos ar lun pennill:

Rownd, rownd fel y cosyn,
Du, du fel y frân,
Llathen o gynffon
A thwll yn ei bla'n.

Dyna ichi badell ffrïo. A beth a ddisgrifir yn y rhigwm yma tybed?

Milgi du main
Yng nghanol y drain,
Fe hedith yn chwim,
Fytith e ddim.

Yr ateb yw 'gwn', 'dryll'. Faint o bosau o'r fath sy'n llechu yng nghof rhai o ddarllenwyr y nodyn hwn tybed, ac a oes rhywun yn gwybod mwy am Fyfyr Dâr?

Rhwng Dau Olau

'Ein Tad, cofia'r morwr / Rhwng *cyfnos* a gwawr', oedd dymuniad Eifion Wyn gynt yn ei delyneg adnabyddus 'Ora Pro Nobis', ac y mae gennym amryw eiriau ac ymadroddion yn y Gymraeg sy'n cyfeirio at y cyfnos, y rhan arbennig honno o'r dydd rhwng machlud haul a thywyllwch y nos, a rheini bron yn ddieithriad yn rhai swynol dros ben. 'Min nos', 'dechreunos', 'hwyrddydd' – onid oes yna rhyw dawelwch a heddwch yn perthyn iddynt? Deniadol iawn yw'r gair a glywir yn y De am yr un cyfnod, 'diwedydd', cyfuniad o 'diwedd' a 'dydd', a hwnnw'n caledi'n 'ddiwetydd' weithiau. 'Ei win ddiwedydd ynn a ddoded', meddai Lewis Glyn Cothi wrth ganmol un o'i noddwyr, a 'dillad diwetydd' oedd y dillad y newidiai'r gwieithiwr iddynt ar ôl tyrn caled o waith. 'Llwydnos' wedyn, pan fydd golau'r haul yn pylu, a 'gwyll'. 'Gwelais long ar y glas li / Yn y gwyll yn ymgolli', meddai Meuryn yn ei awdl 'Min y Môr'. Mae 'rhwng dau olau' yn ymadrodd hyfryd am adeg a all fod yn un beryglus i gerddwyr a beicwyr ar y ffordd fawr, ac ymadrodd arall sy'n perthyn yn agos iawn iddo am yr un adeg o'r dydd yw 'cyfliw gŵr a llwyn'. Mewn un hen lawysgrif o'r drydedd ganrif ar ddeg a elwir yn *Brut Dingestow* mae hanes am gyrch ar gastell gan nifer o filwyr, sy'n cynnwys y frawddeg hon: 'Ac odyna cymryd eu hynt a wnaethant parth a'r castell a phan oedd gyfliw gŵr a llwyn y doethant yno'. Cyrraedd y castell pan oedd hi'n dechrau nosi, cyrraedd rhwng dau olau pan nad oedd yn hawdd gwahaniaethu rhwng dyn a llwyn, yn enwedig os oedd y gŵr yn symud yn araf ac yn llechwraidd.

Y mae dau ddisgrifiad arall o'r cyfnos sy'n llai cyfarwydd inni erbyn hyn, a'r ddau i'w gweld yng ngheiriadur Thomas Wiliems o Drefriw. Ganed ef tua 1550, a dywed ef ei hun iddo dreulio hanner can mlynedd yn casglu a threfnu'r deunydd ar gyfer ei eiriadur Lladin-Cymraeg, a phedair blynedd gyfan yn ei osod ar bapur. Ni chyhoeddwyd mohono erioed, ond y mae i'w weld yn ei lawysgrif ddestlus, yn dair cyfrol drwchus, yn y Llyfrgell Genedlaethol. Ymhlith y cyfystyron y mae ef yn eu rhoi i'r gair Lladin *vesperè* sy'n golygu 'hwyr y dydd' y mae dau ddieithr. 'Y chwinsa' yw un, a'r esboniad a gynigir ar hwn gan ysgolheigion yw mai benthyg ydyw o'r

Hen Saesneg *æfensang*, a roddodd 'evensong' yn Saesneg heddiw, ac iddo ddatblygu yn y Gymraeg i olygu'r adeg o'r dydd y cynhelid y gwasanaeth hwyrol hwn, y gosber, sef min nos. Yr oedd 'chwinsa' neu 'chwinsang' yn air byw ym Mhowys ddiwedd y ddeunawfed ganrif yn ôl Gwallter Mechain.

A'r gair arall a geir gan Thomas Wiliems am 'fin nos' yw 'y Groglith hen' – yr unig enghraifft yn yr iaith hyd y gwyddom. Ar ddydd Gwener y Groglith y darllenir llith am y dioddefaint – dyna ystyr 'Croglith' – yn yr eglwysi, ond 'y Groglith hen' am fin nos. Sut mae esbonio hwnnw? Geiriadurwr mawr arall, a seiliodd ei eiriadur Cymraeg-Lladin / Lladin-Cymraeg ar waith Thomas Wiliems, oedd John Davies o Fallwyd, ond arwyddocaol yw'r ffaith iddo ef hepgor 'y Groglith hen' o dan *vesperè*. A hynny, tybed, am nad oedd am gynnwys rhywbeth a oedd yn ddieithr iddo? Dyma un o'r ymadroddion mwyaf swynol ohonynt i gyd am fin nos, ond dyma hefyd yr un mwyaf anodd i'w esbonio.

Sgili

Mae yn y Llyfrgell Genedlaethol gasgliad swmpus o gerddi yn llaw Richard Griffiths, Carneddog, a enillodd wobr iddo yn Eisteddfod Genedlaethol Pwllheli, 1925, am y casgliad gorau o hen faledi a cherddi unrhyw ardal yng Nghymru. I Garneddog, ardal Beddgelert oedd honno, a chyhoeddwyd llawer iawn o gynnwys y casgliad yn y gyfrol *Cerddi Eryri* ddwy flynedd yn ddiweddarach. Un pennill a dynnodd fy sylw oedd y canlynol, na cheir mohono yn y gyfrol, na dim i esbonio'i gefndir, ond profiad llanc o was ffarm ydyw, a gafodd ei hun tua 1854, am ba reswm bynnag, yng ngharchar Caernarfon. Ac meddai:

> Os ewch i jêl Caernarfon
> Mor ifanc ag 'r eis i,
> Cewch sgili yn y bora
> Syrffeda galon ci,
> A llygaid mawr 'r hen 'durnkey'
> Fel cocos ar y traeth,
> Ond hitiwch befo hynny,
> Nid wyf i lawer gwaeth.

Y gair 'sgili' a ddenodd fy llygad. Gair Saesneg ydyw – *skilly* – am fath o uwd, neu weithiau gawl, hynod o denau a di-faeth a wneid o flawd ceirch a dŵr, ac a ddefnyddid yn fwyd yn bennaf – os haeddai'r fath ddisgrifiad – mewn carchardai, tlotai ac ar y llongau a fyddai'n cludo'r trueiniaid hynny a ddedfrydid i alltudiaeth dros y môr. Aeth y gair â mi'n ôl dros drigain mlynedd i Ysgol Ramadeg Ardwyn, Aberystwyth, ac i ddosbarth Cymraeg y diweddar hoffus D. H. Jenkins ('Jinco' i'w ddisgyblion i gyd, ac yntau'n gwybod hynny'n iawn heb falio dim). Darllen *Enoc Huws* yn y dosbarth un prynhawn yr oeddem, ac nid anghofiaf fyth ddifyrrwch heintus yr athro uwchben disgrifiad Daniel Owen o'r modd y byddai awdurdodau'r wyrcws, lle trigai Enoc druan, yn sicrhau bod bochau llawnion gan y bechgyn dan eu gofal:

Wedi i'r bechgyn fwyta eu powlaid o sgili – yr hwn ydyw uwd mewn darfodedigaeth – arweinir hwynt i'r buarth, a gosodir hwy yn rhes a'u gwynebau at y mur. Yna gorchmynir iddynt sefyll ar eu pennau am yr hwyaf...Fe welir ar unwaith mai effaith naturiol yr ymarferiad hwn ydyw peri i faeth y sgili (yr hwn faeth, medd y meddygon, ydyw y nesaf o ran ansawdd i ddwfr glân) redeg i'r bochau a'u chwyddo allan, gan adael i rannau eraill y corff gymeryd eu siawns.

Mae ymborth cyn saled â hynny yn dwyn ar gof bennill o waith un o dribanwyr Morgannwg gynt, sef Tomos Hywel Llywelyn. Nid yw'n sôn am sgili fel y cyfryw, ond anodd meddwl am enw addasach ar y cawl a brofodd unwaith yng Nghwmsaerbren, un o hen ffermydd y Rhondda cyn-ddiwydiannol. Aeth yno un tro yn un o gwmni o bladurwyr adeg y cynhaeaf gwair, gan wybod fod gwraig y fferm honno'n enwog, onid yn ddrwgenwog, am ei chawl gwanllyd. Wedi dychwelyd i'r maes un prynhawn ar ôl cinio, meddai wrth ei gyd-bladurwyr:

> 'Tae'n hala blwyddyn gyfan
> Heb fwrw glaw yn unman
> Fe ffindir dŵr gan ferch y diawl
> I grochan cawl Cwmsaerbran.

Jêl Caernarfon, Wyrcws Enoc Huws, fferm Cwmsaerbren. Prin y cynhwysid yr un ohonynt ar restr lleoedd bwyta cymeradwy gan unrhyw Fwrdd Croeso.

Tobaco Bach, Tobaco

Un canlyniad bach i'r ddeddfwriaeth ynglŷn â gwahardd ysmygu mewn mannau cyhoeddus ac yn y gweithle, oedd adfer hen air Cymraeg a oedd yn prysur gilio i'r cysgodion. Pwy bellach nad yw'n gyfarwydd â'r arwydd sy'n ein hatgoffa na chaniateir ysmygu 'yn y fangre hon'? 'Lle, man, lleoliad, safle' yw ystyr mangre heddiw, ond gan mai 'gre', sy'n golygu gyrr o feirch neu gesig magu, yw ei ail elfen, mae'n rhaid ei fod mewn rhyw oes yn cyfeirio at leoliad neu safle arbennig, sef man lle cedwid yr anifeiliaid hynny. Beth bynnag, da yw ei weld mor amlwg o'n cwmpas, a hei lwc y daw'n ôl i ganol ein geirfa ac i'n sgwrs bob dydd â'n gilydd.

Ond beth am yr arferiad cyffredin a waherddir gan yr arwydd hon, neu'n fanylach efallai, y nwydd a roddodd ac sy'n rhoi bod iddo?

'Myglys', 'ffwgws', 'tobaco', 'baco', y mae amrywiol enwau arno yn Gymraeg. Fe'n dygir yn ôl gan y gair 'ffwgws' i'r flwyddyn 1688 pan welir yr enghraifft gynharaf ohono mewn print yng Ngeiriadur Thomas Jones yr Almanaciwr. Benthyciad o air Saesneg ydyw yn golygu 'dail sychion', ac y mae'n rhaid sychu dail tobaco cyn y gellir eu malu a'u trin. Gair Cymraeg diledryw ar y llaw arall yw 'myglys', sef cyfuniad o 'mwg' a 'llys', 'llysiau', ac yng nghyfrol fawr yr hynafiaethydd Edward Lhuyd, *Archaeologia Britannica*, 1707, y gwelir hwnnw am y tro cyntaf ar ddu a gwyn. Bu defnyddio ar y ddeuair hyn, 'ffwgws' a 'myglys', yng Nghymru am flynyddoedd, ac nid yw 'myglys' wedi llwyr ddiflannu o'r tir hyd heddiw.

Ond y gair gwreiddiol am y ddeilen, sef 'tobaco', a orfu yn y pen draw, a hwnnw'n cael ei dalfyrru yn y Gymraeg i 'baco'. Gair y daeth y Sbaenwyr ar ei draws yn eu tiriogaethau gynt yn Ne America ydyw, a thrwy eu hiaith hwy y daeth i mewn i ieithoedd eraill Ewrop yn yr unfed ganrif ar bymtheg. Mae'r enghraifft gynharaf ohono yn Saesneg yn digwydd yn 1588, blwyddyn cyhoeddi'r Beibl Cymraeg, a blwyddyn yr Armada o Sbaen, ac mae'n rhaid mai tua'r un adeg y daeth i'r Gymraeg, oherwydd y mae enghreifftiau ohono yn y canu rhydd sy'n perthyn i'r un ganrif.

Diddorol yw sylwi fod i dobaco ei gyfeillion a'i elynion bryd hynny hefyd fel heddiw. Mae un o'r enghreifftiau cynharaf oll o'r gair yn

Gymraeg yn digwydd mewn pennill lle ceir y bardd yn canmol cwrw a thobaco fel pethau:

> a wna i ddynion fod yn fwynion,

ond mewn cerdd arall sy'n perthyn i deyrnasiad Iago'r Cyntaf mae'r bardd yn proffwydo'r hyn a fydd yn digwydd yn ystod y flwyddyn a oedd yn dod, ac un ohonynt yw y bydd rhai pobl yn gwario llawer gormod ar 'wenwynllyd dabaco'. Nid oes dim newydd dan yr haul. Un o gefnogwyr cynnar tobaco yng Nghymru oedd neb llai nag Edmwnd Prys, Archddiacon Meirionnydd, a fu'n cynorthwyo William Morgan pan oedd wrthi'n cyfieithu'r Beibl, ac ef hefyd a roddodd y Salmau ar fydr ac odl. Ysgrifennodd gywydd unwaith i ofyn am faco ar ran gŵr o'r enw Robert Llwyd o'r Rhiw-goch, smociwr mawr, fe ymddengys, mor gynnar â hynny, ac un a oedd yn hynod ymhlith ei gyfeillion am ei ddawn i chwythu mwg drwy ei ffroenau a'i geg. Meddai Prys amdano:

> Yn ffurf ei ddwyffroen a'i fin
> Daw'r mwg fel o dair megin.

A rhywbeth llesol iawn yn ôl yr Archddiacon oedd tobaco. Onid peth da oedd 'y feddygyn newydd' gofynnai:

> Pan fych lac, cais dybaco
> Rhag haint mae mewn braint a bro . . .
> Rhag peswch yn ddidrwch ddadl,
> A gwŷn o ddiffyg anadl.

Tobaco yn llesol rhag peswch a diffyg anadl? Petai Edmwnd Prys o gwmpas heddiw, ac yn gallu profi hynny, diau y byddai'r diwydiant tobaco yn dra diolchgar iddo.

Ac nid Edmwnd Prys oedd yr unig un. Mewn cyhoeddiad, heb enw awdur, yn dwyn y teitl *Llyfr Meddyginiaeth a Physygwriaeth i'r Anafus a'r Clwyfus* a ymddangosodd o gwmpas y flwyddyn 1740, ceir y feddyginiaeth ganlynol rhag y cryd neu'r acsys:

Cymmer Dobacco cryfa ac a fedrech ei gael a gollwng y mwg i'th Fol, ne[u] gnoi a llyncu'r Sugn neu'r poeryn, ac os medri gael gloesio llawer, ti fyddi iach.

Ac y mae risêt arall sy'n honni bod tobaco'n dda i wella'r clafri ar wartheg neu ychen.

Fel y byddai dyn yn disgwyl, mae'n debyg, gosod ei wyneb hir a gwgus yn gadarn yn erbyn ysmygu tobaco a wnaeth yr Hen Ficer piwritanaidd o Lanymddyfri. Mae ganddo sawl cyfeiriad at yr arfer yn ei rigymau a'i benillion, a phob un yn bur ddilornus ohono. Yn un gerdd o'r enw 'Galarnad Pechadur', mae'n rhestru'r pechodau hynny y bu ef ei hun yn euog ohonynt yn ystod ei oes – cablu, tyngu, dweud anwiredd, torri'r Sabath:

> Ac yfed a charawsio
> A sugno tarth tobaco
> Fu fy swydd dros ennyd awr –
> Gwae finnau nawr ei gofio.

Gwelodd Ellis Wynne, yn ei weledigaeth uffern, nifer a fu'n smygu gynt, ac yn esgeuluso'u teulu wrth wneud hynny, yn suddo o'r golwg:

> wrth roi pwys eu serch ar y Tobeccyn a gadael iddo eu meistroli i dynnu Bara o Safneu eu plant.

Clywir y ddadl dros ac yn erbyn tobaco yn eglur yn nhribannau Morgannwg yn ogystal:

> Dobaco bach, tobaco,

meddai un tribannwr dienw:

> A gwyn ei fyd a'i caffo,
> Tobaco wnaiff y claf yn iach,
> Dobaco bach, tobaco.

Ond, meddai un arall, gan barodïo'r llinell gyntaf:

Tobaco du, tobaco
A wnaeth y Diawl â'i ddwylo
Pan ydoedd hi yn bwrw glaw,
Mae ôl ei ddwylaw arnaw.

Onid yw hwn yn ddarlun trawiadiol? Yr Hen Fachgen ei hun, yn teimlo'n bôrd ar ryw brynhawn gwlyb, ac yn lle mynd ati i wneud rhywbeth gwerth chweil fel hwfro, neu drwsio'r ffenest yn yr ystafell wely sbâr, yn dewis dyfeisio tobaco, a rhoi bod i bob math o drybini yn ei sgil. Ond o sôn am dobaco'n feistr corn ar rywun, a fu hi gynddrwg ar neb tybed ag y bu ar y tribannwr hwnnw a ddywedodd:

Tobaco bach, tobaco,
Tobaco rwy'n ei leicio,
Pe cawn i geiniog am fy mam
Fe'i gwerthwn am dobaco.

Ar unwaith cyfyd y cwestiwn pwysfawr. Os yw'r Canghellor – waeth pwy ydyw ac o ba liw gwleidyddol bynnag – am barhau ei bolisi cyson ym mhob cyllideb o roi rhagor o doll ar faco a sigarennau, beth fydd effaith hynny ar bris mamau?

Y Cornicyll a'r Clochydd Pren

Dau rigwm heb fod iddynt gysylltiad yn y byd a fydd dan sylw yn y nodyn hwn – un am y cornicyll a'r llall am y 'clochydd pren'. Rhai blynyddoedd yn ôl, ym mis Chwefror, a hwnnw'n fis digon oer, fe ymddangosodd aderyn yn y cae wrth ymyl ein tŷ ni – aderyn na fyddaf yn ei weld yn aml yma yng ngogledd Ceredigion – sef y cornicyll neu'r gornchwiglen, cornor y gweunydd. O bell fe ymddengys fel aderyn du a gwyn, ond mae patrwm ei liwiau'n llawer mwy amrywiol na hynny, ac y mae'n hawdd ei adnabod wrth ei grib bluog hir. Yr oedd yn amlwg bod rhywbeth wedi digwydd i hwn a ddisgynnodd yn y cae, a llwyddais yn ddidrafferth ddigon i'w osod mewn bocs cardbord a rhoi ychydig o wellt sych oddi tano, ond ysywaeth trengi a wnaeth yn fuan iawn. Meddyliais amdano'r dydd o'r blaen pan ddeuthum ar draws rhigwm am y cornicyll yn llaw y geiriadurwr Daniel Silvan Evans sy'n cofnodi rhyw damaid o lên gwerin amdano. Nid yw'n hoff o oerfel y gaeaf o gwbl a'i duedd yw mynd bryd hynny i rannau cynhesach o'r wlad, ond weithiau caiff ei ddal gan oerfel cynharach na'i gilydd. Un o'r rhai anffodus hyn yw'r aderyn yn y rhigwm, ac yn ei ryndod ceir ef yn gwneud addunedau fil:

> Os gwela i haf fyth ar ôl hyn,
> Mi godaf dŷ ar ben y bryn.

Ond pan ddaw'r haf hirfelyn tesog, a'r adar eraill yn atgoffa'r cornicyll am ei adduned, yr ateb a gânt ganddo, yn ôl gweddill y rhigwm yw:

> Pwy godai dŷ ar ben y bryn
> A hithau'n haf mor deg â hyn?

Nid y cornicyll druan, wrth gwrs, yw'r unig un sy'n euog o athroniaeth felly. Gosod ei hwyau mewn rhyw bant bach ar lawr gweundir a wna'r iâr, a phan fydd dyn neu anifail yn nesu at y nyth mae'n cymryd arni ei bod hi ei hun wedi ei hanafu, ac o dynnu sylw felly, yn graddol arwain y perygl i ffwrdd o'r fan. A'r nodwedd hon a roddodd fod i ddefnydd ysbrydoledig o enw'r aderyn yn sir Benfro. Meredith Morris, awdur y llyfr difyr hwnnw, *A Glossary of the Dimetian Dialect*, sy'n dweud y byddai potsiars samwn gynt yn y rhan honno o'r wlad, pan fyddent wrth eu gwaith liw nos, yn penodi un o'r cwmni i gadw golwg am y ciper, a'i waith ef wedyn, pe dôi hwnnw ar ei rownds, fyddai tynnu ei sylw yn y tywyllwch, a'i ddenu mor bell ag y gallai oddi wrth y lleill, iddynt gael mynd ymlaen â'u gwaith yn ddirwystr. A'r gair yn sir Benfro am y person a gyflawnai'r swydd ddefnyddiol honno oedd 'cornicyll', neu yn nhafodiaith yr ardal, 'cernicyll'.

Enghraifft arall o athrylith gwŷr sir Benfro wrth drin geiriau yw'r defnydd a wneir o enw creadur arall, sef y 'pry clust' (*earwig*). Fe ddefnyddid 'prifin clust', meddai Meredith Morris, nid yn unig am y trychfilyn bach ei hun, ond hefyd am lanc neu ddyn a fyddai'n sibrwd geiriau ofer yng nghlust merch ieuanc, a gwenwyno'i meddwl. Twt! Twt! wrth gwrs, ond onid yw'n ddefnydd lliwgar o iaith?

Mae'r rhigwm arall – un byr iawn – yn mynd â ni i fyd yr eglwys, sef,

> Amen Amen clochydd pren
> Dannedd priciau yn ei ben.

Mewn llyfr am hanes plwyf Llanrhaeadr-ym-Mochnant dywed yr awdur, Silas Evans, mai rhyw fath o declyn neu offeryn oedd y 'clochydd pren', tebyg i fegin, y byddai'r offeiriad yn ei gyffwrdd â'i droed a pheri iddo wneud sŵn nid annhebyg i'r llais dynol yn dweud 'Amen'. A'i ddiben oedd 'dweud' yr amenau yn ystod y gwasanaeth pe digwyddai i'r clochydd fod yn absennol, a'r gynulleidfa'n fain. Yr oedd rhan o ffrâm un o'r rhain i'w gweld yn eglwys Hirnant, sir Ddinbych, yn nechrau'r bedwaredd ganrif ar bymtheg, yn ôl tystiolaeth rhyw hen ŵr yn 1875. A oes cof am rywbeth tebyg mewn eglwysi eraill tybed?

Ysgrifau

Y Baledi a Damweiniau Glofaol

Y mae ar gael yn y casgliadau cyhoeddus o faledi neu gerddi taflennol y ddeunawfed ganrif a'r ganrif ddiwethaf, o leiaf 139 o gerddi sy'n sôn am ddamweiniau mewn pyllau glo yn Ne a Gogledd Cymru. O edrych rhestri o ddamweiniau glofaol y ganrif ddiwethaf – a byddai papurau newydd fel y *South Wales Daily News* a'r *Western Mail* yn dueddol o gyhoeddi rhestri felly fel rhyw fath o atodiad i'w hadroddiad am ddamwain arbennig – a chymharu'r rheini â'r baledi am ddamweiniau sydd wedi goroesi, mae'n amlwg mai ychydig iawn o ddamweiniau difrifol o leiaf a ddigwyddodd heb fod baled neu faledi wedi'u canu ar yr achlysur. Nid amhosibl bod eraill yn llechu mewn casgliadau preifat neu yng nghefn hen gyfrolau 'Amryw' yn rhywle, a fyddai'n llanw'r bylchau hynny hefyd.

Ymestynna cyfnod y dosbarth arbennig hwn o faledi o ganol y ddeunawfed ganrif, pan gofnodwyd ar gerdd yn 1758, farwolaeth dau ar bymtheg o ddynion a bechgyn yng Ngwaith Glo'r Wern-fraith, ym mhlwyf Llangatwg ger Castell-nedd, hyd at 1913, pan ganwyd mwy nag un faled am drychineb enbyd Pwll yr Universal yn Senghennydd, pan laddwyd 439 o ddynion. Nid oes, hyd y gwyddys, faled Gymraeg gyfoes am drychineb Gresford ym mis Medi 1934, er bod un Saesneg bur adnabyddus ar gael.

Nid yw bodolaeth 139 o faledi'n golygu ein bod yn sôn am 139 o ddamweiniau. Byddai'r un ddamwain weithiau'n destun nifer o faledi, fel yn achos y ffrwydrad a ddigwyddodd yng Ngwaith Glo Rhisga yn sir Fynwy ar Ragfyr 1, 1860. Ceir saith baled wahanol yn cofnodi'r digwyddiad trist hwnnw, a hawliodd 142 o fywydau. Bu'r baledwyr, y beirdd gwlad a'r rhigymwyr lleol yn ddiwyd iawn felly, yn rhoi ar gof a chadw'r ymweliadau brawychus hyn â llawer cymuned yn yr ardaloedd diwydiannol yn ystod y ddwy ganrif hyd at ddechrau'r ganrif bresennol. Yn wir gellir honni mai â damweiniau a thrychinebau o'r fath y mae a wnelo'r rhan fwyaf o ddigon o faledi sy'n cyffwrdd â'r diwydiant glo, a fu mor allweddol i hanes De Cymru'n enwedig, hyd ein dyddiau ni. Ac nid rhyfedd hynny pan gofir bod y damweiniau hyn weithiau'n gallu dileu cannoedd o fywydau mewn un gymuned, gan amddifadu'r gymuned honno ar amrantiad o'r rhan fwyaf o'i dynion a'i bechgyn ieuainc. Yn eu llyfr *Great Pit Disasters*, dywed Helen a Baron Duckham fod y raddfa farwolaeth bob amser yn uwch – yn aml yn sylweddol uwch – yn Ne Cymru nag ym meysydd glo eraill Prydain. Un rheswm am hynny, meddir, oedd y ffaith fod y glöwr Cymreig yn gorfod trin gwythiennau glo a oedd, am resymau daearegol, yn cynnwys mwy na'r cyffredin o bocedi o nwy methan, sef nwy hylosg a gâi ei ryddhau – yn helaeth weithiau – yn ystod y proses o gloddio'r glo, ac a oedd yn dueddol iawn i ffrwydro wrth ymgymysgu â hyn a hyn o awyr. 'Firedamp', neu'r 'damp' oedd enw'r glowyr arno. Roedd achosion eraill i gyfrif am ddamweiniau a marwolaethau o dan ddaear yn y meysydd glo – dŵr yn torri i mewn o hen waith cyfagos, y to'n cwympo, y tsiaen weithiau'n torri pan fyddai'r caets yn llawn o ddynion ar eu ffordd i lawr i waelod y pwll neu ar eu ffordd i fyny, ac yn hyrddio degau i'w tranc. Ond y 'damp' heb unrhyw amheuaeth oedd y medelwr mawr ym mhyllau glo'r De:

> Gwas i angau'r gelyn creulon
> Ydyw'r Damp i ddifa dynion

meddai un baledwr, ac y mae'n air y deuir ar ei draws yn gyson yn y dosbarth arbennig hwn o faledi. Yn ôl set o ffigyrau sydd ar gael am y blynyddoedd rhwng 1874 a 1914, lladdwyd 2578 o lowyr yn Ne Cymru drwy ffrwydradau'n unig, ac yn sicr nid llai brawychus fyddai'r cyfanswm o ddechrau'r ganrif, dyweder, hyd at 1874, petai'r ystadegyn hwnnw ar gael. `Pan ychwanegir at yr ystadegau enbyd hyn', meddai Hywel Teifi Edwards yn ei gyfrol *Arwr Glew Erwau'r Glo*, 'niferoedd y rhai a ddioddefodd niweidiau drwg y mae'n anodd peidio â gweld maes glo'r De ond yn nhermau maes rhyfel gwaedlyd'.

Gair am awduron y cerddi a'r baledi hyn. Syrthiant yn fras i ddau ddosbarth. Mae'r rhan fwyaf o'r enwau mawr ym myd y faled yn ystod y ganrif ddiwethaf rywbryd neu'i gilydd, fel y gellid disgwyl – wedi canu am ddamwain lofaol. Roedd iddynt farchnad arbennig o dda, fel yr awgrymir gan amlder y rhai a oroesodd. Richard Williams (Dic Dywyll), Ywain Meirion, Levi Gibbon, J. W. Jones, Nant-y-glo,

Dafydd Jones, Llanybydder, Evan Griffith (Ieuan o Eifion), Edward Jones, Hugh Roberts (Pererin Môn), Abel Jones (Bardd Crwst) – cyfrannodd pob un ohonynt yn ei dro at y dosbarth hwn o faledi. Canodd Abel Jones am dair damwain a ddigwyddodd ym maes glo'r Gogledd, dwy yn yr un pwll, sef Pen-dwll, neu Pendwll, ger Brymbo, yn 1856 a 1889, a'r llall yng Ngwaith Brynowen ger Rhosllannerchrugog yn 1855. Canodd hefyd am y danchwa fawr a ddigwyddodd yn Aber-carn, sir Fynwy ym Medi 1878, pan laddwyd 258 o lowyr, ac am ddamwain erchyll arall ym Mhwll yr Albion, Cilfynydd, ym Mehefin 1894, pan laddwyd eto dros ddau gant a hanner o lowyr. Cesglir mai baledi i'w canu a'u gwerthu yn y Gogledd fyddai'r rhain yn bennaf, oherwydd nid oes dystiolaeth bod cylch clera Abel yn ymestyn i'r De o gwbwl – sy'n cadarnhau efallai – os oes eisiau cadarnhad ar rywbeth mor amlwg – mai dilyn eu dull arferol o ennill eu bara beunyddiol a wnâi'r baledwyr `proffesiynol' hyn. Canent a gwerthent y stori lle bynnag y digwyddent fod ar eu teithiau, ac er mai enwau argraffwyr Merthyr, Aberdâr ac Abertawe sydd i'w gweld amlaf ar daflenni'r baledwyr adnabyddus hyn pan ganant am ddamweiniau glofaol yn y De (hynny yw, lle ceir argraffnod o gwbl), mae enghreifftiau hefyd o argraffu baledi o'r fath ymhell o'r maes glo. Ceir bod dwy o faledi Ywain Meirion am ddamweiniau glofaol wedi eu hargraffu y naill yn Llanidloes a'r llall yn Aberystwyth, lle digwyddai fod o bosibl pan oedd wrthi'n llunio'r faled dan sylw, neu lle daeth ei gyflenwad ohoni i ben ac yntau am gael rhagor o gopïau cyn mynd rhagddo ar ei daith. Canu, gwerthu, a phocedi unrhyw elw oedd eu hanes hwy.

Ond ochr yn ochr â'r enwau adnabyddus yr oedd digon o awduron eraill mwy di-sôn amdanynt. Prydyddion mwy lleol oedd y rhain, yn canu am ddigwyddiad yn y gymuned y perthynent hwy iddi. Prydyddion megis John Gittins, Adwy'r Clawdd, a gofnododd ar gân y ddamwain a fu ger Wrecsam yn 1819, a Gwilym Bychan o Ben-twyn, Castell-nedd, a ganodd gerdd, a gyhoeddwyd ar ffurf taflen, am ddamwain ym Mhwll Bryn-coch, Castell-nedd yn Ebrill 1859, pan foddwyd 26 o lowyr gan ddŵr a dorrodd i mewn i'r lle gweithient. Enw braidd yn annisgwyl sydd gan awdur cerdd am ddamwain debyg ger Pontyberem yn 1852, pan foddwyd (eto) 26 o ddynion. Bardd gwlad, rhigymwr lleol yn ddiamau oedd Archibald Skym, a ychwanegodd `Dyffryn' – enw ei gartref yn yr ardal mae'n debyg – ar ôl ei enw ar y daflen:

Mi dreia roi i chi hanes

meddai ar ddechrau'i gerdd

Yn gymwys fel y clywes,

a dim ond prydydd lleol, does bosib, a âi i'r drafferth o enwi yn ei gerdd pob un o'r 26 a laddwyd, a hynny mewn llinellau megis, 'Roedd John mab David Harry lon / A'i frawd bach Davi,/ Oedd gynne'n gwenu / Ond nawr yn tewi'. Naws lleol sydd i'w deimlo hefyd yng nghân William Jones, Cerrigllwydon, am golli 12 o ddynion ym mis Mai 1852 pan ffrwydrodd y damp mewn pwll yng Nghwmafan. Mae yntau hefyd yn eu rhestru wrth eu henwau, ac yn cynnwys enw cartref ambell un, `Yn eu plith roedd Wallter Morgan, / Hopkin William Tylefedwan' – dynion a adwaenai'n dda, mae'n debyg.

Weithiau – fel yn achos y William Jones hwn – un o'r glowyr eu hunain fyddai'r bardd. Wedi manylu ar y ddamwain a disgrifio'r hyn a ddigwyddodd, dywed hyn:

Nid dychymyg wyf yn draethu,
Ond gwirionedd gallaf brofi,
Yr hyn a welodd fy nau lygad,
Er mor chwerw oedd i'r teimlad.

Es yn araf, braidd o'm hanfodd,
Lawr i'r pwll, rwyn dweud ar gyho'dd...

Glowyr eraill, cyd-weithwyr yr anffodusion a oedd wedi eu lladd neu eu hanafu, ac nad oedd yn gweithio ar y shift arbennig honno, neu lowyr o waith neu weithfeydd cyfagos a fyddai wedi rhuthro draw ar ôl clywed am y danchwa – hwy fyddai'r cyntaf i ddisgyn i'r pwll i chwilio am unrhyw un a oedd yn fyw ar ôl y ffrwydrad, ac i helpu gyda'r gwaith torcalonnus o ddod â'r cyrff i'r wyneb. A rhwng cromfachau megis, mae'n amlwg yn ôl y baledi damweiniau hyn, ei bod yn arfer ymhlith y glowyr i roi'r gorau i'w gwaith mewn unrhyw bwll cyfagos pan ddigwyddai damwain, a dod yno ar unwaith i gynnig eu help. 'Ataliwyd yr holl weithiau', meddai Evan Griffith (Ieuan o Eifion) wrth ganu am ddamwain fawr Rhisga 1860,

> Ataliwyd yr holl weithiau trwy'r cym'dogaethau hyn,
> A phawb a aeth i Risca yn union y pryd hyn.

Gwaith peryglus iawn oedd disgyn i bwll yn syth ar ôl y ffrwydrad, oherwydd byddai nwyon gwenwynig a marwol yn cyniwair o gwmpas, a byddai'r sawl a fentrai gwneud hynny wrth gwrs yn amddifad o offer anadlu fel y gwyddys am bethau o'r fath heddiw. Ceir cyfeiriadau mewn mwy nag un faled at golli bywydau fel hyn yn sgil y ddamwain ei hun. Un a fentrodd, felly, oedd y William Jones, uchod:

> Es yn araf, braidd o'm hanfodd
> Lawr i'r pwll...

Mae'n deg casglu mai un o lowyr Cwmafan oedd William Jones, ac mae glowyr o bosibl oedd sawl un arall o'r prydyddion llai adnabyddus hyn sydd a'u henwau wrth gerddi tebyg, a bod yr un peth yn wir o bosibl hefyd am y llu o faledi tebyg nad oes enwau wrthynt o gwbl. Dyma rai llinellau o faled gan awdur anhysbys, a oedd mae'n amlwg yn lowr ei hun, ac sy'n rhoi tystiolaeth llygad-dyst o'r hyn a welodd. Y trychineb a ddigwyddodd yn Rhisga yn 1860, y cyfeiriwyd ato eisoes, yw'r cefndir, pan laddwyd 142 o ddynion, ac meddai awdur:

> Wedi gweithio y Dydd Gwener
> A nos Wener yn y gwaith,
> Es i fyny yn y bore
> 'Ddeutu chwech o'r gloch neu saith.

97

Ond rhwng naw a deg mi glywais
Lais yn gweiddi ma's yn wan,
'O! hi daniodd yn y 'Black Vein',
Trwm a rhyfedd yw ein rhan',
Brysio wnes yn ôl yn union
Ac i lawr i blith y llu
O'r marwolion oedd yn gorwedd
Yma dan y ddaear ddu.

Naw a deugain yma welais
Yn cydorwedd ar y llawr,
Wedi eu casglu yn un pentwr,
Onid oedd yn syndod mawr?

Ochr yn ochr â'r baledwyr 'proffesiynol' felly, a gâi ddeunydd baledi yn y digwyddiadau trist hyn, i'w canu a'u gwerthu at eu cynhaliaeth eu hunain, yr oedd eraill hefyd, a chanddynt wybodaeth o lygad y ffynnon, yn cofnodi eu profiadau ar gân, ac yn eu cyhoeddi ar daflenni. Beth oedd yn digwydd i'r ychydig elw a ddôi o werthiant y rheini? Mae Roy Palmer, a ysgrifennodd yn helaeth am faledi a'u cefndir cymdeithasol yn Lloegr, yn un o'i lyfrau, *The Sound of History*, yn dweud fel hyn wrth sôn am faledi yn ymwneud â damweiniau glofaol yn Lloegr:

> *Major loss of life in the pits inspired sheet after sheet. These were often without imprint, and were probably run off by jobbing printers for sale by the colliers who wished to raise money for the families of their dead comrades.*

'*Probably*' yw ei air, ond dyna'n sicr beth a ddigwyddai – ar dro beth bynnag – yng Nghymru. Mae'r *South Wales Daily News*, wrth adrodd am ddamwain fawr Aber-carn ym Medi 1878 yn cyfeirio at un Edward Morgan,

> *a local poet has been exercising his genius in composing lines in memoriam...He has versified the entire disaster, and in*

pointed rhythm has dwelt upon the serious destitution that must inevitably follow, if aid from the benevolent and wealthy is not speedily rendered. The poem is in the hands of the printer, and will be sold for the benefit of the sufferers, as well as the widows and orphans of the killed.

Mae'n amlwg mai sôn am gerdd daflennol, am faled, y mae'r gohebydd yma. Hyd y gwyddys, ni oroesodd cymaint ag un copi ohoni, a byddai'n ddiddorol gwybod a fu Edward Morgan, neu rywun ar eu rhan efallai, ar ôl cael cyflenwad ohoni gan yr argraffydd, yn ei chanu ar y stryd yn Aber-carn, ac yn yr ardaloedd o gwmpas.

Un gair – cyn gadael yr awduron – am awdur y cynharaf o'r baledi hyn sy'n sôn am ddamweiniau glofaol, sef damwain y Wern-fraith, 1758. Ben Simon, Abergwili, oedd hwn, copïwr llawysgrifau o bwys, ac awdur marwnad i Riffith Jones, Llanddowror, ymhlith pethau eraill. Ni thrigai yn yr ardal lle digwyddodd y ddamwain, ac yn ddiddorol ddigon dywed yn y faled sut yr aeth ati i gasglu'r wybodaeth a'r manylion yr oedd eu hangen arno. Yn union fel gohebydd papur newydd aeth i gyfweld landlord y Bull, Castell-nedd, a oedd wedi colli brawd yn y ddamwain:

> Dymma'r Hanes fel y cefais,
> Pan y Cenais hyn ar goedd,
> Oddiwrth Forgan Harri gwiwlan,
> A fu'n datgan fel yr oedd,
> Yn Llun y Tarw or Hewl Newydd,
> Yngwych gaerydd Castell Nedd,
> Brawd i'r cynta Enwais yma,
> Lle roedd Cyrchfa rhai Sy'w Bedd.

Hon oedd tafarn leol nifer o'r rhai a laddwyd. Byddai rhai awduron, fel y dywedwyd, yn cael eu deunydd yn y man a'r lle, rhai ohonynt yn llygad-dystion o'r hyn a ddisgrifid ganddynt, ond beth am Ywain Meirion, Dic Dywyll, Levi Gibbon a'r lleill? A fyddent weithiau, tybed, yn defnyddio'r un dull â Ben Simon i gasglu deunydd ar gyfer eu baledi?

Ond beth bynnag am hynny, ceir arwyddion bod y baledi/ cerddi hyn yn cael eu llunio'n bur fuan ar ôl y digwyddiad ei hun, a'u bod ar werth yn ardal y ddamwain a'i chyffiniau yn aml yn bod y darlun cyflawn o'r hyn a ddigwyddodd yn glir. Cofnododd un awdur dienw yn nheitl ei faled, wrth ganu am ddamwain ym Mlaenllechau ger Pontypridd ym Mehefin 1869, fod 'uwchlaw 60 o Golliers' wedi'u lladd, ond ar tudalen blaen y daflen, 44 o enwau yn unig a restrir. Y cyfrif swyddogol terfynol, fel y dangoswyd yn ddiweddarach oedd 53. Dal i amcangyfrif felly oedd swyddogion y gwaith pan ddaeth y faled hon o'r wasg. Ceir awdur dienw arall yn cyhoeddi o dan deitl ei faled am danchwa Tylorstown, heb fod ymhell o Flaellechau, yn 1896 fod 'Degau wedi eu lladd', sy'n awgrymu ei bod hithau hefyd wedi ei hysgrifennu cyn bod gwybodaeth fanylach ar gael. Daeth y wybodaeth honno'n fuan wedyn, a cheir dau argraffiad arall ohoni yn dilyn ar sodlau'i gilydd, sydd i bob ymddangosiad yn union yr un fath, ond bod y geiriau 'Degau wedi eu lladd' wedi eu newid i '55 wedi eu lladd' yn un argraffiad ac i '57 wedi eu lladd' yn yr argraffiad terfynol, sef y cyfrif swyddogol. Mewn baled gan awdur dienw arall eto, am danchwa ym Mhwll Pen-y-graig, Cwm Rhondda, 1880, digwydd y llinell 'Fe ddaeth pedwar byw i fyny', ond gosodwyd seren gyferbyn â'r llinell, ac ar waelod y tudalen ceir y geiriau '5 byw i fyny' sef ychwanegiad a wnaed gan Jones & Co., Argraffwyr, Troed-y rhiw, yn eu hail argraffiad o'r faled. Yn y saith faled am ddamwain Rhisga yn 1860 mae'r nifer o lowyr a laddwyd yn amrywio ynddynt rhwng 138 a 240, sy'n adlewyrchu'r ansicrwydd mawr a fodolai ar ôl damwain o'r fath. 142 oedd y ffigwr terfynol mewn gwirionedd. Perthyn iddynt ryw uniongyrchedd amseryddol felly, a hwyrach bod hanesyn a gadwyd ymhlith papurau D. Rhys Phillips, awdur *The History of the Vale of Neath*, o ddiddordeb yn y cyswllt hwn.

Dywed Rhys Phillips iddo ym mis Hydref 1891, ac yntau'n cerdded un o heolydd Cwm Nedd, ddod wyneb yn wyneb â gŵr *'beyond middle age'*, yn llafarganu'r rhigwm,

Eli, eli, eli Treffynnon,
Welliff pob clefyd ond clefyd y galon,

a chael ar ôl holi mai Hugh Roberts y baledwr – Perein Môn – oedd hwn, awdur baledi am nifer o ddamweiniau diwydiannol yn y De. Yn ystod y sgwrs a fu rhyngddynt, dywedodd y Pererin mai yng Nghastell-nedd y digwyddai fod un tro pan glywodd am ddamwain yng ngwaith glo'r Garnant yng Nghwm Aman (Ionawr 1884 fyddai hynny – tsiaen y caets yn torri a 10 o lowyr yn cael eu hyrddio i'r gwaelod ac i'w marwolaeth), ac er eu fod yn wlyb at ei groen y noson honno ar ôl diwrnod o ganu a gwerthu baledi yn yr awyr agored – a mis Ionawr oedd hi – aeth ati ar unwaith wrth olau cannwyll ddimai i lunio baled am y digwyddiad, gan ddefnyddio'r ychydig wybodaeth a gawsai amdano, a chan fwriadu mynd â hi'n blygeiniol drannoeth i'w hargraffu at Ebenezer Rees, yr argraffydd o Ystalyfera. Ond ar ei ffordd yno, clywodd bod Ebenezer Rees ei hun, a bardd lleol arall, Isaac o'r Felin, plwyf Llangiwg, ill dau wedi cyfansoddi cerddi am yr un digwyddiad, ac yn wyneb y fath gystadleuaeth, penderfynodd chwilio am argraffydd arall. Aeth ef a'i wraig, a fyddai'n teithio gydag ef, ac yn gwerthu ei faledi ar ei ran, drwy Flaendulais i Aberdâr, a chael argraffu ei faled yno yng ngwasg Lloyd a'i Fab, a'r noson honno, er bod y Perein yn ganwr o fath ei hun, canwyd y faled newydd ar sgwâr Aberdâr gan ddau löwr, Twm Job a Thwm Hwmffre, y ddau'n meddu ar leisiau cyfoethog, a llwyddodd y baledwr a'i wraig – yn ôl ei dystiolaeth ei hun yng nghlyw D. Rhys Phillips – werthu dwy fil o gopïau cyn noswylio. Un copi'n unig ohoni a oroesodd mewn casgliad cyhoeddus, neu'n gywirach efallai, un enghraifft ohoni, a hynny yng nghasgliad y Llyfrgell Genedlaethol. Nid oes enw argraffydd wrthi, sy'n awgrymu naill ai bod Lloyd a'i Fab, Aberdâr, wedi hepgor eu hargraffnod wrth ei hargraffu, neu i'r Pererin gael cyflenwad pellach ohoni gan argraffydd arall.

Gyda chynifer o ddamweiniau'n digwydd, sawl un yn ystod yr un flwyddyn yn aml, yr oedd yn anorfod bod ambell un – er mwyn gwneud ceiniog ei hun efallai, neu i leddfu trallod rhyw weddw neu deulu arbennig – yn addasu baled a oedd eisoes yn bod ar gyfer y ddamwain ddiweddaraf. Un enghraifft o hyn yw'r faled sy'n dechrau â'r llinell 'O'r fath ochain sy'n mynychu'. Argraffwyd hon ar ôl pedair damwain o leiaf, sef Rhisga (1860) – dyna'i hymddangosiad cyntaf, yn ôl pob golwg, uwch y ffugenw 'Teithiwr' – yna'r ddamwain yng

Ngwaith y Morfa, Aberafan, dair blynedd yn ddiweddarach yn 1863, yn ddi-enw'r tro hwn, yna yn yr un flwyddyn, 1863, am ddamwain Gwaith Llynfi, Maesteg, ac eto ddwy flynedd yn ddiweddarach pan fu damwain ym Mhwll y Gethin, Aberdâr. Enw'r awdur erbyn hynny oedd Deio Bach. Canlyniad tanchwa oedd pob un o'r damweiniau hyn, ac felly nid oedd angen addasu mawr arni o gwbl, dim ond newid yr enwau lleoedd. Rhwydd iawn yr âi

Mae tref Aberafan mewn galar,
Ni welwyd fath alar cyn hyn

yn

Mae tref Merthyr Tydfil mewn galar,
Ni welwyd fath alar cyn hyn.

Roedd llinellau fel:

Yn y pwll y tân enynodd
Megis taran fawr yn wir

yn gwneud y tro am bob un o'r damweiniau, ac er bod y pennill canlynol:

O'r trueiniaid hyn fe godwyd
Llawer iawn trwy hyd y dydd,
At y lle daeth cannoedd lawer,
Ond pob un a'i fron yn brudd;
Mewn certwynau ar elorau
Trwy'r ardaloedd cludid hwy,
Gweld y fath olygfa athrist
Rhoddai i lawer ingol glwy,

wedi ei ganu unwaith am un achlysur arbennig, cymerai ei le'n esmwyth mewn baledi am achlysuron eraill tebyg. Nid oedd hyn yn demtasiwn i bawb. Canodd Edward Jones, Môn, am ddwy

102

ddamwain yn 1844, y naill ym mis Ionawr a'r llall ym mis Chwefror, gan lunio dwy faled wahanol o ran mesur ac arddull, er mor hawdd y gallai fod wedi addasu'r gyntaf at yr ail ddigwyddiad, petai wedi dymuno gwneud hynny.

Mae patrwm, ymddangosiad a chynnwys y baledi sy'n ymwneud â damweiniau glofaol, at ei gilydd, yn hynod debyg. Anaml iawn, er enghraifft, y ceir llun neu doriad neu ddyfais o unrhyw fath yn addurno'r wynebddalen. Un rheswm am brinder addurniadau o'r fath o bosibl yw bod cryn dipyn o fanylion i'w traethu gan amlaf cyn dechrau ar y faled – crynodeb eithaf manwl weithiau o hanes y digwyddiad, ac yn amlach na pheidio restr, arswydus o hir ar dro, o'r rhai a laddwyd, ynghyd â manylion am eu hoedran, statws priodasol, nifer eu plant, ac weithiau eu swyddi'n ogystal – halier, ostler, pwyswr, ac yn y blaen, gan ychwanegu rhyw ffaith ddramatig-drist pan fyddai un felly ar gael:

> James Jones, fireman, Old Furnace, a fu farw ym mreichiau John Howell, yr hwn oedd y dyn diweddaf a ddaeth allan o'r lofa cyn y danchwa,

sef Glofa Bryn-coch, Castell-nedd, 1859. Byddai ambell faledwr yn chwannog i roi set o ystadegau brawychus ar y tudalen cyntaf. Abel Jones, er enghraifft, wrth ganu am ddamwain Aber-carn ym Medi 1878, pan gollwyd 258 o fywydau, yn ychwanegu 'Yr oedd 135 o honynt yn wyr priod, 68 yn ddibriod a 55 o fechgyn. Mewn canlyniad y mae 131 o wragedd gweddwon, 363 o blant amddifaid, 9 o famau oedrannus, 17 o frodyr a chwiorydd – yn gwneud cyfanswm o 520!'

Yn y faled ei hun, os oedd stori drist o fewn stori drist i'w hadrodd, fe wneid hynny gydag arddeliad, a hynny'n aml mewn modd digon cignoeth. Un o'r 13 a laddwyd yng Ngwaith Glo rhyw Mr Brown gerllaw Nant-y-glo yn 1837 oedd gŵr ifanc o'r enw Hopkin Hopkins, ac yn ôl Dic Dywyll, a ganodd y faled, ar yr alaw 'Diniweidrwydd':

> Roedd Hopkin Hopkins, medd yr hanes,
> Dan bwynt priodas urddas hael,

Ond gorfu fynd, yn lle priodi,
I bydru yn y gwely gwael.

Yng Ngwaith y Dinas, Cymer, ger Pontypridd, ar ddydd Calan, 1844, collwyd 12 o fywydau, ac yn eu plith:

Thomas Rowland ga'dd ei symud
A'i ddau fab i'r trag'wyddolfyd,
Gadawodd ei gydmares gynnes
A phedwar plentyn, trwm yr hanes.

Naw oed oedd yr ieuengaf o'r ddau fab a gollwyd. Enwid ambell un yn y faled am ei fod yn ffigwr adnabyddus ac yn arweinydd yn y gymdeithas leol, fel Dafydd Gruffydd, a oedd yn un o'r 26 a foddwyd pan dorrodd y dŵr i mewn 'o'r Hen Waith i'r Gwaith Newydd' ym Mhwll Bryn-coch ger Castell-nedd ym mis Ebrill 1859:

Roedd yn eu plith bregethwr, oedd wir genhadwr hedd,
A'i enw Dafydd Gruffydd, gŵr beunydd hardd ei wedd,
Llafurwr dwys a gweithgar, digymar gyda'i gledd,
'Nôl colli hwn mae trydar yn Soar Castell-nedd.

Annisgwyl yw dewis yr awdur, Evan Griffith (Ieuan o Eifion), o'r gair 'trydar' yn y pennill uchod i gyfleu'r cyffro a'r braw ymhlith y gynulleidfa yn Soar, yn hytrach na'r gair llai arbennig 'galar', dyweder, a fyddai wedi cynnig ei hun iddo mae'n siŵr, o dan yr amgylchiadau. Prin iawn yw enghreifftiau o'r fath yng ngwaith y baledwyr.

Tuedd gyffredin yn eu plith wrth ganu am ddamwain, oedd pwysleisio normalrwydd pethau cyn y digwyddiad. Awdur dienw sydd yma'n canu am y ddamwain yng Nglofa Park Slip, Ton-du, Awst 1892, pan gollwyd 111 o ddynion a bechgyn:

Teg y gwawriodd bore Gwener, canai'r adar yn y co'd,
Nid oedd arwydd yn y wybren am yr ergyd oedd i ddod,
Gŵr y tŷ gusanai'n siriol dyner wraig a theulu llon
Wrth ymadael heb yn wybod mai'r gusan olaf ydoedd hon.

Ac y mae'r darlun o'r glöwr yn mynd at ei waith yn ysgafn galon, heb wybod dim am yr hyn oedd yn ei aros, yn un a ailadroddir dro ar ôl tro mewn gwahanol ffyrdd:

> Bechgyn heini'n mynd fel arfer
> Lawr i'r pwll heb ofni'r dyfnder,
> Ond eu cyrff yn cael eu codi
> 'Mhen byr oriau wedi llosgi.

Cyffredin iawn yn naturiol yw'r disgrifiadau graffig o sŵn y ffrwydrad yn diasbedain mor ddirybudd drwy'r gymdogaeth. 'Tuag un ar ddeg dydd Gwener', meddai John Owen, y cyfeiriwyd ato eisoes, ydoedd pan daniodd y damp mewn pwll yn ymyl Tredegar yn 1865 a lladd 26:

> Tuag un ar ddeg dydd Gwener, trist gofio'r newydd trwm,
> Fe glywyd twrf fel taran yn adsain trwy'r holl gwm.

Ac yn ddieithriad ym mhob un o'r baledi hyn mae sôn am y dyrfa fawr – o wragedd gan mwyaf – yn ymgasglu ar ben y pwll, a'r golygfeydd ysgytwol o drist o'r meirw a'r anafus yn cael eu dwyn i'r wyneb, a gwraig yn methu adnabod ei gŵr oherwydd eu hanafiadau a'i losgiadau, mam yn methu adnabod ei mab.

Prin, fel yr awgrymwyd yn barod, yw'r cyffyrddiadau 'llenyddol' sy'n tynnu sylw yn y cerddi yma, fel yn y baledi'n gyffredinol. Cyfeiriwyd eisoes at ddefnydd Ieuan o Eifion o'r gair 'trydar'. Mae awdur arall, Ioan Egwest, wrth ganu am un o'r amryw ddamweiniau a ddigwyddodd yn Rhisga – Gorffennaf 1880 yn yr achos yma – ac wrth ddisgrifio effaith y damp yn tanio, yn defnyddio'r gair 'aredig' yn effeithiol iawn:

> Gweld y fflamiau'n fflachio'n llachar
> Ac yn rhwygo creigiau certh,
> Gweld y nwy'n aredig daear,
> Sydd yn crynu gan ei nerth

Disgrifiad ag iddo awgrym cryf o brofiad llygad-dyst.

Ceir mwy o ymdrech gan ambell faledwr i gyfleu sydynrwydd y digwyddiad a'r gwae a ddeilliai o hynny. Edward Jones, Môn, yn myfyrio fel hyn uwchben un o'r pedwar glöwr a gollwyd yng Ngwaith Bailis yng Nghendl, sir Fynwy tua chanol y ganrif:

> Heddiw'n gawr, yfory'n gorwedd
> Yn y ceufedd, lwydedd le,
> Heddiw'n fyw, yfory'n farwol,
> O ansertenol oes, on'd te?

Ac wrth gofnodi'r ddamwain ger Brymbo yn 1856, mae Abel Jones yn myfyrio ar hawl absoliwt y ddaear ar y glöwr:

> Rôl bod am ddyddiau yn y ddaear,
> Does neb yn cofio erioed fath alar,
> Ar ôl cael eu cyrff i fyny,
> Fe'u rhowd drachefn mewn daear oerddu.

Gwelodd awdur dienw'r faled a ganwyd am ddamwain Pen-y-graig, Cwm Rhondda, ym mis Rhagfyr 1880, ei gyfle i gyfeirio at y tymor arbennig o'r flwyddyn, a hynny'n bur effeithiol:

> Bydd y Gwyliau hyn yn wyliau
> Trist i lawer mam a gwraig,
> Am fod yn y teulu olion
> Anadl tanchwa Pen-y-graig.

Mewn baled am ddamwain arall yn yr un pwll bedair blynedd yn ddiweddarach, y ceir un o'r enghreifftiau cynharaf, os nad y cynharaf oll, o fersiwn Saesneg gyflawn o'r faled ochr yn ochr â'r fersiwn Cymraeg. Mae enghraifft o ddau bennill Saesneg yn ymddangos ar ddechrau baled Gymraeg yn digwydd mor gynnar â 1865, ac enghraifft o baragraff Saesneg o flaen baled Gymraeg mor gynnar â 1863, ond o 1884 ymlaen at ddiwedd y ganrif, eithriad yw cael baled am ddamwain lofaol heb fod iddi fersiwn Saesneg yn ogystal, hynny'n adlewyrchu'r newid a fu yn hanes y Gymraeg yn y De diwydiannol yn ystod y cyfnod dan sylw.

Beth yw tystiolaeth baledi'r dosbarth arbennig hwn am y sawl a'u canai ar y stryd ym Merthyr a Chastell-nedd ac ym marchnad Pontypridd? Adrodd yr hanes oedd eu prif bwrpas yn naturiol, a hynny yn y modd mwyaf cyffrous a chynhyrfus ag y gellid, ond yn anorfod fe ddaw eu hagwedd i'r golwg. Mae digofaint o unrhyw fath, a hyd yn oed gwestiynu, yn sgil y digwyddiadau erchyll a ddarlunir ganddynt, yn bethau prin iawn yn eu cerddi. Goddefol hollol ydynt. Yn syml, trefn Rhagluniaeth oedd y cyfan, a'u hanogaeth hwy i'w gwrandawyr a'u darllenwyr – a llawer o'r rheini'n sicr, wedi colli anwyliaid yn y ddamwain dan sylw neu mewn damwain arall – oedd derbyn y drefn yn wylaidd ac yn ostynedig. 'Mae Rhod Rhagluniaeth fawr yn dod', meddai Archibald Skym o Gwm Gwendraeth yn 1852:

> A rhai newyddion
> Sy'n peri loesion
> Nes rhwygo'r galon.
> Ond dyna fel mae fod
> Ym myd y gorthrymderau.

Meddai John Owen wedi damwain Tredegar, 1865,

> Mae olwyn fawr Rhagluniaeth uwchlaw ein deall ni,
> Trefn Duw yw pob digwyddiad, damweiniau aml ri.

Ac yr oedd i'r damweiniau hyn eu gwersi, a'r angenrheidrwydd o fod yn barod yn un o'r rhai pwysicaf oll:

> Mae'r Ysgrythur yn cyhoeddi

meddai Levi Gibbon yn 1856,

> Nac ymffrostia'r dydd yfory,
> Am nad oes o'r byd yn gwybod
> Beth a ddigwydd mewn diwrnod.

I'r glowyr hynny a lwyddodd i ddianc yn groeniach o'r ddamwain, yr oedd gwers arbennig. Mae J. W. Jones, Nant-y-glo, wrth ganu am ddamwain ym Maesteg yn 1863, er yn cyfaddef fod bywyd y glöwr yn un caled a pheryglus, eto y 'gwirionedd yw' mai yn 'anystyriol / Y mae llawer un yn byw'. Ond dyma gyfle, fel y dywed yr awdur dienw a gofnododd gyflafan Rhisga yn 1860 pan laddwyd 138 o ddynion, i bentewynion a achubwyd o'r tân i wella'u ffyrdd:

> Dyma'r lle y gellir gweled
> Yn dra amlwg ffafr Duw,
> Llawer eraill ga'dd eu clwyfo,
> Ond fe'u cadwyd hwy yn fyw,
> Rwy'n gobeithio bydd hi'n fendith
> I'r gymdogaeth fawr a mân,
> Iddynt beidio byw'n afradlon
> Ac annuwiol fel o'r bla'n.

Bydded iddynt gefnu hyd yn oed ar fân bleserau bywyd, yw anogaeth awdur a'i galwai ei hun yn 'Gwladgarwr', ar ôl damwain ger Troed-y-rhiw, Merthyr yn 1862:

> Weithwyr annwyl, rhoddwch heibio
> 'R myglys cas a'r ddiod gref,
> Byddwch sobr – ymhyfrydwch
> Beunydd oll yn ffyrdd y nef.

Am y gweddwon a'r amddifaid a adawyd ar ôl damwain – degau lawer ohonynt weithiau – nid oedd dim i'w wneud ond eu cyflwyno i ofal Duw, a'u hatgoffa am y wobr oedd yn eu haros yn y nef. Yng ngeiriau J. W. Jones, Nant-y-glo eto:

> Nid oes yno boen na chroesau, na gofidiau o un rhyw,
> Dim ond canu a chlodfori yng nghwmpeini'r Iesu gwiw,
> Er bod yma yn yr anial mewn tywyllwch llawer awr,
> Yn y nef y cawn oleuni; ein haul nid aiff byth yno i lawr.

Bydd ambell faledwr, fel Deio Bach yn 1865, ar ôl damwain ym Mhwll y Gethin, ger Merthyr, yn annog y rhai gwell eu byd arnynt yn y gymdeithas, gan gynnwys y meistri glo, i gyfrannu tuag at leddfu ychydig ar adfyd y rhai adawyd ar ôl:

> Boed i feistri a boneddwyr
> Yr ardaloedd oll o'r bron
> Gynorthwyo'r gweddwon druain
> Sydd yn awr yn brudd eu bron,
> Ymgeleddu'r plant yn dyner
> Sydd yn awr heb ganddynt dad...

A'r un yw apêl awdur anhysbys yn 1871 ar ôl damwain Pwll y Pentre, Cwm Rhondda, at aelodau cyffredin y gymdeithas:

> O Gymry! Gwrandewch ar eu cwynion
> Os deuant rhyw ddydd at eich dôr,
> Cyfrennwch i'r rhai mewn cyfyngder
> Rhyw ran o gyflawnder eich stôr...

A thystiolaeth Abel Jones yn 1878 oedd mai dyna'n wir un o ganlyniadau damwain mewn gwaith glo, sef y gwelid plant yn cardota o ddrws i ddrws yn yr ardal yn fuan wedyn:

> Yn erfyn am gael tamaid,
> Yn grwydriaid bach tylawd,
> O ddrws i ddrws cewch weled
> Yn aml chwaer a brawd.

Yn naturiol, y mae yn y cerddi arbennig hyn gyfeiriadau mynych at berchenogion a rheolwyr y gweithfeydd lle digwyddai'r damweiniau. Mae'n amlwg mai'r ddefod ar adegau trist o'r fath, oedd eu canmol heb ystyried am eiliad y gallent fod yn gyfrifol i raddau helaeth iawn am yr hyn a ddigwyddodd. Ar ôl damwain, gwnaent rhyw ymgais i leddfu ychydig ar drueni'r gweddwon a'r plant, a mawr oedd gwerthfawrogiad y baledwyr. 'Mi glywais am

Gommittee' meddai Archibald Skym, unwaith eto wrth ganu am y
ddamwain yn y Gwendraeth, 1852

> Gynhaliwyd yn Llanelli
> Gan wŷr mawrion
> I edrych i sefyllfa
> 'Rhai ymddifadwyd yma,
> Sef plant a gweddwon,
> Rhows rhai ugeiniau yn ddi-lai
> O *Soverigns* melyn,
> Rhowd aur fel cregyn,
> Do, gannodd rhyngddyn,
> Mae'n glod i'r boneddigion,
> Boed iddynt i barhau.

Dim i awgrymu, petai'r boneddigion hyn wedi gwario rhai o'u
soverigns melyn ar sicrhau mwy o ddiogelwch yn y pwll, na fyddai'r
ddamwain o bosibl wedi digwydd o gwbl. Yr unig gyfeiriad a welwyd
yn y baledi hyn at unrhyw fath o ddarpariaeth diogelwch yn y
diwydiant, yw'r pennill yma o faled Levi Gibbon am ddamwain y
Cymer, Pontypridd, 1856, pan gollwyd 111 o fywydau, lle cyfeiria at
yr arfer o anfon 'gwylwyr' i lawr i edrych y pwll cyn i'r glowyr eu
hunain fynd at eu gwaith:

> Tri o'r gwylwyr fel arferol
> Ddarfu chwilio'r pwll yn fanol,
> Er cael gweld a oedd peryglon
> Yno i ddrygu'r glowyr mwynion,
> Wedi iddynt ddod i fyny,
> Hwy ddywedent peidiwch ofni,
> Nid oes yn y pwll ddim niwed,
> At eich gwaith chwi ellwch fyned.

Ond camarweiniol oedd eu sicrwydd, oherwydd pennill neu ddau yn
ddiweddarach:

Roen nhwy'n methu cael elore
I gario cyrff oddi yno adre
Am fod cymaint o farwolion
Wedi dod i lan o'r eigion.

'Mae'r meistri'n dyner galon /Yn sychu'r dagrau blin', meddai un
baledwr anhysbys ar ôl damwain ym Mlaenllechau, mis Mehefin
1869, pan gollwyd 'uwchlaw 60 o golliers', ac awdur anhysbys arall,
ar ôl colli 101 o lowyr yn namwain Pen-y-graig, Cwm Rhondda,
Rhagfyr 1880, yn werthfawrogol iawn o bresenoldeb rhai o'r meistri
yn yr angladdau a ddilynodd:

Dangosai pawb trwy'r lle eu parch
At deulu'r truain rowd mewn arch,
Ac amryw fonedd tyner fron
A welwyd yn y dyrfa hon.

Ac yn ddiau adlewyrchu agwedd a theimlad y glowyr eu hunain a
wnaent yn hyn o beth, oherwydd wedi'r cyfan yr oedd rheidrwydd ar
y baledwr ganu yr hyn y dymunai ei gynulleidfa glywed os oedd am
werthu ei faled, a dyna wedi'r cyfan oedd diben ei lunio yn y lle
cyntaf. Yr oedd y parch a'r teyrngarwch yn bod. Dywedodd Hugh
Roberts y baledwr wrth D. Rhys Philips ei fod, ar farwolaeth David
Davis, perchennog gwaith glo Ferndale, wedi cyfansoddi baled i'w
goffáu, ac wedi gwerthu dwy fil o gopïau ohoni i'r glowyr a oedd wedi
eu rhyddhau o'u gwaith y diwrnod hwnnw i fynd i'r angladd. Ac y
mae hyn yn anodd i'w esbonio (er mae'n siŵr fod a wnelo effaith
crefydd anghydffurfiol lawer ag ef) pan gofiwn bod esgeulustod
perchenogion gweithfeydd glo yn beth yr oedd pobl – y tu allan i'r
baledi hyn – yn barod iawn i dynnu sylw ato. Mae A. L. Lloyd yn ei
lyfr *Come All ye Bold Miners*, yn dyfynnu Frederick Engels yn
dweud ym 1844:

The coal mine is the scene of a multitude of the most terrifying
calamities, and these come directly from the selfishness of the
bourgeoisie...If an explosion occurs, the recklessness of the

*miner is blamed, though the bourgeoisie might have made the
explosion well-nigh impossible by supplying good ventilation.*

Ac yn y llyfr y cyfeiriwyd ato ar y dechrau, *Great Pit Disasters*, mae'r
awduron yn dyfynnu gohebydd yn y *Mining Journal* ddwy flynedd
ar ôl sylwadau Engels, yn 1846, sy'n dweud yn blwmp ac yn blaen, os
na ddigwyddai fwy o wario ar ddiogelwch, yna:

> *South Wales would undoubtedly become a huge charnel
> house, before which Northumberland and Durham will sink
> into insignificance.*

Ond bach iawn o sylw a wnaed o'r rhybudd, oherwydd yn Ne Cymru
yn anad unlle arall, y digwyddodd y damweiniau glofaol mwyaf
dinistriol yn ail hanner y bedwaredd ganrif ar bymtheg.

Nid cyn blynyddoedd olaf y ganrif, a'r capeli'n dechrau llacio'u
gafael, a'r awydd i gyfundrefnu ymhlith y glowyr yn cryfhau, y mae
rhywun yn ymdeimlo â rhyw gydymdeimlad ag amgylchiadau'r
glöwr yn y baledi, a rhyw osio at alw am fwy o degwch iddo. Hwyrach
bod arwydd o'r newid hwn i'w ganfod mor gynnar â 1872, pan geir y
pennill yma mewn baled o waith awdur anhysbys am ddamwain yn
Nyffryn Llynfi yn Ionawr y flwyddyn honno – lladdasai'r danchwa 11
o lowyr a gadawodd lanast ofnadwy yn y pwll:

> Trwm iawn oedd colledu'r meistri,
> Roedd eu colled hwy yn fawr,
> Mae'r colledion weithiau'n ddiau
> Bron â'u llethu hwy i'r llawr,
> Ond roedd colli y bywydau
> 'N llawer mwy na'u colled hwy,
> 'N ôl i'r meistri gael adferiad,
> Teimla y perthnasau glwy.

Erbyn 1884 mae'r nodyn i'w glywed yn gliriach. Ym mis Ionawr y
flwyddyn honno, canodd rhyw brydydd anhysbys eto, faled am
ddamwain yn y Garnant, sy'n gorffen â'r pennill:

Nid yw'r mawrion yn cydnabod
Gwerth y glowr yn y byd,
Gŵr y mae olwynion masnach
Yn ddyledus iddo i gyd;
Mewn peryglon a chaledi
Bychan dâl roir am ei waith,
Ac nid oes ond beichiau trymion
Iddo'n gyson ar ei daith.

Baled, gyda llaw a ddefnyddiwyd eto, ar ôl newid yr enwau lleoedd, pan fu damwain yng Nglofa'r Cwtsh, yn y Rhondda Fach ym 1887-i'w chanu ar 'Morgan Bach' yn yr achos yma, a'i defnyddio drachefn, ynghyd â'r newidiadau pwrpasol, ar ôl y ddamwain a hawliodd 111 o fywydau yn Abercynffig ym 1892, a'r awdur, neu'r gwerthwr, yn mynd i'r drafferth i roi marc cwestiwn mewn cromfachau ar ôl y gair 'mawrion' yn llinell gynta'r pennill olaf. Ac fe leisir teimladau tebyg mewn baledi eraill a luniwyd am ddamweiniau yn Abergwynfi, 1891, ac yn Tylorstown ym 1896.

Ond yn yr ugeinfed ganrif y gwelwn, mewn baled, y dicter cyfiawn sydd mor absennol o gorff mawr y baledi damweiniau glofaol. Ar 14eg o Hydref 1913, ym Mhwll yr Universal, Senghennydd, digwyddodd y ddamwain waethaf erioed yn hanes y diwydiant glo ym Mhrydain, pan laddwyd 439 o lowyr. Er fod oes y prif faledwyr wedi hen fachlud erbyn hynny, denodd y ddamwain ddwy faled, un gan Evan Williams, Bangor, sy'n gwbl draddodiadol o ran cynnwys, a'r llall gan T. C. Benjamin, sy'n dra gwahanol, ac yn dangos cymaint o newid a ddigwyddodd:

Gormod yw rhoi cnawd ac esgyrn
Cyrff y glowyr dewr ar dân
Er cyfodi cestyll cedyrn
I ormeswyr Cymru lân.
Esgeulusdod ydyw damwain,
Nis gall fod lle na bo cam...

Ac felly yn y blaen yn bur gignoeth.

Y mae'r corff hwn o faledi, y ceisiwyd taflu brasolwg drosto yn yr ysgrif hon, yn goffâd trist o'r cyfryw 'esgeulusdod' a'r 'cam' a achosodd gymaint o boen a galar yng Nghymru mewn cyfnod arbennig yn ein hanes.

Brasolwg ar y Faled Newyddiadurol yng Nghymru cyn y Cyfnod Argraffu

Codir y testun o'r frawddeg gyntaf yn yr ail bennod o'r efengyl yn ôl Thomas Parry ym ei gyfrol *Baledi'r Ddeunawfed Ganrif*:

> Y peth cyntaf yw penderfynu pa beth a olygir wrth faled. (1)

Erbyn hyn mae gennym ddiffiniad *Geiriadur Prifysgol Cymru* o'r gair 'baled', sef:

> Dyri, cerdd ysgafn yn y mesurau rhydd, gan amlaf yn adrodd stori.

Hwyrach y dylid ychwanegu mai cerdd i'w chanu yw baled hefyd, yn ei hanfod, ond sylwer ar yr ymadrodd 'gan amlaf yn adrodd stori', oherwydd dyna'r agwedd ar y faled yr hoffwn aros gyda hi am ychydig. Petai rhywun yn mynd ati i lunio pôl piniwn i ddarganfod pa agwedd ar y baledi Cymraeg yw'r un fwyaf poblogaidd, mae'n weddol sicr mai hon a gyrhaeddai'r brig. O'r funud y dechreuwyd argraffu baledi ar ddechrau'r ddeunawfed ganrif, yr oedd cofnodi ar gân rhai o ddigwyddiadau'r dydd yn amlwg. Mor gynnar â 1701 er enghraifft, cyhoeddodd Thomas Jones yn Amwythig faled o waith Thomas Miles am waredigaeth un Dassy Harry o blwyf Aberystruth ym Mynwy, yr hon meddir a esgorodd ar blentyn 'drwy ei bogel'. (2) Trwy gydol y ddeunawfed ganrif, ac am ran helaeth o'r bedwaredd ganrif ar bymtheg, cyhoeddwyd rhai miloedd o faledi Cymraeg, hynny'n aml mewn lleoedd mor annisgwyl, o safbwynt cyhoeddi, â Licswm, Rhosymedre a Solfach, yn ogystal â'r canolfannau mwy adnabyddus, ac yn eu plith ugeiniau lawer o faledi 'newyddiadurol' yn cofnodi digwyddiadau arbennig. Llofruddiaethau, er enghraifft. Y mae ar glawr faledi am dros ddau gant o lofruddiaethau yn ystod y bedwaredd ganrif ar bymtheg yn unig, ac ychwanegir at gyfanswm y baledi pan gofir nad un baledwr yn unig a ganai i lofruddiaeth arbennig, ond weithiau gryn hanner dwsin ohonynt, os llwyddodd y weithred i afael yn nychymyg y cyhoedd, fel y byddai ambell un yn gwneud yn fwy na'i gilydd. Yr oedd llongddrylliadau'n bwnc poblogaidd arall, a damweiniau diwydiannol, yn enwedig o dan ddaear ym maes glo'r De. Fel y byddid yn disgwyl, mae rhyfeloedd y dydd yn cael sylw yn y baledi newyddiadurol hyn, megis Rhyfel Annibyniaeth America yn y ddeunawfed ganrif, a'r llu o fân ryfeloedd ac ysgarmesoedd a fu'n rhan o grwsâd Prydain Fawr i beintio'r byd yn goch yn y ganrif ddilynol. Canwyd am ddigwyddiadau cyffrous y dydd yng Nghymru ei hun, megis Glaniad y Ffrancod yn sir Benfro, ymosodiad y Siartwyr ar Gasnewydd, 'Riots' Merthyr a chrogi Dic Penderyn, helynt Beca, a Rhyfel y Degwm, heb sôn am ddigwyddiadau trist a llawen a rhyfedd na chyrhaeddodd eu heffeithiau lawer pellach na ffiniau'r plwyf efallai, ac nad yw hanes mwyach yn cofio amdanynt.

Ond nid ar ddechrau'r ddeunawfed ganrif y digwyddodd pethau o'r fath am y tro cyntaf. Bu llofruddiaethau a llongddrylliadau a damweiniau a rhyfeloedd o gwmpas erioed. Gwir fod gan faledwr o hynny ymlaen, yn y ffair neu'r farchnad, neu ar y stryd, rywbeth i'w werthu, sef baled, neu faledi argraffedig. A chan fod ei farsiandïaeth yn rhywbeth yr oedd galw awchus amdani, yr oedd yn naturiol y byddai cynnydd sylweddol yng nghynhyrchiad honno o hynny allan. Ond rhaid peidio â chredu chwaith mai ar ddechrau'r ddeunawfed ganrif yr ymddangosodd cerddi Cymraeg o'r fath am y tro cyntaf, a dyma ni ar unwaith yn cyffwrdd â phwnc y 'Canu Rhydd'. Maddeuer troedio tir cyfarwydd am ychydig, ond mae'n hysbys fod yr hyn a alwn ni'n Ganu Rhydd wedi dechrau ymddangos – yn sydyn braidd – yn llawysgrifau'r unfed ganrif ar bymtheg, a hynny fel y pwysleisiwyd lawer tro, ochr yn ochr â dirywiad graddol yr hen ganu caeth traddodiadol. Y cwestiwn sy'n codi'n naturiol yw – ai canu newydd oedd hwn, ynteu rhywbeth a fu erioed, ond na chyfrifid ef yn ddigon pwysig i'w gofnodi pan oedd y canu caeth yn ei anterth? Y gred gyffredinol ymhlith haneswyr llên yw ei fod yn hen. Meddai Thomas Parry eto:

Nid rhywbeth a gododd yn sydyn yn yr unfed ganrif ar bymtheg wedi ei ysgrifennu yn iaith lafar y cyfnod mohono [y canu rhydd], ond hen draddodiad wedi byw ers canrifoedd a meithrin ei ieithwedd briod ei hun. (3)

Ond bodlonwn am y tro ar fynd yn ôl i'r unfed ganrif ar bymtheg yn unig. O'r cyfnod hwnnw ymlaen, mae ar glawr gorff sylweddol iawn o ganu rhydd, ac iddo apêl ehangach o gryn dipyn na'r canu caeth gynt. Gellir ei rannu'n fras o dan wahanol benawdau, megis canu crefyddol, canu serch, cerddi brud neu broffwydol, cerddi'n dychanu merched, ac wrth gwrs gerddi am helyntion cyfoes, y cyfan, ar wahân i'r canu crefyddol efallai, wedi ei fwriadu i ddiddanu ei gynulleidfa.

Cymerir golwg fras yma ar y cerddi sy'n sôn am helyntion cyfoes – hynny yw, cerddi 'newyddiadurol'. Y diffiniad o gerdd o'r fath i bwrpas y sylwadau hyn yw – unrhyw gerdd rydd Gymraeg sy'n cofnodi digwyddiad penodol cyfoes y perthyn rhyw arbenigrwydd iddo, a ddigwyddodd yng Nghymru, neu y tu hwnt i'w ffiniau, neu gerdd a ysgogwyd gan ddigwyddiad o'r fath, a hynny o waith bardd o'r cyfnod. Yn sicr, mae gormod ohonynt i'w trafod i gyd mewn un llith, ond hoffwn gyfeirio at ychydig ohonynt, nodi ambell beth o ddiddordeb yn y cynnwys, a sylwi weithiau ar ambell fan cyffwrdd sy'n dangos mai rhagflaenwyr baledwyr y ddwy ganrif ôl-argraffu oedd eu hawduron. Er hwylustod fe'u trafodir yn eu trefn amseryddol.

Yr oedd cerddi 'newyddiadurol' ymhlith y cerddi rhydd cyntaf i ymddangos yn yr unfed ganrif ar bymtheg. Gellir rhoi dyddiad pendant i'r gyntaf y cyfeirir ati, sef 'Carol i'r Frenhines Elisabeth' (mae 'Carol', 'Cerdd', 'Baled', fel y gwyddys, yn dermau sy'n ymgyfnewid yn rhwydd iawn), lle ceir y bardd anhysbys yn llawenhau fod un o'r cynllwynion niferus yn erbyn y Goron – Cynllwyn Babington, 1586 yn yr achos hwn – wedi methu.

Dvw creadvr nef a llawr mae bredych mawr im monwes
rwy'n ystyrio'r cynllwyn hir ynghylch ein gwir Frenhines
Tra fo imi anadl chwyth am gweddi byth am cyffes
mi folianna f'arglwydd Dduw am gadw'n fyw'r Frenhines. (4)

Yr oedd gwedd Gymreig i'r cynllwyn arbennig hwn yn yr ystyr bod dau o'r cynllwynwyr yn Gymry, sef Thomas Salusbury o Leweni, mab yr enwog Gatrin o Ferain o'i gŵr cyntaf, John Salusbury, ac Edward Jones o Blas Cadwgan ger Wrecsam, dau ŵr ifanc a aethai i Lundain, a dod yno dan ddylanwad Anthony Babington, a oedd â'i fryd ar ladd Elisabeth a gosod Mari, Brenhines y Sgotiaid ar yr Orsedd yn ei lle. Daeth y cyfan i sylw'r awdurdodau sut bynnag, a'r canlyniad fu dienyddio tua deuddeg o'r cynllwynwyr, Thomas Salusbury ac Edward Jones yn eu plith – gweithred a anfonodd ias o ddychryn ac arswyd drwy ogledd Cymru, yn enwedig yn achos y teuluoedd bonheddig hynny a oedd yn glynu wrth yr Hen Ffydd. Wedi'r cyfan, yr oedd Catrin o Ferain yn perthyn i'r Frenhines, y ddwy yn disgyn o Harri VII, ond nid oedd trugaredd i'w gael ar sail hynny, er fod y ddau lanc ieuanc yma, yn ôl y dystiolaeth, wedi cyfrannu fawr iawn at y cynllwyn, ond yn hytrach wedi eu denu gan ryw syniadau niwlog rhamantaidd. (5) Er bod awdur y gerdd hon, sy'n cyfeirio ato'i hun fel 'Eglwysig ddyn', yn enwi'r ddau lanc yn ei gerdd, nid yw'n gwneud dim o'r ffaith mai Cymry oeddynt, dim ond ymfalchïo eu bod hwythau bellach, fel y lleill, yn fwyd i frain:

> I mae nhw n awr yn fwyd ir brain f'aeth penne rhain ar neges felly i tricco y penne ar traed a geisio waed brenhines.

Hyd at ddiwedd y gerdd, y mae'n dal i ryfeddu fod y fath beth wedi bod yn bosibl. 'Pwy', meddai, mewn syndod mawr:

> pwy ond diawled a wnai gam a'u disglair fam Frenhines?

Cerdd sydd yn ddrych o deyrngarwch digwestiwn trwch y Cymry i'r Goron, ac nid yn unig yn achos disgynyddion Owain Tudur o Benmynydd, Môn.

Os 'Eglwysig ddyn' a ganodd y gerdd yna, 'Doctor o Fiwsig', gŵr mor deyrngar bob tamaid, a ganodd un arall ar yr un thema, fel y dywed wrthym yn ei bennill olaf:

> Ac o daw gofyn pwy a'i gwnaeth
> Doctor o Fuwsic eglur ffraeth
> Gwr ni fynne niwed iddi
> Ond bod Duw yn geidwad iddi.(6)

Ni chyfynga'r Doctor ei hun i gynllwyn Babington yn unig, ond sonia hefyd am geisiadau eraill a wnaed i ddwyn einioes Elisabeth oddi arni. Defnyddia'i ddychymyg i ddisgrifio'r Frenhines, wedi laru ar y bygythiadau parhaus hyn, yn ymson â hi ei hun:

> O Dduw gwyn, beth yw hyn yma?
> Pawb a'i drics sy'n ceisio 'nifa...
> I bwy heddiw y galla' ymddiried?
> Duw na bawn yn cadw defed.

Pwy, wedi'r cyfan, fyddai eisiau cael gwared ar fugail tlawd? Ond, meddai'r 'Doctor o Fiwsig' yn ei gân, bendith arni fe gâi rybudd bob tro pan fyddai perygl yn ei bygwth, weithiau gan angel, weithiau gan Grist, ac weithiau gan Dduw ei hun. Pan anelodd rhyw adyn annheyrngar ei ddryll cyntefig at ei phen un tro:

> Crist a gadwodd i grasol wyneb,
> F'aeth y peleds dur drwy'r garreg:
> Rhag maint y gwres yn myned heibio
> Eurwallt Elsbeth oedd yn deifio.

Blwyddyn ar ôl cynllwyn Babington, yn 1587, mae bardd o sir Ddinbych o'r enw Ifan Llwyd Sieffre yn canu am ymgais arall eto fyth, i ddiorseddu'r Frenhines, a'r bygythiad y tro hwn yn dod o gyfeiriad Iwerddon. Yno yr oedd Hugh O'Neill, Iarll Tyrone, a fu'n deyrngar i dad Elisabeth, Harri VIII, a chael ei wobrwyo'n hael am hynny, wedi codi mewn gwrthryfel yn erbyn y drefn Seisnig yn Iwerddon, gyda help parod y Sbaenwyr, ac yn peri cryn dipyn o ben tost i'r awdurdodau nerfus yn Llundain:

> llosgi rhagddo r wlad ai spe[i]lio
> lladd a mwrddio r Saesson
> kael yr Spaenwyr ar i dv
> ai bryd ar gefnv r werddon.(7)

Hynny yw, dymuniad y Sbaenwyr oedd bod yn gefn i'r Gwyddelod. Un o'r arweinwyr milwrol a anfonwyd gan y Frenhines i geisio gwastrodi Tyrone oedd ei ffefryn mawr ar y pryd, Iarll Essex, ac afraid dweud mai o blaid hwnnw, ac nid y Gwyddelod pabyddol, y mae Ifan Llwyd Sieffre. Diddorol yw ei weld yn defnyddio gair a geid (neu a geir efallai) ar lafar yn siroedd Dinbych a Fflint, sef crecs, lluosog crec 'clegar, clochdar' i odli ag enw'r Iarll:

Pawb yn i ardal na fyddwch ry wamal
gweddiwch yn ddyfal a ffeidiwch ach krexs
ar i ddvw roddi y ffordd yn rhydd
lle Marchio yr hydd o Esex.

Y flwyddyn ganlynol, 1588, teimlodd 'Eglwysig ddyn' arall ar ei galon ganu dwy gerdd am ddigwyddiadau'r flwyddyn gofiadwy honno. Thomas Jones oedd ef, person Llanfair yn sir Fynwy, fel y cyfeirir ato weithiau, bryd arall fel Thomas Jones, offeiriad Llandeilo Bertholau ym Mynwy, a gyfansoddodd gerdd i ddiolch am y Beibl Cymraeg, ac un arall am y waredigaeth a gafwyd pan ddinistriwyd Armada Sbaen. Ymbalfalu mewn tywyllwch fu hanes y Cymry am ganrifoedd, meddai yn y gerdd am y Beibl – cerdd hir dri ar ddeg ar hugain o benillion (8):

heb ddysk heb ddim heb ddoniay syw, heb lifr düw yn athro
heb ddyscediaeth gwir gan neb, mawr oedd ddallineb kymro.

o düw hir byr pabaidd waith, mewn estron iaith ny dwyllo,
drwy hydoliaeth blinaf blaid, yn dally llygaid kymro.

Nid felly y bu bob amser, meddai, gan gyfeirio at y chwedl honno am Ysgolan yn difetha llyfrau'r Cymry mewn rhyw oes, a'u hamddifadu o'u diwylliant gwych gynt:

pob kelvyddyd a dysc ffraeth, ddoedd gwir wybodaeth ganto
nes y Scolan gythrel gay, ddinistrio llyfray r kymro.

Ond bellach dyma'r llyfr pwysciaf oll ar gael yn Gymraeg:

> o hil fryttys rhywiawg rhyw, rowch glod y ddüw am dano,
> llymar glennig oray ras, er ioed y gafas kymro.

Ac yn naturiol, mae gair o glod i'r cyfieithydd diwyd:

> diolch diolch hyn nyd kam, y penyd am gifiaithio,
> drwy wir nerth yr ysbryd glan, yr doctor morgan cymro.

Ar yr un mesur hefyd y canodd Thomas Jones ei gerdd am yr Armada – naw ar hugain o benillion y tro hwn – gan gynnal yr un odl drwyddi, fel yn achos y llall. Teitl hon yw 'Cân am y waredigaeth a gadd y Brytanied o law y Spaeniaid cynhennys yn y flwyddyn 1588'. (9)

Mae'n agor ei gerdd yn null traddodiadol y baledwr bob amser, sef trwy annerch ei gynulleidfa:

> O Gristnogion bryd[u]erth bryd
> A ddewchwi nghyd yn fedrys
> I rhoi moliant i Dduw dâd
> Am gadw'n gwlad a'n hynys.

Am flynyddoedd lawer, meddai, bu Brenin Sbaen, o dan anogaeth y Pab, yn paratoi 'cynllwyn blin' i feddiannu Prydain yn enw'r Hen Ffydd, ac o'r diwedd daethant i ben â'u paratoadau:

> Pan y cawson ffleet ddifêth
> A phob rhyw beth yn dacclys
> Hwy hwyliyson yn llawn ffrôst
> O Spaen i gôst ein hynys.

Mae'n cael hwyl ar ddisgrifio'r cyffro:

> Daeth wyth ugain llong ynghyd
> Llawn milwyr fflid harneisys

Ai holl fwriad oedd, Duw gwyr,
Ar ddifa'n llwyr ein hynys.

Daw'r gerdd i ben ar y nodyn teyrngar sydd mor hyglyw yng
ngherddi Cymraeg y cyfnod:

A'n brenhines bryd[u]erth brydd
Dra doniog ddedwydd ddawnys
Duw rhoddo i hon einioes hir
I gadw tir ein hynys.

Meddai J. H. Davies mewn nodyn ar y diwedd am y gerdd hon a'i
hawdur:

Dengys y gân fod yr hen offeiriad yn Brotestant selog, a rhydd
syniad lled gywir o deimladau y dosbarth canol ar achlysur y
Spanish Armada.

Mwy cyfarwydd o gryn dipyn yw cerdd newyddiadurol arall o'r un
cyfnod mwy neu lai, sef 'Coed Glyn Cynon', yr unig gerdd, meddai
Griffith John Williams, o blith y llu mawr o gerddi rhydd a luniwyd
ym Morgannwg yn y cyfnod dan sylw 'sydd yn haeddu ei lle mewn
blodeugerdd o ganu rhydd cynnar'. (10) Fe gofir mai byrdwn y gerdd yw
gofid ei hawdur am yr anrheithio a fu ar elltydd Glyn Cynon. I ddyfynnu
Dr Christine James, a wnaeth astudiaeth fanwl a gloyw o'r gerdd: (11)

y mae'n berffaith glir...mai'r hyn a gyffrôdd awen y bardd
anhysbys oedd torri coedwigoedd naturiol Glyn Cynon i'w
troi'n olosg i fwydo gweithfeydd haearn o eiddo Saeson,
scenario hanesyddol y gellir cysylltu'i ddechreuadau ag Oes
Elisabeth I.(12)

Prin bod eisiau atgoffa neb o'r ing a'r dicter cyfiawn yn gymysg â'r
hiraeth sy'n hydreiddio'r gerdd nodedig hon, ac sydd i'w deimlo mor
amlwg wrth ei darllen heddiw [Codir y testun o erthygl Christine
James]:

llawer bedwen glas i chlog
ynghrog i bythor sayson
sydd yn danllwyth mawr o dan
gen wyr yr hayarn dvon...

gwell i dylase y sayson fod
ynghrog yn waylod eigion
vffern boen yn kadw i plase,
na thori glas glyn kynon...

Myna i wnythur arnyn gwest
o adar onest ddigon,
ar ddyllyan dan i nod
a fyna i fod yn hangmon.

Yn y pennill olaf mae'r bardd yn defnyddio confensiwn digon cyffredin yn y Canu Rhydd, lle ceir yr awdur yn aml iawn yn ei enwi ei hun:

ag o daw gofyn pwy a naeth
hyn o araeth greylon...

Ond nid ei enw a gawn ni yma, ond yn hytrach y rheswm pam y cyffrowyd ef i ganu mor angerddol, sef:

dyn a fy gynt yn kadw oed
dan forest koed glynkynon.

I ddyfynnu Christine James unwaith eto:

Cerdd brotest yw 'Coed Glyn Cynon', cerdd ecolegol, cerdd werdd, cerdd sydd yn gweiddi yn erbyn y perygl real o golli am byth amgylchedd naturiol a brau. (13)

Nid oes modd rhoi blwyddyn benodol i'r gerdd am Goed Glyn Cynon – gall fod yn gynt na'r cerddi y soniwyd amdanynt uchod, a gall fod yn ddiweddarach – ond am y gerdd nesaf, y mae modd unwaith eto rhoi dyddiad pendant iddi. Baled newyddiadurol sy'n perthyn i'r flwyddyn 1595 yw hon – o waith y Lifftenant Wiliam Peilyn, ac sy'n dwyn y teitl: 'Ymddiddan rhwng Gwr ar Pelican Sêf Hanes Bagad o Gymru a aethant yn Amser y Frenhines Elisabeth drwy ei Gorchymyn hi ir Gorllewin India i ddiâl ar, ag i anrheithio'r Hispaenwyr'. (14) Sylwer mai ymddiddan sydd yma, confensiwn hoff gan y baledwyr bob amser. Rhan o griw mwy ar fwrdd un llong oedd y 'bagad' Cymry, a'r llong honno yn un o fflyd fechan, a aeth ar ymgyrch forwrol, o dan gapteniaeth Amyas Preston a George Somers, i India'r Gorllewin mewn ymdrech i leihau dylanwad y Sbaenwyr yn y parthau hynny. Wrth y pelican yr adroddir eu hanturiaethau yn y gerdd, ac yntau yn ei dro yn addo dod â'r hanes yn ôl i Gymru:

> Gann eich bôd morr bell o'ch gwlâd
> Mi af yn gennad trosoch
> I fynegi 'ch Ffrins i gyd
> Y Sutt, ar Byd sydd arnoch.

Baled hir, ddiddorol, llawn cyffro yw hon, ac yn sicr yn enghraifft ragorol o faled newyddiadurol, sy'n glynu'n lled glos at yr adroddiadau a geir am yr ymgyrch arbennig yma yn y llyfrau hanes:

> Oddiyno'r aethom Nôs a Dydd
> Dros Fynydd uwch na'r Mynydd drâw
> Heb orphwyso awr mewn lle
> Nes dywad i Dre Saint Iagaw

Sef Santiago de Leon, hen enw Caracas, prifddinas Venezuela.

> Entrio yno i'r Ddinas fawr
> Ai churo'i lawr ai llosgi
> A rhoi i orfedd ar ei hyd
> Y Gwyr igyd oedd ynddi.

Disgrifir wedyn ysgarmes arall y bu rhai o'r 'bagad Cymry' yn y criw, yn dyst ac yn rhan ohoni, sef Capten Roberts, Huw Miltwn, Lifftenant Salbri, Sersiant Huws, Wil Tomas a Wil Jones, fel yr enwir hwy gan yr awdur. Nid yn erbyn y Sbaenwyr y tro hwn, ond yn erbyn rhai o'r brodorion, a elwir yn 'Ganibaliaid creulon' yn y gerdd:

> Pobl ydynt fal Eirth Dîg
> Yn bwytta Cîg Cristnogion.

> Gwedi dywad siwrne faith
> Eilwaith at ein Llongeu
> Y Gelynion Dêg am un
> Oedd yn ein herbyn ninneu.

> Rhai o'n hôl, a rhai o'n blaen
> A Rhai yn Drayn o'n deutu
> Fo fu rhyngom ymladd mawr
> Do bedair awr or un tu.

Roedd gan y morwyr rhyw fath o ddrylliau i'w hamddiffyn eu hunain, ond nid oedd y fasnach arfau wedi cyrraedd y 'canibaliaid' eto:

> Hwynthwy'n danfon yn eu Dîg
> Grymm mawr, wenwynig Saetheu
> A Ninneu'r Bwlets Plwmm iw crwyn
> Yn talu'r Echwyn adreu.

> Ni fuom felly ddwy Lêg hîr
> Yn ynnill Tîr wrth arfe,
> Cin cael tynnu saeth o gîg
> Ein gwyr briwedig ninne.

Mewn erthygl yn y *Cymmrodor* yn 1916, fe esbonir mai Syr Hugh Myddleton yn ddiweddarach, yw'r Huw Miltwn a oedd yn un o'r bagad Cymry, sef y gŵr o Ddinbych, a aeth yn ddiweddarach i ogledd

Ceredigion i wneud elw sylweddol iawn yn y gweithfeydd mwyn plwm yno, a gwario llawer ohono ar y cynllun 'New River' fel y gelwid ef, i ddod â chyflenwad o ddŵr glân i ddinas Llundain. Ac er na ddywedir hynny, mae'n dra thebyg fod ei frawd William Myddleton hefyd ar y fordaith. Ef fel y cofir, a benderfynodd drosi'r Salmau i rai o'r mesurau caeth, a gwneud hynny yn ôl ei dystiolaeth ei hun, yn ystod ei oriau hamdden ar ymgyrchoedd morwrol fel hyn, a thasg y cofnodir iddo ei chwblhau yn India'r Gorllewin yn 1595, sef blwyddyn y fordaith a ddisgrifir yn y faled hon. Yn yr un erthygl yn y *Cymmrodor*, cawn wybod mai Huw Gwyn Salesbury, cefnder i William Salesbury, yw'r 'Lifftenant Salbri', a oedd hefyd ymhlith y bagad Cymry.

Mewn un pennill ceir yr awdur yn ymfalchïo yn stamina'r Cymry ochr yn ochr â'u cyd-filwyr o Loegr. 'Dos', meddai, wrth y Pelican:

Dôs, Mynega hynn yn Hy
Yn bôd Ni'r Cymru'n wychion
Ond marw, a llâdd, a mynd yn wann
Y Drydedd rann o'r Saeson.

Er nad yw'r faled yn sôn am ddychweliad y llynges ar ôl yr ymgyrch, dywed haneswyr wrthym iddi ddod i dir yn ddiogel yn Aberdaugleddau ar ôl mordaith o chwe mis, a digon o ysbail o dan yr hatsys i blesio'r Frenhines.

Cyfeiriwyd uchod at y nifer helaeth o faledi am lofruddiaethau a geir ymhlith y rhai a gyfansoddwyd o ddechrau'r cyfnod argraffu yng Nghymru yn y ddeunawfed ganrif. Ond fel y pwysleisiwyd eisoes, yr oedd llofruddiaethau yn bod yng Nghymru cyn hynny, yn ogystal â cherddi amdanynt, a sylwir yn fyr ar un ohonynt yma. Ysgrifennwyd hi yn y flwyddyn 1600 am ddigwyddiad yn y flwyddyn honno, a gwelir hi mewn llawysgrif yn y Llyfrgell Genedlaethol. (15) Hanes gŵr o blwyf Rhiwabon a geir ynddi, a flinodd ar dalu 'chweswllt crwn bob chwarter' i gynnal ei fab gordderch, ac a benderfynodd ei ladd, drwy ei osod mewn sach, clymu maen wrth y sach, a'i thaflu i lyn deugain llath o ddyfnder, meddir, a elwir yn Pwll y Glo yn y faled. Ond daeth y sach yn rhydd oddi wrth y maen:

fo nadodd krist o i'r gwaelod
am wneuthur drigioni heb wybod
fo ddoy dduw ar Corffûn gwyn
i wuneb y llyn yn barod
fo ddaeth heibio eneth fechan
o gwmpas chwe blwydd oedran
wrth ben y pwll lle yr oedd y braw
hi wele law dyn bychan.

Ac yna sonnir am ddynion yn dod â 'bache' i dynnu'r corff bach o'r dŵr, y fam yn cyrraedd, ac yna'r llofrudd ei hun, a fydd, meddai'r baledwr, cyn hir yn crogi wrth sibed. Mae'n gorffen yn un o ddulliau traddodiadol eraill y canu rhydd drwy fydryddu dyddiad y digwyddiad ac enw'r awdur:

Mil a chwechant union
oedran yr arglwydd cyfion
pan naed y weithred hon
ynghanol plwy ryw abon.

os gofyn neb yn unlle
pwy gane y dyrie
Robert Thomas wrth i chwant
yn berchen plant oedd ynte.

A gadael trefn amseryddol y cerddi newyddiadurol hyn am ychydig, a neidio ymlaen hanner can mlynedd i fis Mawrth 1650, ceir baled arall a oroesodd ac sy'n sôn am lofruddiaeth yn y flwyddyn honno. Yn Lloegr y bu'r digwyddiad y tro hwn, yn swydd Henffordd, ac yr oedd canu am lofruddiaethau a ddigwyddai y tu allan i Gymru, fel y soniwyd eisoes, yn gyfarwydd iawn i faledwyr y ddeunawfed ganrif a'r ganrif ddilynol. William Grismond oedd enw'r llofrudd, ac fe lofruddiodd morwyn a oedd yn ei wasanaeth, ac yn disgwyl ei blentyn. Mae baled Saesneg hefyd ar gael am y llofruddiaeth arbennig hon, a'r hyn sy'n ddiddorol yw mai'r llofrudd ei hun sy'n adrodd ei hanes yn honno, yn hytrach na'r baledwr yn y trydydd person – confensiwn gyson yn y baledi llofruddiaeth Saesneg hyd ddiwedd cyfnod y faled, fel petai pob llofrudd condemniedig o Sais hefyd yn dipyn o brydydd. Ond confensiwn na ddynwaredwyd mohoni ond yn anfynych iawn gan y baledwyr Cymraeg oedd hon. Yn y faled dan sylw am William Grismond, fel yn y rhan fwyaf o ddigon o faledi llofruddiaeth y ddeunawfed a'r bedwaredd ganrif ar bymtheg, yn y trydydd person yr adroddir yr hanes. Cawn wybod ar ddiwedd y faled Gymraeg mai Sampson Edwards y Gwŷdd a'i lluniodd, sef awdur y faled honno a fu'n boblogaidd tu hwnt hyd at ein dyddiau ni bron, sef 'Cerdd y Blotyn Du', enghraifft gynnar arall o faled newyddiadurol.

I ddychwelyd at drefn amseryddol y cerddi unwaith eto, un o'r straeon mawr a gysylltir â theyrnasiad olynydd Elisabeth, Iago'r Cyntaf, yw Brad y Powdwr Gwn, 5ed o Dachwedd 1605, ac yma eto gwelir y baledwr o Gymro'n achub ei gyfle. Mae dwy gerdd Gymraeg am y digwyddiad wedi goroesi, y naill gan Siôn Lewis ap Siôn Wynn o Dywyn, Meirionnydd a'r llall gan Siôn Morys, dau fardd nad oes odid ddim gwybodaeth amdanynt fel arall. Eiddo'r bardd o Dywyn yw'r gerdd lawnaf o ddigon. (16) Yn hon fe enwir pob un o'r wyth cynllwynwr a ddioddefodd y gosb eithaf fel canlyniad i'r brad, ac y mae'r ffaith nad oes gyfeiriad at Garnet, yr offeiriad pabyddol a ddienyddiwyd yn ddiweddarach am ei fod yn gwybod am y cynllwyn ond heb dynnu sylw'r awdurdodoau ato, yn awgrymu cyfansoddi'r faled yn weddol fuan ar ôl y digwyddiad ei hun. Yn ôl Brinley Rees yn ei gyfrol *Dulliau'r Canu Rhydd*, cofrestrwyd naw baled Saesneg am Frad y Powdwr Gwn yn y cyfnod, ond un yn unig sydd wedi goroesi, ac am ddienyddiad Garnet mae honno.(17) Petai'r lleill ar gael, tybed a fyddai ynddynt ambell fanylyn a geir gan Siôn Lewis a Siôn Morys yn eu baledi hwy? Mae'r ddwy faled yn cyfeirio at farelau o gwrw neu win, fel petaent yn awgrmu mai felly rywsut y llwyddwyd i gael y casgenni powdr i mewn o dan Balas Westminster. Ym maled Siôn Lewis ceir un o'r milwyr a ddaeth o hyd i Guy Fawkes yn y seler yn ei annerch fel hyn:

Beth yr owan yr hen gadno
mae hi yn amryd itti i rodio

gwilia vod mewn twyll drigioni
pam na bessit yn dy wely.

Ac y mae yntau'n ateb iddo ddod yno i:

Edrych bir a diod lawer
sydd i meistr yn y seler...
Mynna vroetsio r hain oi kyrre
mynna i brovi r ddiod ore

Ond yn anffodus iddo ef nid oedd y milwyr yn barod i dderbyn ei stori:

taro peik mewn baril gadarn
oni neidiodd powdwr allan.

Yn y faled Gymraeg arall, gan Siôn Morys, (18) mae eco o'r un peth:

Kaffael kennad traetha uwch wir
i gario bir yw werthu
a chwedy darfod yn ddiwad
ir bradychiad dyvu...

yn lle barile bir yn ddic
gwin a seigic(?) siwgwr
rhai a roddodd gwyr Duw ne
ffals farile powdwr.

Byddai'n ddiddorol gwybod o ba le y cafodd y ddau Siôn yr achlust hwn, gan nad oes gyfeiriad ato o gwbl yn y cofnod maith a manwl o'r achos yn erbyn y cynllwynwyr (y gellir ei weld ar y We bellach), nac ychwaith yn yr astudiaeth safonol ddiweddaraf o'r helynt, *The Gunpowder Plot: Terror and Faith in 1605* (1996), gan Antonia Fraser. Ai tybed bod rhyw stori felly yn mynd o gwmpas ar y pryd, ac iddi gael ei chofnodi efallai yn un neu ragor o'r baledi Saesneg coll y cyfeiriwyd atynt uchod? A bod y ddau Gymro, neu un ohonynt wedi ei gweld yno? Neu a oedd rhyw gysylltiad Llundeinig arall? Un o feirdd enwog y cyfnod a ganai yn y mesurau rhyddion oedd Richard Hughes, Cefnllanfair, a oedd yn swyddog yn y llys brenhinol, ac meddai Dr Nesta Lloyd:

Fel un o ffwtmyn y Brenin mae'n gwbl bosibl y byddai Hughes, yn rhinwedd ei swydd, yn un o'r osgordd a hebryngai'r Brenin i Dŷ'r Arglwyddi ar 5 Tachwedd 1605, y bore pan oedd Gwido Ffowcs a'i gyd-gynllwynwyr yn bwriadu chwythu'r brenin, ei deulu agos a'i lywodraeth i ebargofiant.(19)

Tybed a ddaeth y stori am y barilau cwrw ar y winwydden farddol o Lundain i Gymru? Pwy a wyr – ond difyr yw dyfalu.

Ail fab i'r Brenin hwn na lwyddwyd i'w chwythu i ebargofiant oedd Siarl, a ddaeth yn Dywysog Cymru ac yn aer y Goron yn 1616 pan fu farw'i frawd hynaf, Henry. Yn 1623 aeth Siarl ar daith i Sbaen i geisio am law merch y brenin yno, ond gwnaed yn glir y byddai'n ofynnol iddo gefnu ar ei Brotestaniaeth, a chofleidio'r Hen Ffydd os oedd am lwyddo yn ei gais, a dychwelodd yn waglaw i Loegr. Gollyngdod a rhyddhad mawr i lawer oedd hyn, yn enwedig i'r Piwritaniaid a arswydai wrth feddwl am aer y Goron yn priodi pabyddes. Yn eu plith yr oedd y Ficer Prichard o Lanymddyfri, ac yn *Canwyll y Cymry*, a gyhoeddwyd, wrth gwrs, flynyddoedd ar ôl marw'r Hen Ficer, mae cerdd yn dwyn y teitl hwn:

Fel y deallir y Gân sydd yn canlyn, bydded hyspys i'r Darllenydd, fyned Brenin Charles I. i *Spain* pan oedd ef yn *Dywysog Cymru*, mewn Bwriad i briodi Merch Brenin y Deyrnas honno. A phan yr oedd Teyrnas *Lloegr* yn llawn o Ofn na adawai'r *Spaniaid* iddo byth ddychwelyd adref, fe welodd Duw fod yn dda i ddyfod âg ef i Dref yn iach-lawen; ac ar hyn fe wnaeth Ficer Prichard y Gân hon.(20)

Cân hir a ysbrydolwyd unwaith eto gan ddigwyddiad arbennig:

Spain a fynnai mewn cyfrwysder,
Cadw'n *Prins* dros ddyddiau lawer;

Duw a gwlad a fynnai, er hynny,
Fyrr ymchweliad *Prins y Cymru*...

Y pummed dydd o fis October,
Ar ddydd sul, dair awr cyn hanner,
Y dygodd Duw, dan lawenychu,
I dir *Lloegr, Brins y Cymru*.

Cynner tân a bonffires fagad,
(Tân sy'n dangos gwres ein cariad)
Fel y gwelo'r byd o bobtu,
Faint yw'ch serch i *Brins y Cymru*.

Weithiau bydd baledwyr y ddeunawfed a'r bedwaredd ganrif ar bymtheg yn canu am ddigwyddiadau na fyddai, efallai, yn cael penawdau breision mewn papur tabloid heddiw, ond a gâi golofn o bosib mewn papur lleol. Ystyrier baled Ywain Meirion er enghraifft, am 'yr ystorm a'r llif dychrynllyd ynghyd â'r golled o fywydau a meddiannau a gymerodd le yn siroedd Ceredigion a Meirion yn niwedd Gorffennaf...1846', a llu o rai eraill tebyg iddi. Ond yr oedd baledwyr yn cofnodi digwyddiadau lleol o'r fath ymhell cyn hynny, fel y dengys un gerdd arall y dymunir cyfeirio ati. Cadwyd hon eto mewn llawysgrif – un o lawysgrifau Peniarth yn y Llyfrgell Genedlaethol, nad yw bob amser yn hawdd ei darllen – ac ysgrifennwyd hi gan Hwmffre Dafydd ab Ifan, clochydd Llanbryn-mair yn 1634. (21) Mae ganddo stori hynod i'w hadrodd yn y faled hir hon o hanner cant a thri o benillion pedair llinell, mesur Triban Morgannwg, sydd wedi ei rhannu'n ddwy ran. Yn y rhan gyntaf cyfeiria'r bardd at gyfnod wyth mlynedd yn gynharach, pan ddigwyddodd i fwthyn yn ardal Llanbryn-mair syrthio â'i ben iddo yn ystod storm fawr o eira, a lladd pump o bobl a drigai ynddo. Ymhen peth amser wedyn, yn ôl y gân, codwyd bwthyn arall ar yr un safle:

ag yno ty a seiliwyd
[y]n gadarn ac a godwyd

yn yr vn anhapys fan
vwch ben y dwrstan aelwyd

A daw'r rhan gyntaf i ben gyda'r wybodaeth honno:

[ ]chwi glowsoch ddwedyd yma
[sut] bu r digwydd cynta
[mae]n y mryd i draethu nawr
[y digwydd] mawr diwaetha.

Ac â yn ei flaen yn yr ail ran i adrodd stori sy'n tueddu i wrthbrofi'r
'gwirionedd' hwnnw a ddywed nad yw mellten yn taro'r unfan
ddwywaith, er mai am eira, nid mellt y sonnir yma. A'r tro yma cawn
dystiolaeth llygad-dyst, oherwydd i bob golwg canu amdano ef ei
hun a'i deulu mae'r bardd. Ef oedd tenant y tŷ, ac yn byw o dan yr un
to ag ef, meddai, yr oedd ei wraig, Marged, ei mam oedrannus, dau
fab a merch o'r enw Cadi – chwech o bobl i gyd. Ac yna, ar y 23ain o
fis Ionawr 1634:

y bore codi wnaethon
y gwr ai wraig ai feibion
er creuloned oedd yr hin
heb arwydd blin beryglon.

Ond gwaethygodd y tywydd yn ystod y bore:

fo ddaeth y lluwch or daren
ar ty yn wysg i dalcen
aeth i lawr gan ddyrnod hon
fel ergyd kanon milen.

Yna ceir disgrifiad manwl o'r hyn ddilynodd. Un o'r meibion yn
llwyddo i dynnu ei frawd a'i fam drwy dwll yn y to, y fam-gu a'r ferch
o dan lwyth o gerrig ac eira, a'r tad, sy'n cofnodi'r hanes, yn gorwedd
ar y llawr yn beryglus o agos i'r tân, a thrawst trwm ar draws ei goes:

y neilldroed oedd yn rhewi
dan lwyth o eira difri
ar troed arall medd fy [nghân]
ai [b]laen yn tan yn llosgi.

Danfonir y ddau fachgen yn 'droednoethion / i gyrchu cymydogion',
a chyn pen dim yr oedd nifer o'r rheini wedi cyrraedd yno:

gymdogion a ddoeth atto
bu Igain gwr yn gweithio
or bore tan burhadd y dudd
heb gael yn rhydd mo hono.

Ond yn y diwedd, llwyddo, a'i ddwyn 'ar elor' i Ddolgadfan am
ymgeledd rhywun yno. Pan gafwyd y fam-gu allan o dan y cerrig a'r
lluwch, yr oedd yn farw, ond yr oedd y ferch, Cadi, 'ar enaid ynddi',
meddai'r gân, er iddi fod yn gorwedd:

tan bwys y ty ar lluwch [yn] fawr
o spas wyth awr ag Igien

Ac fe ddaw Hwmffre ab Ifan â'i gân hir i ben drwy ryfeddu at ffyrdd
rhagluniaeth. Pump o bobl yn cael eu lladd gan eira, ac yna wyth
mlynedd yn ddiweddarach, yn yr un man, pump o bobl yn cael eu
hachub.

Cyfeiriwyd uchod at 'Brins y Cymry' yn mynd i Sbaen yn 1623 i
chwilio am wraig, ac i'w deyrnasiad ef, wedi iddo etifeddu'r orsedd,
y perthyn baled am frwydr ar y môr rhwng Sbaen a'r Iseldiroedd yn
1639, a hynny oddi ar arfordir Lloegr, a gyfieithwyd, yn yr achos
yma, i'r Gymraeg gan ryw Evan Thomas, ac sy'n llawn o swn a
mwstwr yr ymladd: (22)

Yn ol hyn bv chware chwerw
y kanans mawr y[n] rhvo yn arw
heb orffwys lladd vn mvnyd
nes cymysgv y mor [yn] waedlyd.

Buddugoliaeth i'r Iseldirwyr oedd y canlyniad:

yno darfu ir hollands eyred
fartsio i drwms a sowndio i drwmped
o lawenydd mawr oi rioledd
rhoi gylynion yn gelanedd.

Ac unwaith eto bu llawenydd mawr o weld y llynges Sbaenaidd yn cael ei saethu'n ddarnau, oherwydd yr oedd si drwy'r deyrnas y tro hwn ei bod ar ei ffordd i Brydain, ar wahoddiad y Brenin, a hynny i gynnal ei freichiau yn ei gweryl â'r Senedd. Daw'r gerdd i ben â'r pennill:

O Daw gofyn rhwng britanied
pwy o fil a wnaeth y faled
Evan Thomas yn byr ffyddlon
ai trovs yn byr o Jaeth y saeson.

Yr enghraifft gynharaf, efallai, o ddefnyddio'r gair 'baled' am gerdd newyddiadurol.

Cyn bo hir yr oedd Prydain ei hun yng nghanol sŵn ymladd, oherwydd dyma flynyddoedd y Rhyfeloedd Cartref rhwng y Brenin a'r Senedd, a arweiniodd yn y pen draw at dorri pen y Brenin, ac at Werinlywodraeth Olifer Cromwell. Yng Nghymru yr ymladdwyd un o frwydrau mwyaf gwaedlyd yr Ail Ryfel Cartref, sef ar lannau Afon Elái, ger Sain Ffagan ar yr 8fed o Fai 1648, pan laddwyd 200 o gefnogwyr y Brenin mewn dwy awr o frwydro ffyrnig. Mae cerdd ar glawr sy'n cyfeirio at y frwydr hon, o waith Wiliam Saunders neu Sawndwr o Landochau ym Morgannwg. Fe'i cofnodir yn un o lawysgrifau Iolo Morganwg, ond yn yr achos hwn mae Griffith John Williams, sy'n cyfeirio ati fel 'cân eithriadol o ddiddorol' yn weddol ffyddiog mai cân ddilys ydyw, ac nid un a gyfansoddwyd gan Iolo a'i thadogi ar arall. Mae'n gân swynol iawn, ar ffurf ymgom – dyma hoffter y baledwr o'r ymgom neu'r ymddiddan yn dod i'r golwg eto – rhwng merch ifanc a'i chariad a laddwyd yn y frwydr: (23)

Do! do! di gest dy glwyfo ar fore teg o Fai
A'th waed yn ffrydio cymaint nes cochi dwr Elái
Na bysai rhyw drugaredd bob defnyn bach yn dwyn
Y gwaed o nghalon innau fy nghariad er dy fwyn.

Cân unwaith eto a ysbrydolwyd gan ddigwyddiad hanesyddol arbennig, ac y gellir ei derbyn i'r gorlan 'newyddiadurol'. Ac y mae eraill sy'n perthyn i'r cyfnod terfysglyd hwn, ac yn enwedig ar ôl dyddiau Cromwell ac adferiad y Frenhiniaeth, megis cerdd Rowland Fychan o Gaer-gai, sy'n efelychiad o gân Saesneg hynod o boblogaidd yn ei dydd, 'When the King enjoys His Own Again':

ni ddichon kledd, fyth wneuthur hedd
nes kaffo Charles, i eiddo i hun. (24)

A cherdd Huw Morys 'Croeso i'r Arglwydd Mwnc i Lundain yn y flwyddyn 1660', sef yr Arglwydd George Monk, milwr o fri a ymladdodd dros Cromwell yn erbyn y Brenin, ac a anfonwyd i heddychu'r Alban. Ond yn yr helbul a'r cyffro a ddilynodd marwolaeth Cromwell, daeth Monk i'r casgliad mai adfer y Frenhiniaeth oedd yr unig feddyginiaeth, a gorymdeithiodd ar flaen ei fyddin o'r Alban i Lundain er mwyn dod â hynny i ben. Yn naturiol yr oedd y Brenhinwr selog Huw Morys wrth ei fodd, a gwelai ddydd dial yn dod yn fuan i ran y rhai a wnaeth frad eneiniog Duw, fel y syniai ef am y Brenin:

Moliant fo i ti, Arglwydd, drwy ffrwythydd burffydd bwnc,
O roi cleddyf grym cyfiawnder, yn nwylaw'r Arglwydd Mwnc;
Ei nerth pan ga'dd yn chwyrn fe chwra'dd, i ddial lladd y llew,
I chwilio ffau'r llwynogod a gwalau'r tyrchod tew.(25)

Bu Huw Morys fyw trwy deyrnasiad Siarl II, Iago II, William a Mari, a rhan o deyrnasiad y Frenhines Anne, ac y mae ganddo nifer o gerddi newyddiadurol sy'n arddangos ei deyrngarwch cynnes iawn i'r Goron, pwy bynnag oedd yn ei gwisgo. Canodd am y cynllwyn i ladd Siarl II a'i frawd Iago yn 1683 – y 'Rye House Plot' fel yr adnabyddir ef yn hanes Lloegr, ac am frwydr ar y môr yn 1692 rhwng Lloegr a'r Iseldiroedd o dan y Brenin William o Oren ar y naill law, a Ffrainc ar y llall:

> Chwi a glywsoch â'ch clustiau, fawr son ar ôl C'lanmai,
> Mor chwerw a fu'r chwarau, drwy arfau ar y dw'r,
> Gwyr *Wiliam* reolus, a gurodd dwyllodrus
> Wyr *Lewis* binc, hoenus, ben cynhwr'.

> Er bod yno filoedd, yn meirw yn y moroedd,
> 'R oedd llwyddiant Duw'r lluoedd o'r Nefoedd i ni,
> Ni bu well chwar'yddion, yn chwarau â chigyddion,
> Na mwy o *Babyddion* yn boddi.(26)

A allai Ywain Meirion neu Dic Dywyll ddoedyd yn amgenach wrth gofnodi buddugoliaethau Prydain Fawr yn eu dyddiau hwy?

Rhyw gipolwg brysiog fel yna felly ar gynnwys rhai (a phwysleisir 'rhai') o gerddi 'newyddiadurol' y cyfnod cyn dechrau argraffu yng Nghymru. Mae'n hollol amlwg mai cerddi i'w datgan mewn rhyw fodd neu'i gilydd o flaen cynulleidfa oedd y rhain. Yn aml iawn, enwir y dôn i ganu'r gerdd arni ar y dechrau, a cheir gwahoddiad yn y llinellau agoriadol i ddod i wrando ar y traethu:

> dowch y nes er lles in llowydd
> i wrando hyn o hanes newydd

meddai un baledwr anhysbys wrth ddechrau ei gân uchod am y frwydr honno rhwng y Sbaenwyr a'r Iseldirwyr.

> Pob mab a garo feinferch
> Gwrandewch ar fwyn i manerch

meddai awdur y gerdd am foddi'r mab gordderch yn Rhiwabon. A gwelsom Thomas Jones, Llandeilo Bertholau, ar ddechrau ei gerdd am yr Armada, yn annerch ei blwyfolion. Ond os canu, os perfformio, ymhle felly y câi'r canwr ei gynulleidfa? Yr ateb mae'n debyg yw – yn yr un man ag y câi baledwyr y ddeunawfed ganrif a'r ganrif ddilynol eu cynulleidfa – yn y ffair a'r farchnad ac ar y stryd. Mae digon o gyfeiriadau at faledwyr yn canu a gwerthu baledi ar y stryd yn Lloegr mor gynnar â theyrnasiad Harri VIII o leiaf, ac at gosbi llawer baledwr am nad oedd yn wleidyddol gywir pan geisiwyd adfer yr Hen Ffydd gan Fari Waedlyd. Mae'r cywyddwr Siôn Mawddwy, a anwyd yn ystod teyrnasiad Elisabeth, yn sôn mewn un cywydd am ffair y bu ef ei hun yn ei mynychu yn un o drefi'r Gororau, ac ymhlith y pethau a welodd ac a glywodd yno oedd:

> Baled a ddôi, heb oludd,
> O ben crogyn, rheffyn rhydd.(27)

Mae John Walters y geiriadurwr o Forgannwg yn niwedd y ddeunawfed ganrif yn diffinio'r gair 'crogyn' fel 'a fellow fit for the gallows', felly pobl yr ymylon oedd y baledwyr bryd hynny hefyd, fel y buont hyd ddiwedd eu cyfnod. Os oedd yr arferiad mor gyffredin yr ochr draw i'r Clawdd, mae'n anodd credu nad oedd yr un peth yn wir yr ochr yma hefyd. Prin yw'r dystiolaeth, ond ceir ambell welltyn yn y gwynt weithiau. Yn y faled am Frad y Powdr Gwn o waith Siôn Lewis o Dywyn, dyma, meddai, y bwriadai wneud â hi:

> Mi a i blasse r boneddigion
> mi a ga sir a chroesso ddigon:
> yn ol kinio moes di glowed
> glod i vrenin y brytanied.

Felly fel y cywyddwyr, a oedd yn dal i glera yn y cyfnod, yr oedd iddo yntau hefyd, a'i faled ar fesur Triban Morgannwg, groeso mewn plas – arfer a barhaodd ar dro o leiaf hyd y bedwaredd ganrif ar bymtheg, oherwydd yn 1859 mae'r baledwr Ywain Meirion yn cyfeirio mewn llythyr at wledd ym Mhlas Gogerddan ger Aberystwyth i ddathlu dyfodiad aer y stad i'w oed – gwledd yr oedd ef yn bwriadu ei mynychu, a lle canodd, yn ôl pob golwg, y faled a ysgrifennodd ar gyfer yr achlysur – ar y dôn 'Glân Medd-dod Mwyn'.(28) Ond y mae Siôn Lewis yn ei faled ef am Frad y Powdr Gwn, ar ôl cyfeirio at y croeso a ddisgwyliai ar yr aelwydydd breiniol, yn mynd rhagddo i ddweud hyn:

Ni adawa i vn llan nac vn dyrfa
ffordd i rhodiwy mi ai kana
mi a ga barch am gael i chlowed
kerdd i vrenin y Brytannied.

Hynny yw, lle bynnag y byddai tyrfa o bobl wedi ymgynnull ynghyd, byddai'r baledwr hwn yno yn canu ei gân – yn union fel byddai Dic Dywyll, nid yn unig yn crwydro'r ffeiriau a'r marchnadoedd, ond yn canu i'r cannoedd o weithwyr haearn ar strydoedd Merthyr ar nos Sadwrn pae, neu Ywain Meirion yn canu i'r ymwelwyr haf ar draeth Aberystwyth, neu Abel Jones, 'Bardd Crwst', yn canu i dyrfa y tu allan i eisteddfod fawr yng Nghorwen ym mlynyddoedd olaf y bedwaredd ganrif ar bymtheg, yn ôl tystiolaeth Tegla a oedd yn bresennol ac a'i gwelodd. Mae rhyw fannau cyffwrdd, fel y soniwyd ar y dechrau, i'w canfod fel hyn yn aml, ac yn tanlinellu hynafiaeth a pharhad y traddodiad.

Mae baledwr arall anhysbys a ganodd glod y Brenin Siâms, yn cyfeirio'n benodol at ganu mewn ffair:

Yngharol os kana ymhob ffair ymhob tyrfa
pob arglwydd or mwia am gwrandaw[o]
fo fydd ym groesso ym hob gwlad
Rhag maint y kariad sydd iddo.

Mae'r baledwr hwn, pwy bynnag ydoedd, yn cyfeirio ato ef ei hun fel '[p]rydydd hwyrfrydig dall anysgedig', ac os ceir cyfeirio eto at Ywain Meirion, fe glywir yr un tinc ymddiheuriol yn un o'i gerddi ef, dros ddau gant a hanner o flynyddoedd yn ddiweddarach:

Fy enw a graffwch, Owen Gruffydd,
Heb ddysg im rhan pur wan awenydd. (29)

Y mannau cyffwrdd eto.

Sut tybed y câi awduron cynnar y cerddi newyddiadurol hyn eu gwobr? Yr oedd gan eu cymrodyr yn Lloegr, neu o leiaf yn Llundain, ers tro byd, faledi argraffedig i'w gwerthu am arian. Mor gynnar â 1543 pasiwyd deddf – Deddf Hyrwyddo Gwir Grefydd – sy'n cyfeirio'n benodol at 'faledi argraffedig', a'r perygl bod rhai ohonynt yn tanseilio gwaith yr eglwys a'i hoffeiriaid. Gan mai anymarferol i'r baledwr o Gymro fyddai argraffu ei waith cyn dechrau'r ddeunawfed ganrif, pan ddaeth yn bosibl gwneud hynny yn Amwythig, ac yna'n fuan iawn mewn sawl man yng Nghymru ei hun, rhaid dyfalu mae derbyn tâl am ganu'n unig a wnâi cyn hynny, a bod ganddo stoc o faledi ar ei gof y gallai ddethol ohonynt yn ôl y galw ac yn ôl yr amgylchiadau.

A phwy oedd y dynion hyn – a'r gwragedd o bosib? O leiaf yr oedd gwragedd ymhlith baledwyr y ddeunawfed a'r bedwaredd ganrif ar bymtheg Mae Thomas Parry yn *Baledi'r Ddeunawfed Ganrif* yn cyfeirio at faledwyr ac awduron baledi yn y ganrif honno. Yr oedd ambell glerigwr ymhlith yr awduron, meddai:

> Ond enwau fel hyn a welir y rhan amlaf: Hugh Lloyd y Gwŷdd; William Walters y Crydd; Hugh Evans y Gof; Owen Roberts, Joiner, Dafydd Jones, Teiliwr, Ellis Roberts y Cowper...(30)

Ac yn y blaen.

Onid yw'r darlun yn hynod debyg yn y cyfnod cyn hynny? Dyna Thomas Jones Llandeilo Bertholau ar un llaw, a Wmffre Dafydd ab Ifan y Clochydd ar y llaw arall. A beth am Siôn Lewis ap Siôn Wyn o Dywyn, Siôn Morris, Evan Thomas, Ifan Llwyd Sieffre o Ddinbych, ac eraill nad oes enw iddynt y cyfeiriwyd at eu cerddi uchod? Onid hwy tybed oedd cryddion a gofaint a gwehyddion a joiners eu cyfnod?

Yn sicr, parhau hen draddodiad a wnaeth baledwyr y ddeunawfed ganrif a'r ganrif flaenorol, a'r traddodiad hwnnw'n cael hwb sylweddol iawn pan ddaeth y wasg argraffu i Amwythig ac i Gymru ei hun yn fuan wedyn. Dim ond hyd flynyddoedd olaf yr unfed ganrif ar bymtheg y mentrwyd yn y sylwadau hyn, ond pa faint pellach yn ôl y gellid mynd? Mae Lewis Glyn Cothi yn y bymthegfed ganrif yn cyfeirio unwaith at ganu baled:

A chaned valed i verch.(31)

meddai. Pwy oedd yn ei chanu tybed? Ai un o'r beirdd 'annhechnennig' yr oedd Gruffydd Robert, yn ei alltudiaeth ym Milan yn 1567, yn cofio amdanynt yng Nghymru ei blentyndod, ac a fu'n rhan, efallai, o'r traddodiad llenyddol yng Nghymru erioed? Ond stori arall yw honno, a daeth yn bryd dod â'r stori hon i ben.

Nodiadau

1. Thomas Parry: *Baledi'r Ddeunawfed Ganrif* (Caerdydd, 1935) [29].
2. Geraint H. Jenkins: *Thomas Jones yr Almanaciwr 1648-1713* (Caerdydd, 1980), 36, 58.
3. Thomas Parry: *Hanes Llenyddiaeth Gymraeg hyd 1900* (Caerdydd, 1953), 134.
4. W. Ambrose Bebb: *Cyfnod y Tuduriaid* (Wrecsam a Chaerdydd, 1939), 216.
5. *Cylchgrawn Cymdeithas Hanes Sir Ddinbych* vi. (1955) 11-15.
6. D. Lloyd Jenkins: *Cerddi Rhydd Cynnar* (Llandysul, d.d.), 126.
7. T. H. Parry-Williams: *Canu Rhydd Cynnar* (Caerdydd, 1932), 391.
8. ibid. 367
9. J. H. Davies: *Cymdeithas Llên Cymru* II (Caerdydd, 1900-05), 7.
10. G. J. Williams: *Traddodiad Llenyddol Morgannwg* (Caerdydd, 1942), 142.
11. Christine James 'Coed Glyn Cynon' yn Hywel Teifi Edwards (Gol.): *Cwm Cynon* (Llandysul, 1997), 27-70.
12. ibid. 35.
13. 1bid. 47.
14. T. H. Parry-Williams, op. cit., 384.
15. Sotheby B2 (Llyfrgell Genedlaethol Cymru).
16. Brinley Rees: *Dulliau'r Canu Rhydd 1550-1650* (Caerdydd, 1952), 240.
17. ibid. 119.
18. Cwrt-mawr 203, 272. Ceir copi diweddarach yn LlGC 722, 165 lle gelwir y gerdd yn 'faled' yng nghorff y testun.
19. Nesta Lloyd: *Ffwtman Hoff: Cerddi Richard Hughes, Cefnllanfair* (Llandybïe, 1998), xxxviii-xxxix.
20. *Y Seren Foreu; neu Ganwyll y Cymry...* (Caerfyrddin. Dyfynnir o argraffiad 1798).
21. Peniarth 153, 78.
22. Brinley Rees, op. cit., 243.
23. LlGC 13160, 83.
24. Brinley Rees, op. cit., 250.
25. *Eos Ceiriog, Sef Casgliad o Bêr Ganiadau Huw Morus* (Gwrecsam, 1823) i. [214].

26. ibid. 226.
27. Thomas Parry: *Baledi'r Ddeunawfed Ganrif* [29].
28. Tegwyn Jones: *Baledi Ywain Meirion* (Y Bala, 1980), 64.
29. ibid. xxvii.
30. Thomas Parry, op. cit., 21.
31. ibid. [29].

Edward Hughes a Siôn Owen

Dau berson cymharol anenwog a enwir uwchben yr ysgrif hon, a dau y byddem yn gwybod hyd yn oed llai amdanynt onibai am y cymharol ychydig o lythyrau o'u gwaith sydd wedi goroesi. Ewythr a nai oeddynt, a chymaint â phymtheng mlynedd o leiaf rhyngddynt o ran oedran, ond dau enaid hoff cytûn er gwaethaf hynny, yn ymserchu yn yr un pobl a'r un pethau, ac yn cael hwyl ddrygionus wrth ddychanu a dilorni'r aelodau hynny o'r teulu nad oedd yn gymeradwy ganddynt. Daeth y ddau yn eu tro o wahanol siroedd yn y Gogledd i fyw am gyfnod yng ngogledd Ceredigion, er na fu'r baradwys ddaearol honno'n ddinas barhaus i'r naill na'r llall.

I ddechrau gyda'r ewythr – Edward Hughes. Yr oedd ef yn gefnder closaf i Lewis Morris (Llywelyn Ddu o Fôn), y ddau dad yn ddau frawd – Morris Prichard a Huw Prichard. Yn 1710 ymadwodd Huw Prichard, tad Edward Hughes, â sir Fôn ac ymsefydlu ar ddyddyn ar stad Mostyn ym mhlwy Chwitffordd yn sir Fflint. Mae'n bosib mai yno y ganed Edward Hughes a'i ddau frawd, William a Huw. Yno yn sicr y magwyd hwy er na wyddom ddim o hanes cynnar yr un ohonynt. Yn y gyfrol gyntaf o Lythyron Ychwanegol y Morrisiaid, mae'r golygydd, Hugh Owen, yn cyfeirio at Edward Hughes ac yn ei alw'n *cousin of Lewis Morris, with whom he went to Cardiganshire*'. Roedd Lewis Morris, pan oedd yn gweithio ar ei arolwg o arfordir Cymru ar ran y Morlys yn nhridegau'r ddeunawfed ganrif, wedi ei ddenu gan y diwydiant mwyn plwm a oedd yn ffynnu yng ngogledd Ceredigion ar y pryd, ac yn 1742, ac yntau ychydig dros ei ddeugain oed, penderfynodd fynd yno i geisio'i lwc, ac yno y treuliodd weddill ei fywyd, yn swyddog o dan y Goron yn y diwydiant plwm, ac yn berchennog gweithfeydd ei hun. Yno hefyd y priododd yr ail waith a mynd ati i ychwanegu naw o blant at y pedwar o'i briodas gyntaf ym Môn, er bod o leiaf bedwar ohonynt (rhwng y ddwy briodas) wedi marw yn eu babandod.

Fe ategir yr hyn a ddywed Hugh Owen am Edward Hughes yn dilyn Lewis Morris i Geredigion gan y ffaith fod llythyr wedi goroesi yn llaw Edward at gyfaill anhysbys yn sir Fflint, a ysgrifennwyd yn

Aberystwyth yn yr union flwyddyn yma, 1742. 'Wele fi'n awr', meddai,

> yn ysgrifennu attoch o wlad yr Addewid, gwedi ymadel o honof o Fangre'r Caethiwed...[Pwy] na adawai Wlad Grinsech o Gallestr i ddyfod i wlad yn llifeirio o Frandi a Chwrw.

Ar ôl cyfnod byr yn lletya yn Aberystwyth, symudodd Lewis Morris i bentref rhyw wyth milltir i'r dwyrain o'r dref, sef Cwmsymlog, a oedd yn ganolfan pwysig i'r diwydiant plwm, ac wedi bod felly er dyddiau Elisabeth y Gyntaf. Mae'n amlwg i Edward Hughes ei ddilyn yno eto, ac mae'n bosib iddynt rannu tŷ neu lety yn y pentref – mae un llythyr yn llaw Edward Hughes o'r cyfnod cynnar yma wedi ei gyfeirio oddi yno. Ond pan brynodd Lewis Morris fferm Allt Fadog, heb fod ymhell iawn o bentre bach Capel Dewi a Gelliangharad, gerllaw safle Eisteddfod Genedlaethol Ceredigion, Aberystwyth yn 1992, aros yng Nghwmsymlog wnaeth Edward Hughes er ei fod yn ymwelydd cyson ag Allt Fadog.

Roedd diddordeb mawr Lewis Morris mewn mwyngloddio o bob math yn ddigon o esboniad ar y dynfa arno ef i Geredigion, ond beth oedd yn denu Edward Hughes yno? Mae D. Lleufer Thomas mewn erthygl ar Lewis Morris yn y *Cymmrodor* 1901, yn honni mai *farm bailiff and factotum* i'w gefnder oedd Edward, ond amheus yw hynny o gofio mai pedair blynedd ar ôl cyrraedd y sir y prynodd Lewis Morris ei fferm, ac nid oedd Edward Hughes wedi'r cyfan yn byw arni, ond mewn pentre beth pellter i ffwrdd. Byddai'n haws credu iddo ddod i ogledd Ceredigion am fod ganddo eisoes brofiad o'r diwydiant mwyn plwm, oherwydd yr oedd hwnnw'n bod hefyd yn sir Fflint – mae'r cyfryw ddiwydiant, fel y cofir, yn gefndir i rai o gynllwyniau Capten Trefor yn *Enoc Huws* mewn oes ychydig yn ddiweddarach. Ond beth bynnag a'i cymhellodd i ddod, yn y diwydiant hwnnw yr enillodd Edward Hughes ei fara menyn tra bu yng Ngheredigion. Prawf arall nad beili a ffactotwm i'w gefnder ydoedd yw'r ffaith iddo weithio am ychydig i William Corbett, Prif Stiward Maenorydd y Goron yng Ngheredigion, un o Gorbetiaid Tywyn, Meirionnydd, ac un y byddai'n wiw gan y Morrisiaid ei alw'n

'Gorbedyn', ond collodd ei le yno, ni wyddys pam, a goruchwylio gwaith mwyn o eiddo Lewis Morris ei hun yng Nghwmerfin, am y mynydd â Chwmsymlog, y bu wedyn, yn enwedig pan fyddai'r Llew yn Llundain ar ryw berwyl gyfreithiol neu'i gilydd. Nid oedd gan Lewis Morris ryw lawer o olwg ar ei gefnder, a beiai ef yn barhaus am fethu â gweld ei gyfle i ddatgelu'r cyfoeth honedig a oedd o dan y ddaear yng Nghwmerfin. Beirniadai hefyd ei syched mawr, nodwedd a etifeddodd gan ei dad, meddai Lewis, mewn llythyr at ei frawd William yng Nghaergybi: *Ned Hughes by last account* [a gan ei wraig y byddai'n cael yr hanes]

> yn mynd yn feddwach, feddwach, fal ei dad, yn ffaelio tynnu'r dwr o'r gwaith gan dynnu cwrw. *My wife says she has given him up as incurable.*

Mewn llythyr arall at William mae'n colli'i limpyn yn llwyr wrth gyfeirio at Edward:

> [S]ucanwr pendeneu a hwyaden sychedig, blerwm bolerog a glafoeriwr chwydlyd.

Mae'n bwysig cofio wrth gwrs, mai Lewis Morris sy'n dweud hyn – un a gâi anawster bob amser i ganmol neb ond ef ei hun. I aelodau eraill o deulu'r Morrisiaid, yn ôl tystiolaeth eu llythyron, yr oedd Edward Hughes yn un derbyniol ddigon.

Gŵr dibriod oedd Edward yn ystod ei gyfnod yng Ngheredigion o leiaf. Cwynodd sawl gwaith wrth William Morris, ei gefnder o Gaergybi, am rhyw drafferthion oedd yn ei boeni rywbryd yn ystod 1752, a chael ei annog gan hwnnw i fod yn ddiolchgar nad oed ganddo deulu. Yn ei lythyr nesaf at William, mae'n ymateb:

> [R]ydych yn dannod na wn i ddegwm trafferthion perchnogion gwrageddos a phlantos, gwir yw na chymerais arnaf etto, ac er hynny rwyn deall mai trafferth fawr iawn ydyw ymofyn am wraig ddifai, ie, cyffelyb yw i'r ddaear yn ymddangos yn deg a hyfryd ar yr wyneb, yn llawn o bob

arwyddion hawddgar i foddio'r golwg chwannog, ac yn cyffroi'r holl ddeisyfiadau i ymofyn ymhellach fyth am y rhagorol drysorau a dybir eu bod ynghudd dan y cyfryw wyneb teg, ond aml iawn ni bydd i'w gael, wedi'r holl ymgyrchu ac ymboeni, ond sothach ac amhuredd &c.

Hyd y gwyddys, aros yn hen lanc a wnaeth hyd ddiwedd ei oes.

Ar ôl treulio pedair blynedd ar ddeg yng Ngheredigion, dychwelodd i sir Fflint yn 1756 i gymryd gofal o dyddyn ei fam, a oedd newydd gladdu ei hail ŵr, hwnnw wedi gadael y lle mewn cryn lanast rhagor y drefn a fyddai arno gynt yn nyddiau ei gŵr cyntaf, tad Edward Hughes – er gwaethaf tuedd hwnnw, yn ôl Lewis Morris, at y ddiod gadarn.

Mae'n resyn gennyf edrych ar y ty a'r cloddiau gwedi mynd mor ddiymgeledd. Fe fu ail wr fy mam 30 o flynyddoedd yn byw yma, ond ni phlannodd na drain na choed na thacluso dim arno ond ei lafurio yn unig...ac yn awr rwyf yn ceisio taclu tipyn ar yr hen gloddiau i gadw allan dda a defaid y cymydogion.

Yno y treuliodd weddill ei oes, a marw yn Ionawr 1772, os ef yw'r Edward Hughes y cofnodir ei gladdu ym mynwent Eglwys Chwitffordd ar yr 22ain o'r mis hwnnw. Dyna fraslun o gefndir Ned, felly.

'Siôn', wrth gwrs, oedd John Owen, mab Elin, chwaer y Morrisiaid, ac felly nai i Edward Hughes, os nai yw'r term cywir mewn cyswllt teuluol o'r fath, oherwydd mab i gyfnither i Edward Hughes ydoedd, nid i chwaer iddo. Beth bynnag, fel 'y caredigawl ewythr' y byddai Siôn yn ei gyfarch ar ddechrau llythyr yn amlach na pheidio, gan gyfeirio ato unwaith, mewn pwt byr o gywydd – eto ar ddechrau llythyr – fel 'Iorwerth fy ewythr eurwych'. Ychydig sy'n wybyddus am blentyndod Siôn ym Môn, ond gellir casglu oddi wrth yr ychydig gyfeiriadau a geir yn llythyron gwahanol aelodau'r teulu, ei fod yn blentyn bywiog, parod i ddysgu. Yn 1748, a Siôn Owen ar y pryd yn rhyw bymtheg oed, daeth ei ewythr, Lewis Morris, a oedd bellach yn byw yng Ngheredigion, ar ymweliad â Môn, a dod â Siôn, a dwy gyfnither iddo – dwy ferch Lewis Morris o'i briodas gyntaf – yn ôl i Alltfadog, a mynd â'r tri oddi yno wedyn bob cam i Lundain, i aros gyda'i frawd Richard, a oedd wedi hen ymgartrefu yn y ddinas fawr, ac yn glarc yn y *Navy Office* yno. Byddai Goronwy Owen, ar ddechrau llythyr, yn ei gyfarch â'r geiriau 'Ein Tad yr hwn wyt yn y *Navy*'. 'Pa fodd', meddai William yng Nghaergybi, wrth ysgrifennu at Richard ar y pryd, 'yr ych yn leicio y teulu ieuainc yna, onid yw Sion yn herlod rhyfedd?' Rhaid bod Richard, mewn llythyr nad yw wedi goroesi, wedi cytuno, oherwydd mewn llythyr arall yn fuan wedyn, meddai William:

> ie, bachgenyn rhyfedd yw Sionach. Ni welais i erioed mo ei ail am ddysgu; gwaed Pentre'rianell sydd yn rhedeg yn ei wythi mae'n debyg.

Hen gartref y Morrisiaid, a lle trigai eu rhieni oedrannus o hyd, oedd Pentre-eiriannell. Hynny yw, nid drwy deulu ei dad y byddai wedi etifeddu ei ddoniau – dyna'r pwynt. Nid oedd gostyngeiddrwydd a gwyleidd-dra ymhlith prif nodweddion y Morrisiaid. Ond a gwybod amdanynt fel teulu, gellir dyfalu fod pob ymdrech wedi ei gwneud i roi ryw fath o addysg iddo, ac yntau mae'n amlwg yn barod ac yn abl i elwa ar hynny. 'Mi ddaliaf storaid o wenith i chwart o faip y tyr Siac Owain well llythrennau', meddai ei ewythr wrth resynu at flerwch rhyw ddogfen a anfonodd Richard ato o'r *Navy Office*. Mae'n amlwg iddo gael peth hyfforddiant cerddorol oherwydd fe'i hystyrid yn delynor lled fedrus. *He plays on ye harp surprizingly* meddai Lewis Morris amdano'n ddiweddarach – clod yn wir, o gofio o ba gyfeiriad y dôi. Dysgodd hefyd ganu'r ffidil, ac mewn un llythyr mae'n sôn am ei ymdrechion i feistroli 5ed *Concerto* Vivaldi arni.

Fe ymddiddorodd yn gynnar yn y gynghanedd ac mewn barddoniaeth, gan ddysgu llawer wrth gopïo llawysgrifau i'w ewyrth William, a oedd yn gasglwr cywyddau ac awdlau. Mae'n debyg iddo dderbyn rhyw fath o hyfforddiant mewn cadw cyfrifon hefyd, oherwydd ym mis Mai 1750, ac yntau bellach o gwmpas ei ddeunaw oed, gadawodd John Owen sir Fôn, a dod i fyw i Alltfadog yng ngogledd Ceredigion, lle byddai o hynny allan yn gweithredu fel math o glarc i'w ewyrth Lewis yn ei fentrau yn y diwydiant mwyn plwm. Nid y parotaf ei gymwynas oedd Lewis Morris chwaith, a gellir bod yn weddol sicr iddo gymryd John Owen o dan ei adain, nid am ei fod yn nai iddo, ond am ei fod yn ffyddiog y gallai'r llanc fod o gaffaeliad personol iddo ef. Nid yw barn yr ewythr am y nai mor eithafol â'i farn am y cefnder Edward, ond i Lewis Morris, *a thoughtless lad* oedd John Owen, *giddy and thoughtless* mewn llythyr arall:

> when he was cashkeeper he hath been short in his account
> £40 in a quarter, being too soft, and was over-reached by
> cunning miners.

Ond fel yn achos Edward Hughes, cymeradwy iawn oedd John Owen gan bawb arall fel y tystia llythyron y brodyr eraill, a llythyron pobl o'r tu allan i'r cylch teuluol, megis Ieuan Brydydd Hir a Goronwy Owen. Yn ystod y chwe blynedd yma felly – o fis Mai 1750 pan gyrhaeddodd John Alltfadog, hyd 1756 pan ddychwelodd Edward Hughes i sir Fflint, y blodeuodd y cyfeillgarwch rhwng y ddau, cyfeillgarwch a oedd wedi dechrau o bosib ym Môn gynt pan deithiai Edward yno o dro i dro o sir Fflint i ymweld â'i deulu.

Gwta flwyddyn ar ôl i Edward gefnu ar Geredigion, gwnaeth John Owen yr un peth. Yn 1757 yr oedd Lewis Morris yn Llundain yn ymladd achos cyfreithiol a gododd yn sgil helynt Esgair-y-mwyn, gwaith mwyn plwm gerllaw Ffair Rhos, a chan fod John Owen wedi gweithredu fel clarc yn y gwaith hwnnw, bu'n rhaid iddo yntau hefyd deithio i Lundain ar ôl ei ewythr. Rywbryd yn ystod ei arhosiad yno, fe'i hysbyswyd gan Lewis Morris na fyddai ei angen bellach yng Ngheredigion, ac am y misoedd a ddilynodd bu'n chwilio'n ofer am waith yn Llundain, gan dderbyn pob caredigrwydd ar law ei ewyrth Richard, nes yn y diwedd, trwy ddylanwad Richard, cael swydd fel clarc ar fwrdd llong ryfel. Hwylio ar honno i ymladd y Ffrancwyr yn gynnar yn 1759, dal rhyw fath o glefyd teiffws a elwid yn *jail fever* neu *jail distemper*, clefyd heintus a enynnai'n fynych yng ngharchardai gorlawn ac aflan y cyfnod – ac yr oedd modd i

147

garcharorion mewn cyfnod o ryfel gael eu rhyddid os ymunent â'r llynges – cael ei daro â hwn a marw ohono yn saith ar hugain oed, a'i gladdu yn y môr rywle oddi ar graig Gibraltar.

Oherwydd y digwyddiad trist hwn, gohebiaeth hollol unochrog yw'r un rhwng Edward Hughes a John Owen. Yr oedd gan yr olaf, fel pob morwr, ei gist lle cadwai ei bethau personol, ac yn wahanol i'r rhan fwyaf o forwyr, yr oedd ganddo ef delyn ar fwrdd y llong hefyd. Yn anffodus i ni heddiw, ni wyddys beth a ddigwyddodd i'r pethau hyn, ond yn y gist honno yn ddiau yr oedd ochr Edward i'r ohebiaeth, a llawer llythyr arall gan wahanol aelodau o deulu John Owen ei hun, gan y Morrisiaid yn gyffredinol, heb sôn am lythyron gan Ieuan Brydydd Hir, Dafydd Jones o Drefriw a llawer un arall. Colled resynus, yn enwedig llythyron Edward Hughes, oherwydd y mae'r ychydig rai a ysgrifennodd at eraill, ac sydd wedi goroesi, sef wyth i gyd, yn brawf o'i fywiogrwydd a'i wreiddioldeb. Diau petai'r lleill ar gael y byddai gennym ddarlun llawnach o dipyn ohono.

Mae'n amlwg fod John Owen yn rhoi mawr bwys ar y llythyron a ddôi o sir Fflint, oherwydd ym mis Tachwedd 1757 mae'n ysgrifennu llythyr go siarp at Edward Hughes am fod hwnnw wedi esgeuluso ateb dau o'i lythyron ef. A dogfen sy'n tanlinellu hefyd, efallai, bwysigrwydd llythyr a derbyn llythyr yn yr oes honno. 'Y Caredigawl Ewythr', meddai:

> Yn wir ddiau, nid esmwyth iawn yw fy meddwl o'ch achos, o waith ni chlywais air oddi wrthych er y 9fed dydd o fis Medi! Mi ysgrifennais atoch ddau lythyr wedi'r pryd hwnnw, ond nis gallaf gymaint ag amcanu beth a ddaeth onaddunt. Mi fyddaf weithiau yn meddwl eich bod yn sâl, dro arall mai diogi sydd arnoch, neu rhyw anhwylusdra o'r fath, ond pa fodlondeb ydyw hynny i'ch caredig Nai? mi dyngaf ichwi, myn y fagno fawr, oni chlywaf oddi wrthych ar fyrder, na fwy gennyf na blewyn sgrifennu at Bostmastist Treffynnon i holi amdanoch. Gwrandewch (os byw ydych ...ond os marw a wnaethoch, heb wybod i neb diflas oedd y gwaith) na arhoswch un Post ar ôl derbyn yr yr Ebystol yma heb anfon llinell at eich Nai, druan oedd! Os ydych yn salaidd arnoch, mal y ceisiwch gan ryw

Gymydog wneuthur hynny drostoch. Os derbyn y llythyr yma a wnewch, na ryfeddwch weled gan lleied o Newyddion ynddo, ond os y chwi a fydd mor drugarog a gwneud yn ôl fy ngeiriau, [ni] fydd arnoch ddim diffyg am lythyrau ar y Testun hwnnw yn ôl llaw.

A phan ddaeth ateb yn fuan wedyn – a chware teg i Edward, yr oedd wedi bod yn sâl – mae ffiol John Owen yn llawn:

Do! Do! mi dderbyniais yr eiddoch o'r 10fed er y Prydnhawn ddoe, ac os do, nid difalch y fi a dyngaf ichwi oedd gweled lliw ei wyneb, er nad ydoedd ond hanner Pappirlen, yr oedd yn fwy o hyfrydwch ei gael na phedfasai cyhyd a Phregeth Ellis offeiriad. [sef Thomas Ellis, ficer Caergybi nad oedd yn enwog am bregethu'n fyr].

Ond i droi'n fyr at rai o'r wyth o lythyron o waith Edward Hughes at eraill ar wahân i John Owen, a oroesodd, mae tri llythyr yn ei law wedi eu cyfeirio at gyfaill a chyd-weithiwr iddo gynt yn sir Fflint, na cheir mo'i enw yn anffodus, dim ond 'Annwyl Gydwladwr', 'Y Caredig Gyfaill' ac 'Annwyl Gyfaill', ond llythyron sy'n ennill eu lle'n gyfforddus ochr yn ochr â llythyron y brodyr at ei gilydd o ran cynnwys ac arddull. Er enghraifft ceir cip diddorol ar bennod a ddigwyddodd yn hanes mwyngloddio yng Ngogledd Ceredigion yn fuan wedi iddo ef gyrraedd yno. Fel canlyniad i ddarganfod gwythïen gyfoethog o fwyn yn ymyl lle saif pentref bach Bancydarren heddiw, rhyw ergyd carreg o Alltfadog, Denwyd cwmni o fwynwyr o hen diriogaeth Edward Hughes yn sir Fflint i'r ardal i fentro'u ffawd, tra ar yr un pryd daeth grŵp arall ar yr un perwyl o Gernyw, hwythau hefyd yn gyfarwydd â mwyngloddio. '[R]hyw Estron Genedl o wlad y Saxoniaid' yw ei ddisgrifiad o'r rheini, ac fe aeth yn ffrae fawr rhwng y ddwy garfan. *For a while*, meddai W. J. Lewis yn ei gyfrol *Lead Mining in Wales, there was a short war between the North Walians and [the] Cornishmen while the Cardiganshire men looked on.* Rhyw wenu'n hanner dirmygus ar y cyfan wnaeth Edward Hughes:

[Y]r Ydis yn disgwyl Lladdfa fawr o bobtu ar fyrder, os ei Gynnau a drawant dân, ac os peidiant a ffoi rhag ofn eu gilydd, yr hyn beth Sydd debyccaf o'r cwbl, medd y doethion.

Nid yw W. J. Lewis yn cyfeirio at y llythyr hwn, er ei fod wedi ei gyhoeddi yn Llythyrau ychwanegol y Morrisiaid, ond gallai er ei fantais fod wedi gwneud, a dyfynnu ohono, er mwyn ychwanegu tipyn o liw a blas cyfoes at ei gronicl ysgolheigaidd.

Mewn llythyr arall at y cyfaill hwn o sir Fflint mae Edward Hughes yn rhoi cyfrif manwl iawn o frwydr Culloden a ddigwyddodd ym mis Ebrill 1746, pan yrrwyd yr Ymhonnwr Jacobeaidd, Charles, ar ffo gan William Duc Cumberland, un o feibion Siôr yr Ail, a enillodd ar sail ei ymddygiad y diwrnod hwnnw y teitl haeddiannol 'Butcher Cumberland'. Ac o gymharu ei adroddiad ag adroddiadau cyfoes o'r frwydr, mae un Edward yn adroddiad pur gywir. Rai blynyddoedd yn ddiweddarach, wedi iddo ddychwelyd i sir Fflint, mewn llythyr at William yng Nghaergybi, mae Edward Hughes yn dweud mai un o'r pethau y gwelodd ei golli oedd 'gweld y Pappurau Newyddion o Lundain', sef y papurau a anfonai Richard at Lewis yn achlysurol. Diau mai un o'r rhain oedd ffynhonnell ei wybodaeth am Culloden – mae ôl cyfieithu arno – ond mae'n dangos y diddordeb nodweddiadol o'i deulu mewn digwyddiadau ymhell y tu-hwnt i gylch pwmp y pentref. Nid yw fawr o syndod efallai, o gofio i Edward alw'r Cernywyr yn 'Estron Genedl', mai gyda'r Cigydd o Ddug yr oedd ei gydymdeimlad:

ag felly y boreu ar ôl y fattel, fe roes holl Swyddogion y Pretender Gymand iw harmi fynd ir lle fynent ag ymdaro drostynt eu hunain, ag mae'r Grasusol Dduwc wedi Gyrru Gwŷr o amgylch Scotland i Gadw Pob Porth ar Lan y môr fel na ddiango un or lladron i long na Chafan na Chwch.

A'r un oedd agwedd ei gefnder William yng Nghaergybi, Hanoferiad teyrngar arall:

Gobeithio fod y Scotiaid wedi casau digon ar ryfela yn erbyn ei brenin, ag y mae dyma'r tro diwethaf y daw terfysg or cwr hwnnw o'r deyrnas. O garn lladron!...Lladron a Methodistiaid yn heidio, wfft, ie dwbl wfft iddyn nhw.

Fel yn achos y Morrisiaid i gyd, byddai Edward Hughes wrth ei fodd yn llunio ambell ddarn o gywydd neu englyn, er nad oes llinell o'i waith wedi goroesi hyd y gwyddys, ond yng ngwasanaeth Lewis Morris, ychydig iawn o gyfle a gâi i ddilyn ei ddiddordebau llenyddol. 'Dyma fi gwedi sgrifennu ichwi un Cywydd fal ag y medraf', meddai mewn llythyr at William yn 1752:

ond gwaith Tra anghynefin i mi ydyw sgrifennu cywyddau na chanu o fath yn y byd er y Dydd y Deuthum i...Sir Abernoeth.

Byddai weithiau, pan ymwelai ag Alltfadog o Gwmsymlog, meddai yn yr un llythyr, yn cael darllen cywydd neu awdl o waith Goronwy Owen neu Ieuan Brydydd Hir y byddai Lewis wedi eu derbyn gan yr awduron, ond byddai'r farddoniaeth, meddai wedyn, yn aml ar yr un ddalen â'r llythyr a fyddai'n mynd gyda hi, a rhaid oedd darllen y cywydd neu'r awdl ym mhresenoldeb Lewis, rhag i'w lygad grwydro i'r llythyr yn ogystal.

Os oedd ei farddonaieth mor afiaethus a lliwgar ag ambell ddarn o ryddiaith y down ar ei draws yn ei lythyrau, yna cafwyd colled resynus arall. Dyma ddisgrifio mewn llythyr at William, y storm o wynt a sgubodd dros ei ardal yn sir Fflint wedi iddo ddychwelyd yno i fyw:

A welsoch chwi'r Gwynt mawr yn myned heibiaw ichwi a'r y 15ed o Fawrth? Fe fu ffordd yma'r gwynt Cethina ar y Glywais i er pan im ganwyd, na bo ond ei grybwyll. Ni adawodd ef Braidd Dy yn Gyfa yn y wlad hon...fe daflodd 100 o Dderw Mostyn i lawr, Sef eu Codi o'r Ddaear, [a] Chryn Swrn Ty o Bridd a Cherrig wrth eu gwraidd. Ni welais yn fy nydd y fath olwg. A'r Coed ffawydd yr un modd, rhai gwedi eu Torri yn eu haner, eraill wedi eu Codi o'r Ddaear. Fe chwythodd wal frics yn yr ardd oedd o 30 llath o hyd...Chwythu sguboriau a Beudai i lawr...Swydd pobyl plwy LlanAssaf, yw Cerdded a Disgwyl am ysglyfaeth bob dydd ar lan y Môr, o Fostyn at *Bwynt y fer*, a than *Bressdattyn*, ag mi Glywa' fod rhai yn cael llawer iawn o Bethau gwerthfawr fal y mae'r Môr yn eu bwrw i'r lan...Wele dyma ichwi beth o hanes y Gwynt Mwya ag a glywais erioed.

Yn yr un llythyr lle ceir ef yn sôn am orfod darllen barddoniaeth dan lygad barcud Lewis Morris fe geir awgrym nad oedd Edward Hughes ag Anne Morris, gwraig Lewis yn rhyw ffrindiau mynwesol. Roedd Anne newydd dychwelyd o Fôn, lle bu'n ymweld am y tro cyntaf ar ôl priodi Lewis, a chyfarfod â'i rhieni yng nghyfraith ym Mhentreiriannell. Ond wedi dychwelyd, yr oedd yn hallt iawn ei beirniadaeth – hyd yn oed yng nghlyw ei gŵr – ar rai o'r bythynnod tlodaidd, hofelau yn wir, a welodd wrth deithio ar gefn ceffyl ar hyd rai o lonydd Môn. Er nad Monwysyn oedd Edward ei hun, Môn oedd cartref ei rieni a'i gyndeidiau, ac roedd yntau wedi ymweld â'r Ynys laweroedd o weithiau. Merwino'i glustiau yn ofnadwy a wnâi sylwadau sarhaus y Gardïes hon, ar hyn a'i poenai'n fwy na dim oedd, os gallai wneud hyn o flaen un mor falch o Fôn âi gŵr, cymaint yn fwy cignoeth y byddai ei beirniadaeth uwchben cwpaned o ddiod dail yr India wedi iddi 'alw ynghyd ei chymydogesau ar Cyffelyb'.

I symud ymlaen at ychydig bigion o'r naw ar hugain o lythyron sydd yn llaw y gŵr ifanc, John Owen. Un peth a roddodd fawr ddifyrrwch iddo ef ac Edward Hughes pan oedd y ddau yn dal i fyw yng Ngheredigion, oedd yr helynt a fu rhwng Lewis Morris a'i ferch Margaret (neu Pegi fel y gelwid hi) o'i briodas gyntaf, a ddaeth gyda'i chwaer Elin i fyw i Alltfadog at eu tad a'u llysfam. A Lewis ar un o'i ymweliadau maith â Llundain, i dorri stori hir yn fyr, syrthiodd Pegi mewn cariad â mwynwr o'r enw Dafydd Morgan o ardal Llanafan. Roedd ef a'i frawd John wedi darganfod gwythïen gyfoethog iawn o fwyn plwm yn Esgair-y-mwyn ger Ffair Rhos, ac yn rhinwedd ei swydd o dan y Goron rhoddodd Lewis Morris hawl iddynt i'w gweithio, ac yntau yn ymuno â hwy yn y fenter ychydig yn ddiweddarach, er mai yn enw John Owen y gwnaeth hynny oherwydd ei swydd. Erbyn i Pegi ddechrau ymgyfeillachu ag ef nid oedd Dafydd yn fwynwr tlawd – yr oedd Esgair-y-mwyn wedi rhoi peth arian yn ei boced – ond mwynwr ydoedd wedi'r cyfan, ac nid oedd hynny'n ddigon da i Lewis Morris. 'She hath always been stubborn and wrongheaded', meddai mewn llythyr at ei wraig o Lundain,

> God help her, she never had common sense, therefore I don't wonder at any of her silly actions ...You know what kind of a thing a woman is when her tail is ripe. She, like other animals, will jump at any animal that offers; all reason and sense is then gone.

Gwyddai ef, meddai, am dirfeddiannwr parchus o Roscolyn ym Môn a oedd wedi mynegi diddordeb yn Pegi:

> His name is Hughes – such a man of sense and character would have been a credit to be allied with, and might have made that silly creature happy; but it seems she chooses to be allied with dirt and rags and ignorance.

Mêl ar fysedd y ddau gyfaill oedd yr helynt hwn. Nid oedd gan y naill na'r llall rhyw barch mawr at Lewis Morris, ond yr oedd y ddau'n bur hoff o Ddafydd Morgan. Testun difyrrwch annisgwyl i'r ddau oedd y ffaith fod Lewis, yn ei rwystredigaeth yn Llundain bell, wedi mynd mor bell â throi at Edward Hughes ei hun am help, 'y blerwm bolerog a glafoeriwr chwydlyd', fel y cyfeiriodd ato unwaith. Meddai Edward mewn llythyr at William yng Nghaergybi:

> Fe ddarfu iddo Sgrifennu attaf i a dymuno arnaf Gynghori'r Nith i droi oddiwrthy Brute...ond ni buasa waeth imi gynig Troi Afon Rheidiol yn ol i Blumlumon na'i Throi hitheu...rhyw beth a fynn fod ydyw'r Carwriaeth rhwngthynt.

Cyn i'r helynt ddod i ben yr oedd Edward Hughes wedi dychwelyd i sir Fflint, ac yn gorfod dibynnu bellach ar lythyrau John Owen i gael gweddill y stori. Ar orchymyn Lewis Morris – er mwyn cadw'r ddau gariad ar wahân – anfonwyd Pegi gan ei llysfam at ei chwaer Elin, a oedd bellach yn briod ac yn byw ym Mathafarn ger Llanwrin. Ond,

153

meddai John Owen yn un o'i lythyrau at Edward Hughes, pan ddigwyddodd iddo ef daro draw i Fathafarn o ffair Machynlleth i weld Elin a'i gŵr, pwy oedd yno ond Dafydd Morgan, ac o flaen John Owen a'r lleill fe roddodd i'w gariad:

> Gaits o gusan hyd nad oedd y ty yn disbeden...ac yno y bu ef dridie yn ymlyfu.

Diwedd trist – ond tra derbyniol i Lewis Morris – a fu i'r helynt. Ac yntau'n dal yn Llundain yn chwythu bygythion a chelanedd, bu Dafydd Morgan farw'n ddisymwth. 'Wala druan ydoedd Dafydd Morgan', meddai John Owen wrth Edward Hughes:

> Daccw ef wedi marw yn deg ddigon er doe'r Bore! Pwy a roe hyder ar fywyd Dyn?...Yn wir ddiau y mae'n bur ddrwg gennyf ar ei ôl, yr oedd y Dyn yn ddynan gonest o'i ran ei hun ond fod arno eisiau Ysbryd ac o'r achos yn hawdd ei arwain.

Ychydig yn llai galarus oedd ymateb Edward Hughes wrth ysgrifennu at William Morris:

> Do mi glywais farw Dafydd Morgan, ag nid da oedd gen i glywed, canys yn ei dy ef y gadewais fy nghistiau a'r holl eiddo a feddwn yng Ngheredigion...ni wn i pa fodd y digwydd iddynt bellach.

Cafwyd awgrym yn gynharach, mewn llythyr gan Edward at William Morris, mai llai na hapus oedd ei berthynas â meistres Alltfadog, ac yn llythyrau John Owen ato ar ôl 1756, mae digon o dystiolaeth mai felly yr oedd pethau hefyd rhyngddo yntau ag Anne Morris. Gwraig ymarferol a phenderfynol ei ffordd oedd hi, gwrywaidd ei hosgo, y bu'n rhaid iddi ysgwyddo pob math o gyfrifoldebau gartref tra oedd ei gŵr i ffwrdd yn Llundain am fisoedd lawer weithiau. Yr oedd ganddi deulu mân i'w fagu, yn ogystal â chadw trefn ar y morynion a'r gweision, ac am gyfnod ar Pegi ac Elin. Yr oedd trafferthion cyfreithiol hefyd i'w blino, yn codi'n bennaf o'r ffaith i'w rhieni, a oedd yn berchen tir mewn sawl man yng ngogledd y sir, wedi marw'n ddiewyllys. A dyma John Owen y gŵr ifanc hwn o Fôn yn byw o dan ei chronglwyd, ac o dan draed braidd fel y gwelai hi bethau, heb fawr ddim i'w wneud bellach a gwaith Esgair-y-mwyn ar stop a Lewis yn ymladd yr achos a oedd wedi codi o hynny yn Llundain, fawr ddim ond ysgrifennu llythyrau ar fwrdd y gegin a chopïo ambell gywydd. 'Y Capten' oedd enw John Owen arni, weithiau 'Capteniaid' yn y lluosog, neu'r 'Capten General', ac 'ef' ac 'yntau' fyddai'r rhagenwau a ddefnyddiai amdani, yn union fel petai'n ddyn. Defnyddid 'Capten' yn y diwydiant mwyn plwm i olygu 'arolygwr' neu 'fforman' neu 'giaffar', ond fe'i ceir hefyd yn cyplysu'r defnydd ohono â thermau morwrol weithiau, ac mae'm bosib mai fel capten yng ngofal llong a chriw y syniai amdani. Pan roddodd Anne Morris enedigaeth i ferch fach yn 1756, meddai John Owen mewn llythyr at Edward Hughes:

> Myn y fagddu fawr, och o finneu....Dacw'r Capten wedi dischargio ei gargo er 10 o'r clychau neithiwr.

Mae'n cyfeirio at '[yr] hen Nans [Nans Clocker, y fydwraig leol oedd honno] a'i hysbectol ar draws ei thrwyn yn ei dendio'. 'Ei dendio' sylwer, nid 'ei 'thendio', ac mae'n cwyno fod y gwragedd cymdogol a oedd yn taro i mewn i gael cip ar y newyddanedig yn aflonyddu arno:

> Y diawl a goto'r holl fenywod yma sydd yn tramwy yn ôl ac ymlaen. Pedfai gennyf awdurdod i roddi llidiart ar risiau llofft y Capten, a chael 6d gan bawb ag y sydd yn myned i'w gweld, o myn Duw...mi fyddai gennyf arian ac aur.

A pheth amser yn ddiweddarach, wedi iddo yntau hefyd gefnu ar Alltfadog a Cheredigion, a mynd i Lundain, mae'n teimlo rhyw ryddhad mawr, meddai wrth Edward, fod cymaint â hynny o bellter rhyngddynt bellach, ac yn dychmygu bod byd natur yn gyffredinol yn cydlawenhau ag ef:

> Y mae'n gysur mawr i bob math o ddynion ac anifeiliaid, nid amgen na chwn a chathod, ieir a cheiliogod, moch a

defaid...ffwlbartiaid a broniwenots...o'r gronyn bach sydd yn ysu cnawd dynion hyd y camelod a'r oliffantiaid mawrion a gario gestyll ar eu cefnau, ie o'r mwyaf hyd y lleiaf, fod mewn rhyw gilfach ddiarffordd rhag clap a mawr ryfyg Capteniaid.

Ac unwaith eto mae rhywun yn ymglywed â'r golled fawr a gafwyd pan ddiflannodd yr ochr arall i'r ohebiaeth hon, oherwydd collwyd perlau ar y pwnc hwn a llawer pwnc arall. 'Myn diawl', meddai John Owen ar ôl derbyn a darllen un o lythyrau coll Edward Hughes:

> oni chwarddodd yr eiddoch am ben eich llythyr ynghylch y Capten hyd nad oedd ef â chachu yn ei glôs.

Mae'n amlwg yn ôl ochr John Owen i'r ohebiaeth fod Lewis Morris yn *persona non grata* iddo ef ac i Edward Hughes, ac y mae'r portread a gawn o Lewis ganddynt yn ategiad gwerthfawr i'r dystiolaeth a geir mewn mannau eraill o'i gymeriad tra sarrug ac annymunol. Awgrymwyd eisoes mai hunan-les yn hytrach na lles ei nai a barodd i Lewis Morris ei gyflogi yn y lle cyntaf, a'i ddwyn o Fôn i Geredigion, ac ategir hyn gan y ffaith iddo roi'r sac iddo'n gwbl ddiseremoni pan welodd na allai fod o wasanaeth bellach iddo. Yn Llundain digwyddodd hynny, fel y sylwyd eisoes, pan sylweddolodd Lewis Morris fod rhai o deuluoedd breiniol Ceredigion, yr oedd, yn rhinwedd ei swydd dan y Goron, wedi llwyddo i wneud gelynion maleisus ohonynt, a'u cyfeillion dylanwadol yn Llundain, wedi sicrhau na châi byth ei le yn ôl yn Esgair-y-mwyn. Iddo ef yr oedd y sefyllfa'n un syml – dim Esgair-y-mwyn, dim John Owen. '[B]id hysbys i bawb', meddai John Owen wrth Edward Hughes, gan ysgrifennu yn y trydydd person fel y byddai'n hoff o wneud:

> i'r Llew adel o'i ôl i'w nai, Ioan, £50 onid chwecheiniog, i'w gynnal yn y byd hwn! Do, do, ac a ddywedodd wrtho hefyd na byddai dim o'i eisiau mwyach yn sir Aberteifi, ac am iddo wneuthur ei orau o'i ffordd, a mynd ar fwrdd *man of war* neu rywle, i geisio ei fywoliaeth. O'r Diawl a elo â'r fath Lewod. Pan welodd nad oedd dim o'm heisiau arno ef, fe'm troes i bant a'r

cebyst dros fy ngwar fal hen geffyl . . . Och yn ei hen din dew, meddaf i.

Nid oedd wedi derbyn cyflog yn ystod y cyfnod y bu'n byw yn Alltfadog, dim ond ei fwyd a'i lety'n unig, ac yr oedd £50, yn ôl ei gyfrif ef, a chyfrif ei ewythr Richard, ymhell islaw yr hyn oedd yn ddyledus iddo. Nid bod cybydd-dod a chrintachrwydd ei ewythr yn achos syndod iddo. Mewn llythyr arall o Lundain at Edward mae'n cyfeirio at Lewis Morris yn lletya yn nhŷ ei frawd Richard,

> ac yn ymgadw yn glos fal ac arferol heb achos yn y byd, a phentwr o arian wrth ei drwyn. Ac yr wyf yn meddwl ei fod yn eu haddoli fal yr Israeliaid efo'r llo aur ers llawer dydd, a'i fod yn tybied nad oes dim difyrrwch na hapusrwydd iw gael yn y byd yma heb Goded o arian.

A phan oedd Lewis Morris gynt yn anfon llythyrau cynddeiriog o Lundain at ei wraig ynglŷn â charwriaeth Pegi a Dafydd Morgan, ac yn tynnu rhyw fath o restr fer o feibion ffermwyr gweddol gefnog yn ardal Alltfadog, a allai yn ei dyb ef fod yn well bargen iddi, sylw John Owen ar y pryd oedd:

> dyna ddyn, ontê, a roddai ei ferch i Ddiawl os byddai gantho ddigon o arian.

Gyda mawr lawenydd, ac er difyrrwch pur i Edward Hughes mae'n siŵr, pan dderbyniodd y llythyr, y cofnododd John Owen hanesyn a glywsai am ei ewythr pan fu hwnnw'n lletya am ychydig 'dipyn o'r dre mewn ty hen gymraes'. Yno, fel Dafydd ap Gwilym yn y dafarn honno sawl canrif o'i flaen, gwnaeth y Llew oed â'r forwyn, i gwrdd pan fyddai pobman yn dawel, ond yn wahanol i Ddafydd, llwyddo yn ei amcan, a hynny, yn ôl John Owen, 'ar draws rhyw fwrdd oedd yn y ty', am bump o'r gloch y bore:

> ond fal yr oedd anlwc iddynt yr oedd yn lletyfa yn yr un ty ddyn arall yr hwn a ddigwyddodd godi ynghynt...ac aeth i lawr

y grisiau ac a'u daliodd...bid a fynno, nid aeth y dyn ddim i'w rhwystro, ond ar ôl edrych tipyn arnynt fe aeth allan i'r drws arall heb idynt hwy oll ei weled. Nid oes mo'r llawer er pan glywais i hyn, ond y mae'n bur wir. Dyna hen anlladwr, onidê? Ac nid oes neb arall onid ef yn onest. Hwrs, puteiniaid, lladron &c yw yr holl fyd. Beth ped fai Capten yn clywed y fath ystori â honyna? Mi wrantaf y byddai yno ryfel bentan.

Ac y mae yn y llythyrau hyn ddigonedd o dystiolaeth bellach, petai angen hynny, i'r ffaith mai dyn annifyr iawn oedd Lewis Morris, er gwaetha'i gyfraniad unigryw i bob math o agweddau ar ein hanes a'n llenyddiaeth.

Beth – yn ôl tystiolaeth eu llythyrau unwaith eto – oedd barn Edward Hughes o sir Fflint a John Owen o sir Fôn am sir Aberteifi (sir Abernoeth fel yr hoffent ei galw), ac am y Cardis (neu'r Teifisiaid, neu'r *Cardiganians*, fel yr hoffent gyfeirio atynt?) Nid oedd gan Lewis Morris fawr o feddwl o'r Cardis, wrth gwrs, a dim rhyfedd hynny efallai o gofio fel y dioddefodd ar law rai o fyddigions y sir a gloddiai am fwyn plwm ar eu stadau, ac a geisiai osgoi talu'r canran o'r elw a oedd yn ddyledus i'r Goron. 'Evan Williams', meddai yn un o'i lythyron, wrth gyfeirio at un o'i weithwyr yn Esgair-y-mwyn, '*the honest Cardiganian*', a'r gair *honest* wedi ei danlinellu'n drwm, gan awgrymu fod ei siort yn brin. Cyfeiriwyd at Edward Hughes, ar y dechrau, yn fuan wedi iddo gyrraedd Ceredigion, yn orohïan am ei gartref newydd. 'Gwlad yn llifeirio o frandi a chwrw', meddai, a dyma ef eto ar yr un pwnc:

Dyma fi yn tramwy beunydd hyd bennau mynyddoedd a mwy o arian ynddynt nag sydd o gerrig yn sir y Fflint, a chwedl y bobl yn hanes Solomon, lle mae'r plwm yn amlach na'r Calamin yn Lebanon. Dyma'r wlad y dywaid yr hen bobl gynt amdani, lle mae gwin yn troi melinau, a chan punt am gysgu'r borau...Fe adawai bob dyn a fyddai yn ei gof hyd yn oed ei wraig a'i blant...i ddyfod i wlad mor fendigedig â hon. Lle mae mynyddoedd o arian gwynion a bryniau o bres a phonciau o aur melynion. Dyma'r wlad lle mae'r lleuad yn gaws gwyn, a'r haul yn fara ac ymenyn.

Ond ar ôl byw am ychydig yn y sir, mae awgrym yma ac acw ei fod wedi disgyn o'r cymylau. Mewn llythyr at ei gefnder William yng Nghaergybi, ym mis Mawrth 1757, mae'n cofnodi digwyddiad a fu o gwmpas fferm Troed-y-rhiw, Goginan, ychydig ynghynt. Roedd Stephen Edwards, cyfreithiwr ifanc a oedd yn byw yno – cyfreithiwr Lewis Morris ei hun – wedi marw'n ddisymwth a heb wneud ei ewyllys, ac fel fwlteriaid fe ddisgynnodd gwahanol aelodau o'i deulu ar y fangre i ymladd am yr ysbail. Aeth yn frwydr lythrennol yn y tŷ ac o'i gwmpas, ac y mae Edward Hughes yn darlunio'r cyfan yn fyw iawn, gan ychwanegu ar ddiwedd yr hanes:

> Ni sgrifenaswn innau mo hyn yrwan ond er mwyn dangos ichwi mor wallgofus,ac mor ddireswm ydyw'r *Cardiganians* yn anad un genedl a glywais i sôn amdani.

Ac eto, wedi iddo ddychwelyd i sir Fflint, rhyw hiraethu am ogledd Ceredigion a wnaeth. '[R]wyf fi yn awr', meddai wrth William unwaith eto:

> fal pei bawn mewn ogo allan o swn y byd, wrth fal y byddwn yng ngwlad Ceredigion yn clywed sôn am Ronwy, ac am y Llew, ac am lawer o bethau eraill yrwan ac yn y man, a gweld y papurau newyddion o Lundain ac yn y blaen. Ond yn y wlad yma ni chlyw neb ond rhyw fân gelwyddau didoraeth gan hwn a'r nall.

Rhyw deimladau cymysg am y sir a'i thrigolion oedd gan John Owen hefyd. 'Nefol wlad Garedigion', meddai mewn un llythyr, ac y mae tystiolaeth ei fod wedi gwneud ffrindiau o blith bechgyn a merched o'r un oedran ag ef ei hun – fel Dafydd Morgan er enghraifft – a rhai o weision a morynion Alltfadog a ffermydd cyfagos – ond fel clarc i'w ewythr, yn enwedig yn Esgair-y-mwyn, yr oedd hefyd wedi gweld gwaethaf yr haen uchaf yng nghymdeithas y sir. Mae helynt Esgair-y-mwyn yn stori hir ond i'w thorri'n fyr, ar 23ain Chwefror 1753, daeth William Powell, sgweier Nanteos, ynad heddwch, a'i frawd yng nghyfraith, Herbert Lloyd, Ffynnon Bedr, ynad heddwch arall, a thyrfa fawr o'u gweision harfog i Esgair-y-mwyn, a meddiannu'r gwaith yn enw stad Nanteos, er mai ar dir comin yn ffinio â'r stad y safai. Daliwyd pistol llwythog wrth ben Lewis Morris, ac fe'i gosodwyd ar gefn ceffyl a'i ddwyn yr holl ffordd i dref Aberteifi, a'i daflu i garchar y sir. Does dim dwywaith bod hyn wedi lliwio'i farn unwaith ac am byth am foneddwyr y sir o leiaf. Wrth ysgriennu at Edward Hughes rai blynddoedd yn ddiweddarach, mae'n cyfeirio at rhyw gweryl arall ymhlith teuluoedd breiniol y sir:

> Dyma Deifisiaid uffernol yn torri gyddfau ei gilydd! Pwy a fyddai mor wirion ag ymhel ag un onaddunt? ...Gadewch gael gwybod gan bwyll eich meddwl a ydi'r bobl gyffredin gan gynddrwg eu cynheddfau â'r boneddigion yn y wlad honno?

Ac ychwanegodd farc cwestiwn mewn cromfachau ar ôl y gair 'boneddigion'. Er bod yr ateb i'r llythyr gan Edward Hughes wedi diflannu, ceir awgrym go bendant o'i farn yntau pan ddychwelodd John Owen at y pwnc yn ei lythyr nesaf:

> Yn ddiau yr wyf fi o'r meddwl fal chwithau, mai cenawon diriaid yw holl fonedd Sir Abernoeth, ond am y cyffredin bobl, ni wn fi beth i ddwedyd, ond yn sicr e fyddai y rhai hynny yn well pedfai y gwyr mawr yn rhoddi siampl dda iddynt.

Ac yn yr un flwyddyn, pan aeth John Owen i Lundain, nid i ddychwelyd mwy, a gadael ar ei ôl ferch ieuanc yr oedd wedi dechrau cyfeillachu â hi, cysurai ei hun, meddai wrth Edward, mai merch o sir Aberteifi oedd hi wedi'r cyfan, a hwyrach mai rhyw waredigaeth a drefnwyd gan Ragluniaeth oedd hyn.

Ond fel Edward Hughes ar ôl dychwelyd i sir Fflint, byddai John Owen weithiau, ar ôl blino ar ei ymweliadau â Sadler's Wells, lle byddai'n yfed ambell beint o win, a blino ar rodio'r strydoedd y ddinas fawr gyda'r nos yng nghwmni nifer o lanciau o'r un oed, yn sgwrsio â rhai o ferched y nos, a chael hwyl wrth eu pryfocio, byddai yntau hefyd yn cael ambell bwl o hiraeth am y bywyd tawel, gwledig gynt. 'Dedwydd ydych', meddai wrth Edward Hughes: ·

> fod yn y wlad o'r fath fangre â hon, lle mae'r caddug pygddu yn llawn ffroenau...yn ddigon â'ch gwenwyno. Nid oes i chwi ond perarogl y ddaear, a'r iachus lysiau i'ch mawr wynfyd a'ch diddanwch, a mwynber leisiau wyn a defaid, a baw gwartheg yn glynu gan eich esgidiau, a lliaws o adar yn trydar oboutu eich clustiau hwyr a bore. O Uwd! Uwd! Uwd!

Cip brysiog fel yna ar ohebiaeth dau gymeriad hoffus o'r ddeunawfed ganrif. Gellid ychwanegu llawer iawn mwy am gynnwys llythyron John Owen. Ni soniwyd er enghraifft am ei ohebiaeth ag Ieuan Brydydd Hir, sy'n tystio i'w ddoniau fel bardd addawol iawn, ac fel ysgolhaig ieuanc, a'i draed yn gadarn ar y ddaear wrth drafod hen destunau a'r hen ganu ac yn y blaen, mewn cyfnod pan oedd pennau eraill a ymhonnai'n ysgolheigion yn yr un maes, o'r golwg yn y cymylau. Mae hyn, a'i ymdrechion ynghyd â'i ewythr Richard, i gasglu gwaith Goronwy Owen, gyda golwg ar ei gyhoeddi, a'i ddawn lenyddol sydd mor amlwg yn ei lythyrau, yn awgrymu petai John Owen wedi cael byw yn hwy nag a gafodd, y byddem yn cofio amdano heddiw fel un o'r amlycaf a mwyaf dawnus o blith Cylch disglair y Morrisiaid. Ac yn ei gysgod ef, gobeithio i Edward Hughes hefyd, gael ei le haeddiannol ym Mhantheon yr un Cylch.

Etholiad y Brifysgol 1943

O gyfnod cynnar yn yr ail ganrif ar bymtheg bu gan y ddwy hen brifysgol yn Lloegr yr hawl i anfon dau aelod yr un i Westminster. O dipyn i beth dros y blynyddoedd wedi hynny daeth yr un fraint i ran Coleg y Drindod, Dulyn, y prifysgolion Albanaidd a Phrifysgol Llundain, a dyna oedd y sefyllfa hyd Ddeddf Ddiwygio 1918 pan estynnwyd yr etholfraint i holl brifysgolion Prydain gan gynnwys Prifysgol Cymru. Byddai gan holl raddedigion y prifysgolion hyn bellach hawl i bleidleisio mewn etholiad cyffredinol. Y cyntaf i gynrychioli Prifysgol Cymru yn Llundain oedd Syr J. Herbert Lewis, Rhyddfrydwr Cenedlaethol, a dilynwyd ef yn etholiad 1922 gan T. A. Lewis o'r un blaid, a chyn Aelod Seneddol Pontypridd. Crewyd peth cyffro yn etholiad 1923 pan etholwyd George M. Ll. Davies fel Heddychwr Cristionogol. Derbyniodd chwip y Blaid Lafur yn fuan wedyn, ac yn yr etholiad nesaf a ymladdwyd sef yn y flwyddyn ddilynol, 1924, trechwyd ef gan y Rhyddfrydwr Ernest Evans. Daliodd Ernest Evans y sedd yn etholiad 1929, ac eilwaith yn 1931 pan wrthwynebwyd ef gan Saunders Lewis o'r Blaid Genedlaethol, a dderbyniodd 914 o bleidleisiau yn erbyn y 2229 a fwriwyd dros y Rhyddfrydwr. Yr un fu ei gamp yn etholiad 1935 pan wynebwyd ef gan Ithel Davies ar ran y Blaid Lafur, ond cyn yr etholiad cyffredinol nesaf – yn 1945 – ymddeolodd Syr Thomas Artemus Jones ym mis Hydref 1942 o'i swydd fel barnwr yng nghylchdaith llysoedd sirol Gogledd Cymru, ac yn ei le penodwyd Ernest Evans. Golygai'r penodiad hwn ymddiswyddiad Ernest Evans o'r byd gwleidyddol, a chanlyniad hynny oedd yr etholiad a ymladdwyd am sedd Prifysgol Cymru yn niwedd Ionawr 1943. Gan mai sedd Ryddfrydol ydoedd, nid oedd perygl y byddai'r Blaid Lafur na'r Blaid Dorïaidd yn enwebu ymgeiswyr swyddogol i ymladd amdani am fod dealltwriaeth rhwng y pleidiau 'mawr' nad aent i'r afael â'i gilydd yn ystod y rhyfel. Yn yr ysgrif hon ceisir edrych eilwaith ar y frwydr honno drwy lygaid rhai o'r prif bapurau newydd Cymraeg a Chymreig ar y pryd, ac eithrio'r papurau hynny a oedd yn gyhoeddiadau pleidiol swyddogol. Gwelir wrth fynd rhagom mai ychydig o bapurau, mewn gwirionedd, a ymddiddorodd yn y frwydr.

Cyhoeddodd y Blaid Genedlaethol ar unwaith ei bod am ymgiprys am y sedd, ac mai Saunders Lewis fyddai ei hymgeisydd unwaith eto. Ond pwy fyddai olynydd Ernest Evans y Rhyddfrydwr? Am bythefnos bron, ar ôl cyhoeddi ei benodiad ef i'r fainc, bu'r papurau yn ceisio dyfalu'r ateb, ac yn eu tro enwyd pob un o'r canlynol fel ymgeiswyr posibl: Jano Davies (gwraig arweinydd y Rhyddfrydwyr ar y pryd, sef Clement Davies, AS sir Drefaldwyn), Frank Owen (cyn aelod seneddol swydd Henffordd a golygydd yr *Evening Standard*), T. I. Ellis, Ben Bowen Thomas, Ifan ab Owen Edwards, yr Athro A. J. Marquand, Dafydd Hughes Parry, Alun Talfan Davies, Seaborne Davies, Iwan Morgan, Evan Davies, Hengoed, G. Robert Jones, Pwllheli, y Parch Rees Griffiths, yr Athro Joseph Jones, Aberhonddu, Dr E. Emrys Jones, J. Victor Evans, Llundain, Emrys O. Roberts.

Cafwyd rhagflas o'r hyn a oedd i ddod yn ystod yr ymgyrch yn sylw golygydd y *Western Mail* (4/11/42). *To be quite frank*, meddai, *political parvenus, party fanatics, utopians, pacifists and mediaevalists should seek their laurels elsewhere. The University does not need them.* Yn *Y Cymro* (7/12/42) yr oedd John Aelod Jones (John Roberts Williams), er yn addef ei bod braidd yn fuan i sôn, yn annog pobl i feddwl yn 'ofalus a dihunan' am yr is-etholiad 'eithriadol bwysig i Gymru'.

Yr oedd *Y Faner* yn gadarn o blaid Saunders Lewis o'r dechrau. Codai'r holl enwi ymgeiswyr a gafwyd, meddai, o anhawster 'mandariniaid' y Brifysgol ar un llaw, a Chymdeithas Ryddfrydol y Brifysgol ar y llaw arall, i daro ar ymgeisydd a fyddai 'nid yn unig yn cipio'r bleidlais uniongred, eithr hefyd nifer da o'r bleidlais Gymreig'. Llwyddodd y rhestru enwau i gythruddo un gohebydd (ffugenw 'Magister in Scientia'), a gyrrodd lythyr ynghylch y mater i'r *Faner*. Nid oedd ef, meddai, yn Bleidiwr nac yn adnabod Saunders Lewis, ond gwelai'r chwilio mawr am enw addas yn 'ymgais un o'r pleidiau i sicrhau rhyw Gymro digon enwog a chymeradwy a allai fod yn berygl i ymgeisyddiaeth Saunders Lewis . . . Wele bleidiau na faliasant ddim am Gymru ar hyd y blynyddoedd yn awr yn barod i ecsbloetio Cymreictod rhyw ŵr neu wraig, er mwyn peryglu ymgeisyddiaeth Cymro mwyaf yr ugeinfed ganrif . . . Fe edrychaf i ar unrhyw Gymro a saif yr etholiad hwn [yn ei erbyn] . . . yn Cwisling Cymreig, wedi ei ennill gan y pleidiau Seisnig sy'n barod i ecsbloetio ei Gymreictod'.

Ar Dachwedd 14eg y cafwyd y cyfeiriad cyntaf at y posibilrwydd y byddai W. J. Gruffydd yn ymgeisydd yn yr is-etholiad. Cyhoeddwyd hynny yn y Cymro, ac ar yr un diwrnod cyhoeddodd y *Western Mail* eitem fer wedi ei seilio ar sgwrs a fu rhwng Gruffydd ag un o ohebyddion y papur y diwrnod cynt. Gofynnwyd iddo a fyddai'n ystyried cael ei enwebu, ac atebodd yntau, *I am prepared to accept on certain conditions, the chief of which is that I must be a non-party candidate. You cannot run an election in the University on party lines, and as the Independents in the House now constitute a party, I should insist on being a non-party candidate.* Ychwanegodd na fyddai'n ymddeol o'i swydd ped etholid ef.

Yn y cyfamser yr oedd y Rhyddfrydwyr, 'perchnogwyr' swyddogol y sedd, megis, yn dal i chwilio am ymgeisydd. Adroddodd y *Cymro* (21/11/42) er enghraifft, am gyfarfod o Gangen Caerdydd o Undeb Graddedigion Rhyddfrydol y Brifysgol yn cwrdd am y tro cyntaf er pedair blynedd ar hugain, i drafod ymgeiswyr posibl, ac yn tynnu rhestr fer o bedwar – y Parch Rees Griffiths, yr Athro Dafydd Huges Parry, Seaborne Davies a'r Athro Joseph Jones, Aberhonddu. Ond ni ddaeth dim o'r cyfarfod hwnnw.

Tua diwedd Tachwedd 1942 gwelodd y *Western Mail* yn dda i gyhoeddi nifer o lythyron ar bwnc yr is-etholiad, a phob un yn wrthwynebus i Saunders Lewis, a'r blaid a gynrychiolai. Yn eu plith yr oedd llythyr gan David Evans, Trealaw (25/11/42) a fu unwaith yn ymgeisydd seneddol yn etholaethau Pontypridd a Chastell Nedd. Meddai ef, *Some years ago one of the candidates and his supporters proved their valour by setting fire to a R.A.F. establishment in North Wales. In 1940 the R.A.F. alone stood between this country and total destruction.* Gadawyd i'r darllenydd i dynnu'r casgliadau priodol. Ymosodiad llym ar y Cenedlaetholwyr a gafwyd gan Norman Jarvis, Aberdâr ar yr un tudalen. Yr oedd ef yn un o bedwar brawd a oedd yn y lluoedd arfog, ac meddai, *When we have beaten the Nazis abroad . . . we will clean out the other lot when we return.*

O Dyddewi yr ysgrifennai 'Two Welsh Graduates' (28/11/42), a thebyg oedd byrdwn eu llythyr hwy. *Large numbers of Welsh graduates have already paid the supreme sacrifice in their fight against bigoted, warped and narrow nationalism. It would be well for us as electors to remwmber their sacrifice and to realise that the election of [Saunders Lewis] would be an insult and an everlasting disgrace to their memory and to all graduates of the Welsh university.*

Para'n aneglur a wnâi'r sefyllfa, fel yr addefodd y *Cymro* (28/11/42), ond ychwanegodd fod cefnogaeth gynyddol i W. J. Gruffydd, a chryn bwyso arno i sefyll. Ymysg yr arwyddion mwyaf arwyddocaol o hyn', meddai'r *Cymro*, 'mae'r llythyr a dderbyniodd o Goleg Abertawe wedi ei arwyddo gan bob un o aeloadau'r staff yn cynnwys Cymry amlwg fel yr Athro Henry Lewis a Mr Stephen Williams'. Ymrwymodd y rhain i ddefnyddio eu hymdrechion gorau i sicrhau ei fod yn cael ei ethol' os cytunai i fod yn ymgeisydd. Barnai'r *Cymro* fod cefnogaeth debyg yn y colegau eraill yn ogystal. Yn y cyfamser, dal i ystyried y mater a wnâi'r Athro.

Cytunai'r *Faner* (2/12/42) fod y cyfan i gyd, ar wahân i ymgeisyddiaeth bendant Saunders Lewis ac Evan Davies, Hengoed (a oedd erbyn hyn wedi cyhoeddi ei fod yn sefyll fel Sosialydd Annibynnol), yn 'niwl a dryswch', ond er gwaethaf hynny aeth ei Gohebydd Arbennig rhagddo i esbonio'r sefyllfa fel y gwelai ef hi. Yr oedd dwy set o 'Fandariniaid', meddai, mewn cryn ffwdan. Yn gyntaf yr oedd Mandariniaid Rhyddfrydol y Brifysgol. Oherwydd yr *electoral truce*, nid oedd angen iddynt boeni am wrthwynebiad o du'r Blaid Lafur a'r Ceidwadwyr, a'u busnes hwy yn syml oedd dewis ymgeisydd swyddogol y Llywodraeth. Enwyd nifer o bobl a deilyngai'r anrhydedd honno – pobl, lawer ohonynt, a roes wasanaeth da i'r Blaid Ryddfrydol yng Nghymru dros y blynyddoedd. Ond eto, dal i chwilio'n ddyfal a wnâi'r Mandariniaid hyn, 'ac ni bu erioed o'r blaen cymaint o bwys ar gael Cymro Cymraeg'. Am yr ail set o Fandariniaid, bobl barchus, gyfrifol y Brifysgol oeddynt hwy – pobl hawdd i'w dychryn. Bwgan mawr y rhain oedd Saunders Lewis. Nid oeddynt yn amau ei allu, ac ni allai'r un ohonynt estyn bys at ei fuchedd, ond yr oeddynt yn ei ofni am y byddai'n debyg o sefyll dros fuddiannau Cymreig yn rhy ddigymrodedd, ped etholid ef, nes achosi anghysur nid yn unig i'r aelodau seneddol Cymreig, ond y bobl barchus hyn eu hunain. Rhaid felly cael dyn a fyddai'n tynnu pleidleisiau a fyddai fel arall yn mynd i Saunders Lewis, ac yn y diwedd trawyd ar W. J. Gruffydd – Cymro mawr, bardd a llenor mawr, ond gŵr dros ei drigain heb erioed o'r blaen ddangos unrhyw awydd am fynd i'r Senedd. Ond bu cymell mawr arno gan bobl barchus y Brifysgol, ac yr oedd eu gwaith yn gwneud hynny yn dangos eu 'pensucandod'. Os ofn y Blaid Genedlaethol oedd arnynt, oni wyddent fod Gruffydd yn aelod ohoni? Os ofni yr oeddynt Saunders Lewis am iddo roi'r Ysgol Fomio ar dân, oni wyddent mai Gruffydd bryd hynny a ddewiswyd yn ddirprwy gadeirydd y Blaid yn absenoldeb Saunders Lewis a Lewis Valentine? 'A anhgofiodd y Gwŷr Academig ei lythyr enwog yn galw ar y Cymry i 'ymwrthod â phob seremoni a dathliad ynglŷn â'r Coroniad [Siôr VI, 1936]' fel protest yn erbyn carcharu Saunders Lewis a'r lleill? Oni chofient am eiriau Gruffydd yn y cyfryw lythyr? 'Af mor bell â dywedyd y dylem ei gwneud yn anodd i Sais fyw yn gysurus yn eu swyddi yng Nghymru . . . [a] rhaid i ni ymwrthod â phob sefydliad Cymreig sy'n rhoi lle amlwg i Saeson'. Y sefyllfa ryfedd, yn ôl fel y gwelai Gohebydd Arbennig y *Faner* hi oedd fod mwyafrif llethol staffiau Colegau Prifysgol Cynru, 'a phobl fel Dr R. T. Jenkins, y Parch Herbert Morgan, Pennaeth Adran Efrydiau Allanol Aberystwyth, Dr.Henry Lewis a'r Prifathro J. F. Rees yn eu plith' yn gwrthwynebu Saunders Lewis yn ffyrnig, ond ar yr un pryd yn barod i gefnogi aelod o'r Balid Genedlaethol ac amddiffynnydd angerddol y Tri Llanc a roes yr Ysgol Fomio ar dân. Hynny, neu yr oeddynt mewn dryswch mawr a heb 'ystyried yn llawn beth y maent yn ei wneuthur'.

Yn ystod yr un wythnos cyhoeddodd y *Western Mail* (4/12/42) lythyr gan Thomas Jones, C.H., yn diolch i Syr Alfred T. Davies am awgrymu ryw bythefnos cyn hynny, yn yr un papur, y gwnâi ef (TJ) ymgeisydd cymeradwy iawn yn yr etholiad.. Bellach, meddai Thomas Jones, yr oedd yn rhy hen i rywbeth felly, ond *few things would have given me more delight than to oppose Mr Saunders Lewis who if returned will be (metaphorically) another Guy Fawkes in the House of Commons. No one in Wales has done more week by week in the Nationalist organ to sabotage the war effort and we have not to thank him that we are not at the mercy of the Nazis.*

Gŵr a gythruddwyd yn fawr gan y llythyr hwn oedd y Parch. Gerwyn Stephens, offeiriad Treamlod yn sir Benfro, ond gwrthododd y *Western Mail* gyhoeddi ei ateb iddo. Gyrrodd ef felly i'r *Faner*, a chyhoeddwyd ef yno ar Ragfyr 30ain. Nid oedd ef, meddai, yn un o gefnogwyr Saunders Lewis, nac yn cyd-weld â daliadau'r Blaid, ac yn yr etholiad a oedd ar ddod byddai ef yn bwrw ei bleidlais dros arall. Ond yr oedd llythyr Thomas Jones, a'i gyfeiriad at Guy Fawkes wedi peri i'w 'waed Celtaidd ferwi mewn cydymdeimlad â Mr Saunders Lewis a phawb arall sy'n gorfod wynebu sen a gwatwar bobl fach ar ôl iddynt dalu eu penyd . . . Ceir cyfeiriadau personol yng nghwerylon gwragedd y slym, ond disgwylir rhywbeth amgenach oddi wrth raddedigion y Brifysgol. Y mae pobl . . . gyffredin a diaddysg Byddin yr Iechydwriaeth yn cyfarfod â charcharorion ar eu ffordd o'r carchar ac yn cynnig help llaw iddynt. Oni fyddai cwarter yn eu hysgol hwy o les i ddoctoriaid mawr y Brifysgol sydd yn ergydio '*below the belt*'? Gwnaf yr apêl hon, nid fel pleidiwr na gwleidyddiwr, ond fel offeiriad Cristionogol sydd yn ceisio dyrchafu cymdeithas uwchlaw gwatwar personol'.

Ond i ddychwelyd i ddechrau Rhagfyr. Yn yr un rhifyn o'r *Western Mail* ag yr ymddangosodd llythyr Thomas Jones, cyhoeddwyd dau beth arall yn dwyn perthynas â'r is-etholiad, sef yn gyntaf lythyr gan Saunders Lewis ei hyn yn gresynu fod yr ymgyrch wedi datblygu'n ymdrech i gadw ef allan o'r Senedd yn hytrach nag ymgais i drafod dyfodol gwleidyddol ac economaidd Cymru, ac yn ail, erthygl olygyddol yn galw ar y Rhyddfrydwyr i frysio dod ag ymgeisydd i'r maes. Hyd yma, meddai'r erthygl hon, *the only certain runner is the Welsh Nationalist Party's nominee, who stands for everything inimical to the progress, not only of the University, but of the whole system of education in Wales. His policies would reduce us to living on much less than three acres and a cow. His patriotism may be gauged by his performance in connection with the firing of the Royal Air Force aerodrome some years ago. He and his party are the most reactionary clique amongst us. They would put back every clock and reduce us to the level of a nomadic tribe of dervishes. It is inconceivable that Welsh graduates will regard such a candidate as a suitable representative of the chief cultural institution of the Principality.*

Erbyn Rhagfyr 5ed, 1942, yr oedd W. J. Gruffydd wedi penderfynu ymgeisio am sedd y Brifysgol. Wrth gyhoeddi hynny yn y *Cymro* pwysleisiodd na fu unrhyw fargen rhyngddo a'r Rhyddfrydwyr, a bod gwŷr a fu'n amlwg unwaith yn y Blaid Genedlaethol ymhlith ei gefnogwyr pennaf. 'Y mae'r neb sy'n adnabod W. J. a'i waith', meddir, 'yn gwybod beth yw seiliau ei ffydd gyda'i bwyslais angerddol ddiamwys ar ryddid ac ar weriniaeth. Saif ar ganol traddodiad rhyddfrydig Ymneilltuol a chynyddol gwerin Cymru'. Dywedir bod cefnogaeth fawr iddo yng Nghaerdydd, yn enwedig ymhlith gweinidogion ymneilltuol, a bod y Parch Herbert Morgan, Aberystwyth, wedi datgan ei gred fod Gruffydd 'o'i fferau'n uwch na neb arall yng Nghymru'. Mewn sgwrs â'r *Cymro*, dywedodd W. J. Gruffydd ei fod yn gresynu bod sedd y Brifysgol wedi ei 'defnyddio i bwrpas pob plaid yn y gorffennol, ac onid yw'n bryd iddi gael cynrychiolydd heb fod yn perthyn i blaid erbyn hyn?' Yr oedd un o golofnwyr y *Cymro*, 'Gwerinwr' (Dr Iorweth C. Peate), o'r un farn. Cefnogai ef Gruffydd i'r carn, ac nid oedd gan 'gynrychiolydd plaid hawl i gynrychioli Prifysgol Cymru'.

Ar dudalen flaen yr un rhifyn, cyhoeddodd y *Cymro* lythyr gan Thomas Artemus Jones a anfonasai at J. E. Jones, Ysgrifennydd Cyffredinol y Blaid Genedlaethol, i ateb cais a dderbyniodd gan y Blaid i gefnogi ymgeisyddiaeth Saunders Lewis, drwy arwyddo llythyr agored i'r perwyl hwnnw. Manteisiodd y cyn-farnwr ar y cyfle i ddweud pethau go blaen. Yr oedd Saunders Lewis, meddai, drwy ei ysgrifau yn dangos ei fod yn erbyn Lloegr 'yn unig, byth ac yn wastad', a'i fod 'fel Hitler' yn pleidio unbennaeth wleidyddol. Credai hefyd y dylai'r Brifysgol gael ei chynrychioli gan un o'i graddedigion ei hunan – 'un o raddedigion Prifysgol Lerpwl yw Mr Lewis'. Ond mae'n amlwg i Artemus Jones gael dyn wrth ei fodd yn W. J. Gruffydd (nid oedd yntau chwaith yn un o raddedigion Prifysgol Cymru ond ymddengys nad ystyriai'r cyn-farnwr hynny yn anghymwyster yn ei achos ef), oherwydd ychydig ddyddiau yn ddiweddarach (9/12/42) yr oedd ganddo lythyr yn y *Western Mail* yn canmol yr Athro i'r cymylau. Meddai wrth orffen, *His enthusiasm for Wales and Welsh things is accompanied by a rare balance of judgement. His controversy about a year or two ago with the irresponsible hotheads of the Welsh Natinalists on the subject of war may now be well recalled to his advantage'.*

Rhaid bod pethau wedi symud yn gyflym rhwng y 5ed a'r 9fed o Ragfyr, oherwydd ar yr ail o'r ddau ddyddiad gallai Prosser Rhys gyhoeddi erthygl yn y *Faner* o dan y pennawd 'W. J. Gruffydd yn Ymgeisydd Rhyddfrydol'. Eir ymlaen i ddweud bod Gruffydd wedi ei fabwysiadu'n swyddogol gan y Rhyddfrydwyr, a'i fod yntau wedi derbyn ar yr amod fod ganddo ryddid i weithredu fel y mynnai o'r tu allan a thu mewn i'r Tŷ'. Dim ond plaid mewn panig, meddai Prosser Rhys, a allai dderbyn amodau felly. Gan fod Gruffydd yn aelod o'r Blaid Genedlaethol, yn gyn-swyddog uchel, 'y mae'n drychinebus ei fod wedi derbyn nawdd pobl sy'n chwerw bendant yn erbyn yr holl bethau hyn, ac wedi cytuno i ymladd ymgeisydd swyddogol y Blaid Genedlaethol a oedd ar y maes wythnosau o'i flaen'. A chan mai Saunders Lewis a ddaeth i'r maes gyntaf a'i fod yn ymgeisydd swyddogol y Blaid, 'ef sydd â'r hawl i bleidleisiau pawb yn y Blaid sy'n etholwyr, a phawb sy'n cydymdeimlo â'r Blaid, ac nid yr Athro Gruffydd'. Dridiau yn ddiweddarach yr oedd yn rhaid i'r *Cymro* gytuno fod W. J. Gruffydd wedi debyn gwahoddiad y Rhyddfrydwyr i gario'u baner yn yr etholiad. Ni cheisiwyd egluro beth a barodd iddo newid ei feddwl mor sydyn ynglŷn ag ymladd o dan enw plaid, ond pwysleisiwyd ei ryddid i weithredu o dan y cytundeb a wnaed. Sicrhawd ei ddarllenwyr hefyd fod y *Cymro*'n 'gwrthwynebu'n hollol ymgeisyddiaeth Mr Saunders Lewis, ac yn cefnogi ymgeisyddiaeth yr Athro W. J. Gruffydd'.

Yn y *Western Mail* yr oedd T. Artemus Jones yn cael yr hyn a fynnai o ofod i ymosod ar Saunders Lewis. Ar Ragfyr 15fed a'r 17eg ymddangosodd llythyron ganddo yn tynnu sylw at agwedd ymgeisydd y Blaid at y rhyfel. Yr oedd eisoes yn y llythyr agored hwnnw at J. E. Jones, wedi sylwi ar fwriad Saunders Lewis, ped etholid ef, i beidio â 'gwrthwynebu a rhwystro'r Llywidraeth ym mhob peth, na chwaith i lesteirio ymdrech Lloegr fel y cyfryw', ac wedi dannod iddo nad dyna oedd ei gân pan ymddangosodd ar ran gwrthwynebwyr cydwybodol o flaen y tribiwnlys o dro i dro. Yn awr yr oedd am wybod faint o ymgais a wnaeth Saunders Lewis i gondemnio'r driniaeth a gâi'r Iddewon ar law Hitler, a chyhuddodd ef o geisio rhoi'r argraff bellach ei fod yn cefnogi rhyfel y bu ef a'i Blaid yn ei alw'n 'rhyfel Lloegr' ar hyd yr adeg. Rhai dyddiau ynghynt (8/12/42) yr oedd 'Welsh Graduate', wrth ysgrifennu yn yr un papur o dan y pennawd 'Welsh Nationalists and the War', yn cyfeirio at Gynhadledd y Blaid Genedlaethol yn Llambed yn gynharach yn y flwyddyn, lle penderfynwyd anfon cyfarchion at wyth o wrthwynebwyr cydwybodol Cymreig a garcharwyd, heb gyfeirio o gwbl, meddai'r awdur, at y miloedd o Gymry a oedd yn aelodau o'r lluoedd arfog.

Dychwelodd Prosser Rhys yn y *Faner* (16/12/42) at y thema bu'n ei thrafod gynt. 'Unig nod y ddau grŵp [sef Rhyddfrydwyr y Brifysgol a'r gwŷr academaidd amlwg] oedd cadw ymgeisydd swyddogol y Blaid Genedlaethol allan o'r Senedd. Er mor anhygoel y peth, nid oedd ganddynt, hyd yn oed ar ar adeg argyfyngus yn hanes Cymru, fel hon, ddim polisi arall o gwbl'. Nid oedd amheuaeth am safbwynt Saunders Lewis – safai ef dros Gymru'n gyntaf bob tro, a chan i'r Athro 'gydsynio i ymladd yn ei erbyn, nid yw'n annheg casglu nad yw ef am roddi'r lle blaenaf oll i fuddiannau Cymru, ac yn sicr nid buddiannau Cymru sydd yn flaenaf gan y bobl sy'n hyrwyddo ei ymgeisyddiaeth mor frwdfrydig'. Tra bu Gruffydd yn 'cwyno' yn y *Llenor* am y 'gwylliaid' yn Ewrop, bu Saunders Lewis yn gweithio'n galed ar gyrff a geisiai leddfu effeithiau peryglus y mesurau rhyfel ar y bywyd Cymreig – a hynny ar ben gorfod gweithio'n galed ar fywoliaeth ddigon main, diolch i hynawsedd bobl dda Coleg Abertawe. Byddai'r profiad a enillasai felly o anrhaethol mwy o werth iddo yn y Senedd na phrofiad Gruffydd o eistedd ar amryfal bwyllgorau'r Brifysgol. Yr oedd ganddo record o wasanaeth ac o aberth personol dros Gymru a gydnabyddid gan bawb diduedd. Fe ddygai Gymru a'i hawliau i amlygrwydd yn y Senedd na ellid eu cuddio ddim yn hwy. 'Byddai'n was da a ffyddlon i'r Brifysgol, yn drwyadl ac effro a gwrol, ac yn anrhydedd i'w genedl'. Er bod dros fis cyn dyddiau'r pôl, gallai Gohebydd Gwleidyddol y *Faner* yn yr un rhifyn, gyhoeddi mai'r Blaid Genedlaethol a enillodd y rownd gyntaf yn yr ymladdfa drwy orfodi'r Blaid Ryddfrydol Seisnig i fabwysiadu gŵr nad oedd yn Ryddfrydwr, a pheidio ag ymladd am eu sedd hwy eu hunain!

Yn yr un rhifyn eto o'r *Faner* dyfynnir o ymgom a fu rhwng yr Athro Gruffydd a gohebydd y *Western Mail* lle dywedai nad oedd erioed wedi amddiffyn llosgi'r Ysgol Fomio, fel y mynnai ei wrthwnebwyr, eithr mai yn erbyn symud prawf y Tri i Lundain y protestiai ef yr adeg honno. Dyna pam y galwodd ar y Cymry i ymwrthod â'r Coroni yn 1936. Ond dyfynnodd y *Faner* o erthygl a ddangosai iddo gael ei gythruddo gan helynt y llosgi yn ogystal â chan symudiad yr achos. Ynglŷn â'i aelodaeth o'r Blaid, mynnai Gruffydd nad oedd wedi talu ei gyfraniad 'er pan ddaeth awdurdodaeth' yn rhan o'i pholisi. Ond, meddai'r *Faner*, ni olygai hynny nad oedd bellach yn aelod. 'Hyd oni ymddiswyddo'r Athro'n ffurfiol o'r Blaid Genedlaethol, neu y gwrthwyneba hunanlywodraeth i Gymru, y mae yn parhau yn aelod o'r Blaid'.

Ar Ragfyr 19eg, rhoddodd y *Cymro* yntau sylw golygyddol i'r etholiad. Yr oedd y cenedlaetholwyr, meddai, yn dyheu am gael nifer o ymgeiswyr er mwyn rhannu'r bleidlais yn eu herbyn, a galwodd y Golygydd ar y rhai a oedd yn ystyried ymgeisio am y sedd, ar wahân i W. J. Gruffydd a Saunders Lewis i feddwl yn ddwys cyn rhoddi eu henwau gerbron. 'Nid oes ar Gymru eisiau yr un Parnell i'w chynrychioli drwy bleidlais leiafrif yn y Senedd, yr hon y mae pob Cymro oddieithr y Cenedlaetholwyr yn ei pharchu'. Hyderir y dysgir gwers i 'genedlaetholdeb cul eithafol' yn yr etholiad hwn.

Yn y rhifyn dilynol o'r *Faner* (23/12/42) dychwelwyd eto at y Tân yn Llŷn. Aeth Gruffydd yn rhy bell, meddir, wrth ddal na chefnogodd erioed y llosgi, ac y gellid profi hynny drosodd a thro wrth archwilio ei erthyglau a'i lythyron ar y pryd. 'Pob croeso i'r Athro i bob pleidlais a eill ei chael, ond yn bendant nid oedd ganddo hawl i gael pleidlais neb sy'n anghefnogi Mr Lewis oherwydd y Tân yn Llŷn'. Mewn llythyr yn yr un rhifyn gan ohebydd a alwai ei hun yn 'Coriwr' dyfynnir geiriau Gruffydd o'r *Ddraig Goch*, Tachwedd 1936 ar ôl y llosgi. Meddai bryd hynny, 'Mae'r llanw wedi troi. Mae'r weithred wedi ei choroni. A'r hyn a barodd y cyfnewid yw bod tri Chynro wedi meddwl am rywbeth heblaw eu llesâd eu hunain. Wedi gwrthod cyfrif y gost . . . Am ychydig bach, cyn troi'n ôl i'r frwydr, lle mae'r fuddugoliaeth bellach yn sicr, yr ydym yn teimlo mai gweiddi a gorfoleddu sy'n addas. Awr y Jiwbili a ddaeth!'

Ar dudalen arall o'r un rhifyn ceir Saunders Lewis yn ateb nifer o holiadau gan ohebydd arbennig y *Faner* mewn ymgais i wrthweithio'r 'camesbonio sydd mewn rhai cylchoedd anghefnogol iddo'. Gorffennai'r cyfweliad â'r geiriau, 'Bydd rhaid i Gymru . . . brofi drwy weithredoedd pendant boliticaidd, ei bod yn mynnu bod yn genedl. Y cam cyntaf yw torri â'r pleidiau gwleidyddol Seisnig ac ymuno fel cenedl mewn mudiad politicaidd Cymreig. Ceir cyfle i gychwyn hynny yn yr etholiad presennol, a dyna'r rheswm y mae gelynion a gwrthwynebwyr fy ymgeisyddiaeth i mor chwerw'.

Wythnos yn ddiweddarach, yn y *Faner*, cafwyd ymateb W. J. Gruffydd i ddyfyniad y Jiwbili. Eglurodd mewn llythyr mai'r Jiwbili y cyfeiriai ef ato oedd, nid llosgi'r Ysgol Fomio fel y cyfryw, ond y ffaith fod 'tri Chymro wedi meddwl am rywbeth heblaw eu llesâd eu hunain.' Ond parhau i brocio'r Athro a wnâi'r *Faner*. Gan mai ef bellach oedd ymgeisydd swyddogol y Rhyddfrydwyr, a chan gofio am yr *electoral truce*, ef felly oedd ymgeisydd swyddogol y Llywodraeth, ac yn rhinwedd y swydd honno byddai'n derbyn, yn ystod 'un o'r dyddiau nesaf hyn', fendith Mr Churchill, Mr Attlee a Syr Archibald Sinclair. 'Yr ydym yn byw mewn byd digrif yn wir!' Prysurodd Gruffydd i wadu hyn yn y rhifyn nesaf (5/1/43). Ni dderbyniai ef fendith yr un o'r tri a enwyd, meddai, gan ychwanegu, 'Yr wyf yn dibynnu ar gefnogaeth pobl yng Nghymru sydd yn credu fel finnau, fod polisi presennol arweinwyr y Blaid Genedlaethol yn gwbl groes i fuddiannau gorau Cymru ac i ddyfodol ei hiaith, ei gwerin, a'i diwylliant'.

Y papur cyntaf i roi sylw i fater yr etholiad yn y flwyddyn newydd oedd *Seren Cymru*, wythnosolyn y Bedyddwyr a ymddangosodd ar ddydd Calan 1943. Ychydig iawn o ofod a roddodd y papurau enwadol i'r etholiad, ond nid dyma'r tro cyntaf i'r *Seren* sylwi arno. Ar Ragfyr 4ydd yr oedd y golygydd wedi dangos yn gynnil mai W. J. Gruffydd oedd ei ddyn ef, a'r wythnos ganlynol cyhoeddwyd llythyr gan J. Gwyn Griffiths yn cefnogi Saunders Lewis. Yn rhifyn cyntaf y flwyddyn newydd cafwyd erthygl gan Dr E. K. Jones, Wrecsam, yn ymosod ar Saunders Lewis a'i grefydd.. 'Cafodd y Babaeth hi [sef Cymru] i'w dwylo am ganrifoedd lawer, a gadawodd hi yn anwybodus, yn ofergoelus ac yn feddw ... Arswydaf wrth feddwl y gall y Babaeth eto ddod i ddylanwad yng Nghymru'. Cyfeiria at gerdd Saunders Lewis i Dr J. D. Jones, Bournemouth (gw. *Byd a Betws*, 13) a oedd, meddai, yn fynegiant o deimlad chwerw, sefydlog Pabydd a gelyn. 'A pha fodd y gallaf feddwl am ŵr o'r fath ysbryd yn cynrychioli Prifysgol Cymru yn Senedd y Deyrnas?' Wythnos yn ddiweddarach (8/1/43) mentrodd golygydd y *Seren* ychydig yn bellach nag a wnaeth ar Ragfyr 4ydd drwy haeru fod 'mwy o berygl i Gymru oddi wrth Babyddiaeth Mr Saunders Lewis nag sydd o ennill iddi oddi wrth ei wleidyddiaeth'. Hyderai y byddai pob Bedyddiwr yn cefnogi Gruffydd.

Yn y cyfamser teimlodd y *Faner* ei bod yn bryd adolygu'r sefyllfa, a dyna a wnaed yn rhifyn 6/1/43. Atgoffwyd y darllenwyr am fwriad gwreiddiol W. J. Gruffydd i sefyll fel ymgeisydd di-blaid, ac yna am ei daith i Lundain i'w fabwysiadu'n ymgeisydd swyddogol y Rhyddfrydwyr, ond gyda'r hawl i weithredu'n gwbl rydd o'r tu mewn a'r tu allan i'r Tŷ. Pwysir arno yn yr erthygl hon i ddweud a fwriadai dderbyn chwip y Blaid Ryddfrydol ped etholid ef i'r Senedd. 'Ond yw, yna ffars oedd ei fabwysiadu gan y Rhyddfrydwyr, ac fe weddai iddo egluro amcan y ffars'. Yr oedd hefyd wedi methu gwrthbrofi ei fod yn dal yn aelod o'r Blaid Genedlaethol, a'i fod wedi cefnogi llosgi'r Ysgol Fomio. Yr oedd cymaint o anwadalwch ynglŷn â'i holl ymgeisyddiaeth, meddai'r *Faner*, nes gyrru un o'i gefnogwyr i ddweud, 'Y mae'r Athro Gruffydd wedi newid ei gôt droeon, cyn bo hir ni bydd rhagor o gotiau newydd i'w cael, a bydd yn rhaid iddo ddechrau ailwisgo'r hen rai'. A phan ofynnwyd, meddir, i 'Gymro adnabyddus' a fyddai'n pleidleisio i Saunders Lewis, atebodd, 'Na fyddaf, nid wyf yn cytuno â'i syniadau nac â'i bolisï'. ' Yr Athro Gruffydd gaiff eich pleidlais felly?' 'Na, nid oes ganddo ef na syniadau na pholisi'.

Os câi'r Athro Gruffydd ei frifo gan gyfeiriadu pigog y *Faner* ato o wythnos i wythnos, gallai bob amser droi am solas i'r *Western Mail*. Yng ngholofn olygyddol y papur hwnnw (7/1/43), dywedir ei bod yn ddyletswydd ar raddedigion y Brifysgol i gefnogi Gruffydd, *the choice of the [Liberal] Party.* Eisoes, meddir, y mae llawer o aelodau'r Blaid Lafur a'r Blaid Dorïaidd yn gweithio'n agored drosto *because they firmly believe he is on personal and educational grounds the candidate best fitted our greatest national institution in Parliament.* Canmolir ef yn hael, a phwysleisir ei agwedd at y Rhyfel. *No pacifist taint has touched him . . . His record in the last War as in this, proves him to be a patriot in the best sense of that much abused word . . . He would lead Wales forward, not backward to that period of political monaticism from which after centuries of struggle Wales has emancipated herself. For these reasons we strongly maintain that the election would be guilty of a great disservice to Wales if they failed to give him their confidence and support.*

Yn yr un rhifyn pwysleisir ymhellach gymwysterau Gruffydd i gynrychioli'r Brifysgol mewn llythyr agored a arwyddwyd gan 79 o'i gefnogwyr pennaf. Nid oes ofod yma i gynnwys yr enwau i gyd, ond dyma ddetholiad: R. G. Berry, E. G. Bowen, Davies Llandinam, Llewelfryn Davies, D. Myrddin Davies, Jano Clement Davies, J. Llefelys Davies, Robert Evans, Llanbryn-mair, H. J. Fleure, D. Lloyd George, R. T. Jenkins, Idwal a Kitty Idwal Jones, J. Morgan Jones, R. J. Jones, Caerdydd, Thomas Jones, Coleg Harlech, T. Artemus Jones, H. Elvet Lewis, John Edward Lloyd, T. J. Morgan, Gwladys Hopkin Morris, Angharad a Gwenllian Morris-Jones, R. G. Owen, Iorwerth C. Peate, J. F. Rees, J. Morgan Rees, William Rees, Thomas Richards, Goronwy O. Roberts, R. Alun Roberts, Morgan Watkin, Ifor Williams, W. Emyr Williams, W. Gilbert Williams.

Ymddangosodd copïau o'r llythyr hwn yn rhai o'r papurau eraill y cyfeiriwyd atynt uchod, a chwe diwrnod yn ddiweddarach ymddangosodd llythyr o'r un natur wedi ei arwyddo gan tua'r un faint o gefnogwyr Saunders Lewis, ac yn eu plith Ambrose Bebb, J. E. Daniel, Pennar Davies, Kitchener Davies, J. P. Davies, T. Alban Davies, Gwynfor Evans, J. J. Evans, Trebor Lloyd Evans, J. Gwyn Griffiths, Moses Gruffydd, Leslie Harries, Llywelyn C. Huws, A. O. H. Jarman, Cynan, D. Llewelyn Jones, E. D. Jones, Fred Jones, Gwenallt, Gwenan Jones, R. E. Jones, Simon B. Jones, T. Gwynn

Jones, Percy Ogwen Jones, Thomas Jones (Aberystwyth), R. Tudur Jones, Myrddin Lloyd, Bob Owen, R. Williams Parry, Thomas Parry, Prosser Rhys, Keidrych Rhys, Kate Roberts, O. M. Robers, R. Parri Roberts, Meuryn, Oliver Stephens, Lewis Valentine, A. W. Wade-Evans, y ddau D. J. Williams (Abergwaun a Llanbedr), G. J. ac Elizabeth Williams, J. E. Caerwyn Williams.

Yr oedd crefydd Saunders Lewis yn dal i boeni nifer o ohebwyr i'r gwahanol gyhoeddiadau, ac yn eu plith y Parch. Tecwyn Evans a ysgrifennodd i'r *Cymro* (9/1/43) i ofyn beth fyddai agwedd ymgeisydd y Blaid Genedlaethol petai'n aelod seneddol a bod pwnc addysg grefyddol yn yr ysgolion gerbron? Ai fel Pabydd neu fel Cenedlaetholwr Cymreig y defnyddiai ei ddylanwad? Ceisiodd Saunders Lewis ei ateb, a'r llythyron eraill ar yr un pwnc, mewn llythyr at olygydd y *Faner* (13/1/43). Problem oedd hon meddai, y dylai'r Cymry eu hunain ei datrys, a dylai'r genedl wynebu'r cyfrifoldeb hwnnw. Anogodd yr holl gyrff Cristionogol Cymreig i gwrdd a chytuno ar egwyddorion ac ar bolisi. Yna cyfarfod â'r awdurdodau addysg, a mynd ati i lunio mesur mor deg a boddhaol ag oedd bosibl i bawb o bob credo. Ond ni bu'r ymateb hwn yn dderbyniol gan bawb, a chodwyd mater crefydd Saunders Lewis i'r gwynt nifer o weithiau wedyn cyn diwedd yr ymgyrch, yn enwedig gan Dr E. K. Jones, Wrecsam.

Ac o sôn amdano ef, yn sicr un o'r pethau mwyaf nerthol a ddeilliodd o'r frwydr i gyd oedd yr ateb a gafodd i'w ymosodiad ar Saunders Lewis yn *Seren Cymru*, a hynny yn yr un papur, gan Lewis Valentine. 'Enbyd o record sydd gan Eglwys Rufain, ac enbyd o record sydd gan yr Eglwys Brotestannaidd hefyd,' meddai, 'fel y prawf llofruddiaethau John Penri lân, o Servetus ddewr. Os gwaethaf unigolyn neu sefydliad, neu enwad yw'r llinyn i'w mesur, pwy a saif, Doctor, pwy a saif? . . . [Y] perygl mwyaf uniongyrchol i Anghydffurfiaeth ydyw, nid Pabyddiaeth, ond parhad mileindra y rhyfel hwn. A fynnwch chwi, Doctor, glywed llef loyw ac egni disglair ar waith yn y Senedd i fyrhau y Fedlam hon? Y mae eich "gweledydd" a'ch proffwyd chwi yn perthyn i blaid a fyn ymladd y rhyfel hwn i'r pen draw eithaf, ac yn ddiymod y gwrthodant bob sôn am gymod'. Haedda'r llythyr huawdl hwn fwy o ofod nag y gellir rhoi iddo yma.

Aeth y ddadl rhagddi hyd ddiwedd yr ymgyrch ar dudalennau *Seren Cymru*, ac ar ddiwrnod y pleidleisio gair olaf y golygydd oedd, 'A bod Saunders Lewis yn cael ei ethol, ni phetruswn ddywedyd y bydd gorfoledd Eglwys Rufain yn llawer mwy na hyd yn oed eiddo ei gefnogwyr gwleidyddol'.

Ar wahân i grefydd, yr oedd heddwch, fel yr awgrymwyd eisoes, yn bwnc llosg trwy'r ymgyrch i gyd. Yr oedd Thomas Artemus Jones, yn y llythyr hwnnw yn y *Cymro*, wedi cyhuddo Saunders Lewis o chwarae'r ffon ddwybig, a gwelsom y *Western Mail* yn rhoi sylw i'r ffaith fod y Blaid yn gwneud yn fawr o wrthwynebwyr cydwybodol. Yn y *Faner* (6/1/43) aeth yn ddadl ar y mater rhwng Wil Berry, Llanrwst a Dr Iorwerth Peate. Methai Berry â deall, meddai, sut y gallai Dr Peate, ac yntau'n 'heddychwr pybyr', gefnogi mor eiddgar yr Athro Gruffydd 'sy'n enwog am ei gefnogaeth i'r egwyddor o ymladd y rhyfel i'r terfyn eithaf'. Eglurodd Peate yn y rhifyn dilynol nad oedd yr un 'pasiffist' yn ymladd yr etholiad, a bod yr heddychwyr a gefnogai Saunders Lewis yr un mor anghyson â'r rhai hynny, fel yntau, a gefnogai Gruffydd. Fel y digwyddai, anghytunai ef â'r ddau ar bwnc y rhyfel, ond un pwnc ymhlith llawer oedd hwn 'ac nid y pwsicaf'. Dadleuodd na fyddai yn gyson â'i holl athroniaeth a'i draddodiad 'pe na buaswn yn cefnogi Mr Gruffydd i'r eithaf'. Gadawyd y gair olaf i Berry (20/1/43). 'Saif yr ymgeisydd Rhyddfrydol dros ymladd y rhyfel i'r eithafbwynt chwerw, costied a gostio mewn bywydau. Fe saif Mr Saunders Lewis dros heddwch trwy gymrodedd a therfyn di-fuddugoliaeth i'r rhyfel fel yr unig obaith am heddwch parhaol'. Polisi Saunders Lewis, meddai Berry, oedd polisi Heddychwyr Cymru hefyd, 'ac y mae y Dr Peate yn perthyn i'r Heddychwyr. Eto fe gefnoga y Dr Peate ymgeisydd a saif dros bolisi y *Knock-out blow* . . . A gaf i atgoffa y Dr Peate o un pwynt arall? Fe'i rhyddhawyd ef ei hun (fel heddychwr) o orfod ymladd yn y rhyfel. Popeth yn dda. Nid oes gennyf i, o leiaf, ddim gwrthwynebiad. Ond trwy gefnogi'r Athro Gruffydd y mae'n cefnogi polisi o barhau'r rhyfel . . . hynny yw, polisi o gondemnio eraill i ymladd a hwyrach marw yn y rhyfel y mae ef ei hun yn gwrthod cymryd rhan ynddo . . . Rhaid cyfaddef wrth gwrs, mai anodd yw cadw cysondeb wrth gefnogi ymgeisydd mor anghyson'.

Yr oedd y *Faner* (6/1/43) wedi pwyso ar W. J. Gruffydd i ddatgelu a fyddai ef, ped etholid ef, yn derbyn chwip y Blaid Ryddfrydol yn y Tŷ. (Cofier ei fod i ddechrau wedi mynnu y byddai yn ymladd yn gwbl ddi-blaid, ond yn fuan wedyn wedi derbyn nawdd y Rhyddfrydwyr ar yr amod fod iddo bob rhyddid i weithredu fel y barnai orau y tu mewn a'r tu allan i'r Tŷ). Ni ddaeth ateb ynglŷn â mater y chwip fodd bynnag, ond ar Ionawr 13eg gallai Gohebydd Arbennig y *Faner* gyhoeddi'n orfoleddus fod yr ateb ganddo. Cawsai afael, meddai, ar lythyr a 'yrrir allan gan y Blaid Ryddfrydol' a gynhwysai'r frawddeg, 'Y mae'r Athro Gruffydd yn derbyn y disgrifiad mai ef yw yr ymgeisydd Rhyddfrydol yn yr etholiad hwn, ac fe gymer y chwip Rhyddfrydol os etholir ef'. Meddai'r Gohebydd Arbennig, 'Dyma'r sefyllfa'n glir. A oes eisiau dywedyd rhagor am yr ymgeisydd di-blaid hwn?'

Roedd yn rhaid i'r enwebiadau gogyfer â'r etholiad ddod i law erbyn Ionawr 12fed fan bellaf, a thrannoeth cyhoeddwyd enwau'r ymgeiswyr yn y *Western Mail*. Yn ogystal â'r ddau brif ymgeisydd, daeth tri arall i'r maes, sef Alun Talfan Davies (Annibynnol), Y Rhingyll Evan Davies (Sosialydd Annibynnol) a Neville Evans (Sosialydd Annibynnol). Rhaid oedd i'r *Western Mail* fel pawb arall gydnabod mai brwydr oedd hon rhwng dau yn unig, sef *Professor W. J. Gruffydd . . . [and] the nominee of the so-called Welsh Nationalist Party, and of an insignificant group of pacifists.* Aeth yr erthygl olygyddol ymlaen i ddweud, *Mr Saunders Lewis possesses no personal distinction of any kind which is equal of that of Professor Gruffydd. Let the acid test be applied in every field, and the personal scale goes down against him. He is no more eminent in literature, in his works for the University, in love of Wales and fidelity to her tradition, while in the purely political field his career has been a record of ghastly follies . . . We do not want a Welsh representative in Parliament who is content not "to decry or impede" the war effort, but one who will give the Government every possible aid in the stupendous task of winning victory.* Yn lle taranu yn erbyn Hitler, fel W. J. Gruffydd, *he has preferred to pipe disconsolately in the cave of Adullam about the imaginary woes of Wales to a coterie of political fanatics who in their every speech and deed belie the culture which they profess to cherish. Well may Wales and particularly the University pray to be spared from such a friend. Not from him will she receive help or high leadership.*

Deuddydd yn ddiweddarach (16/1/43) yn yr un papur, holai un John Pennant o ba le tybed y dôi cefnogaeth Saunders Lewis yn yr etholiad? Dyma ran o'i ateb: *Many of the young ministers and ministerial students, arrogant in their immunity from bullets and bombs, will follow Leader Lewis.* Caiff gefnogaeth llawer o ferched o blith y graddedigion. *Among them there is a strong and fanatical following for Leader Lewis . . . They invest the leader with a halo of infallibility and immaculateness that makes mere human eyes blink with amazement. It is a blind and blinding adulation that has no parallel since Adolf Hitler set up in business . . . For all that the Welsh Nationalist Party has passed its zenith. Its twilight is approaching.*

Gan fod John Pennant yn sôn felly am gefnogwyr Saunders Lewis, nid annheg fyddai holi pwy oedd yn rhengoedd W. J. Gruffydd? Yn y *Faner* (16/12/42) yr oedd rhywun, o dan y ffugenw 'Sosialydd' yn cyhoeddi fod Gruffydd wedi ei ddewis i gipio pleidleisiau'r Cymry a fyddai fel arall yn tueddu i gefnogi Saunders Lewis, ei fod wedi ei noddi gan y Rhyddfrydwyr er mwyn iddo gael y pleidleisiau Rhyddfrydol, a bod rhywun yn awr yn ceisio cael sosialwyr i'w gefnogi hefyd. 'Y mae'r dyn hwn', meddai Sosialydd, 'yn gallu cynrychioli pawb'. A diddorol yn yr un cyswllt yw'r paragraff hwn o'r *Cymro* (23/1/43): 'Derbyniasom air . . . yn ein hysbysu fod Plaid Gomiwnyddol Gogledd Cymru wedi pasio yn unfryd i gefnogi'r Athro W. J. Gruffydd, meddant, am iddo ef frwydro'n gyson dros Brotestaniaeth yn ystyr letaf y gair, a chredant y brwydra dros y pethau hyn eto'.

Ar dudalen blaen y *Cymro* yr un diwrnod rhoddwyd gofod helaeth i erthygl gan T. Artemus Jones o dan y pennawd, 'Pa beth a olyga'r etholiad i Gymru?' sy'n ymosodiad llym ar y Blaid a'i hymgeisydd. Codir bwgan Pabyddiaeth unwaith eto, a dywedir mai 'clytwaith o Ffasgaeth a Natsiaeth benchwiban . . . yw athroniaeth wleidyddol y Cenedlaetholwyr . . . Amcana [Saunders Lewis] osod i fyny yng Nghymru Senedd na oddef unrhyw blaid arall yn y wladwriaeth oddi eithr cenedlaetholdeb, a Llywodraeth a fydd yn Ffasgaidd a Phabaidd'. Yn yr un rhifyn o'r *Cymro* ceir llith hir gan John Aelod Jones ar bwnc yr etholiad, lle dywed ar y dechrau nad yw am awgrymu i'r darllenwyr i bwy y dylent bleidleisio, gan fynd rhagddo i wneud y drwg mwyaf posibl i ymgeisyddiaeth Saunders Lewis, ond yn y modd mwyaf dymunol. Ymatebodd J. E. Daniel i erthygl Artemus Jones yn y *Cymro* dilynol. 'Annymunol', meddai, 'yw gweld barnwr yn troi'n erlynydd, yn gwrthod gwrando'r amddiffyniad, ac yna dychwelyd i'r fainc i roi dedfryd o gondemniad'.

Dridiau ynghynt yn y *Faner* bu J. E. Daniel yn mynegi ei siom ynglŷn â llythyr etholiad WJ. Gruffydd, ac yn enwedig y rhan ohono lle dywedai fod 'rhan fawr o'r to ieiengaf (gan olygu'r Blaid Genedlaethol) yn onest ac yn agored yn ceisio gwthio awdurdodaeth (h.y. Ffasgaeth) ar y genedl'. Mynnai ei fod yn gweld 'yn ymwthio yn y byd *ac yn ffurfafen Cymru yn arbennig* [italeiddio Gruffydd] argoel o ddrygioni digymysg'. Ond beth, meddai J. E. Daniel, am filitareiddio plant ysgol dros bedair ar ddeg oed yng Nghymru; beth am bolisi'r Llywodraeth o ddiwreiddio merched o ardaloedd gwledig a'u gorfodi i fynd i weithio i ffatrioedd trefol; beth am wrthodiad cyson yr awdurdodau i ganiatáu milwyr o Gymry dderbyn eu hyfforddiant gyda'i gilydd yng Nghymru; a beth am y bwriad o gynllunio Prydain wedi'r rhyfel fel uned wleidyddol a diwydiannol heb unrhyw gydnabyddiaeth o fodolaeth a hawliau'r genedl Gymreig? Ni soniodd Gruffydd am un o'r pethau hyn yn ei anerchiad etholiadol, ond y pethau hyn oedd yr 'argoel o ddrygioni digymysg' a welai Daniel. 'O holl amalgam rhyfedd yr anerchiad etholiad yma', meddai, 'nid oes dim rhyfeddach na'r anwybodaeth anorchfygol a barodd i'r Athro Gruffydd briodoli awdurdodaeth i Blaid Genedlaethol Cymru'.

O dan y pennawd 'Etholiad Bum Onglog y Brifysgol' yn y *Faner* (20/1/43), cafwyd ymosodiad chwyrn arall ar W. J. Gruffydd gan Ohebydd Gwleidyddol y papur. Ef, yn ôl yr erthygl hon, yw ymgeisydd yr 'hen gang' – pobl gysurus yr academig dost, pobl ar ben eu digon 'heb wrando ar ing Cymru heddiw, heb falio pwy sy'n dioddef os byddant hwy yn cael eu hawddfyd'. Y mae Saunders Lewis yn gymaint poen iddynt nes eu bod yn dyheu am ei gadw allan o bob swydd y gallant hwy ei gadw allan ohoni. 'Nid digon oedd ei garcharu am ei ran yn y Tân yn Llŷn, rhaid oedd ei ail gosbi trwy ei fwrw o'i swydd yng Ngholeg Abertawe. Ac yn awr rhaid ei gosbi eto drwy droi pob carreg, a defnyddio pob celwydd a llaid, fel nad elo i'r Senedd, er y gwyddant am ei gymwysterau arbennig'. Cyhuddir yr 'hen gang' o ddefnyddio'r traddodiad Ymneilltuol fel arf yn ei erbyn, ac yntau'n Babydd. 'Y mae'r Athro Gruffydd a'r Dr Peate, er enghraifft, yn siarad yn barhaus am ymneilltuaeth. Eto, pa mor fynych y mae'r naill a'r llall ohonynt yn tywyllu drws capel Ymneilltuol? . . . Bydded eglur i bawb nad yw'r holl sôn am Ymneilltuaeth ymhlith gwrthwynebwyr Mr Saunders Lewis yn ddim ond stynt etholiad cableddus'. Ymatebodd Gruffydd i hyn, ac i bethau tebyg, mewn llythyr i'r *Western Mail* (26/1/43). Gwadodd yn bendant ei fod yn anffyddiwr, a rhestrodd ychydig o'r ysgolion Sul y bu'n athro ynddynt. Cyfaddefodd er hynny ei fod yn 'thoroughly bad Christian'.

Ond nid yw'n rhyfedd o gwbl i W. J. Gruffydd golli ei dymer yn un o'i gyfarfodydd cyhoeddus yn ystod yr ymgyrch yng Nghaerdydd, a gofyn, 'Paham y mae yn rhaid i ni yng Nghymru ddioddef y gwarthrudd o adael i'r *Faner* ffynnu?' Ymateb y *Faner* (20/1/43) oedd, 'Ie, paham y mae'n rhaid i ni gael gwasg rydd? . . . Ymddengys fel pe mynnai ef ymddwyn fel Unben a chau ceg pawb ond ei gynffonwyr'.

Rhaid bod y *Western Mail* yn credu bod lle i ofni ymgeisyddiaeth Saunders Lewis, oherwydd ar Ionawr 23ain (deuddydd cyn y pôl cyntaf – rhoddwyd pum diwrnod i bleidleisio) ceir erthygl olygyddol arall yn trin yr is-etholiad. Ni ddylai'r graddedigion betruso dim cyn rhoi eu cefnogaeth i W. J. Gruffydd, meddir, gan mai sedd Ryddfrydol oedd hon o'r blaen, am ei fod yn cefnogi'r Llywodraeth Genedlaethol, ac ar bwys ei gymwysterau ym myd addysg. Yna troir i ddelio â Saunders Lewis. *It should be impossible*, meddai'r erthygl, *for an enlightened electorate acquainted with his political career to repose the slightest confidence in him.* Ac meddir am ei bolisïau, *In the political history of Wales or any other country such a farrago of perverse nonsense has never been presented to a body of sensible electors. If one fraction of his crazy programme was ever enacted the Welsh people would be reduced to the level of a tribe of dervishes. For that programme in every detail confirms up to the hilt that the man who assisted in firing an aerodrome in hatred of England is more fit to represent a constituency of desert hermits than the most cherished institution in modern Wales.*

Yn rhifyn y diwrnod hwnnw o'r *Cymro*, rhestrir saith cwestiwn a anfonwyd gan Undeb Cymru Fydd i'r ymgeiswyr i gyd, ac oherwydd eu bod yn grynodeb gweddol hwylus o'r prif bwyntiau a fu gerbron yn ystod yr ymgyrch, fe'u nodir yn fyr yma. Gofynnwyd i'r ymgeiswyr am eu barn ynglŷn â (1) Deiseb yr Iaith, (2) Cydnabyddiaeth gan y Senedd o hunaniaeth cenedl y Cymry, (3) Addysg grefyddol yn yr ysgolion, (4) Cryfhau'r berthynas rhwng Undeb Cymru Fydd a'r Blaid Seneddol Gymreig, (5) Rhoi mwy o bwys ar hyfforddi milwyr Cymreig yng Nghymru, (6) Mudiadau milwrol i blant, (7) Tonfedd radio arbennig i Gymru. Gwrthododd W. J. Gruffydd eu hateb i gyd ond un, am y byddai ateb y lleill yn golygu traethawd cyfan bob tro, 'ac am y byddai'n ofynnol iddo *fynd* i'r Senedd yn gyntaf' i astudio'r ffordd orau i gynllunio'r hyn a ofynnid. Rhoddodd Saunders Lewis, ar y llaw arall, atebiad cryno a phendant i bob cwestiwn yn ei dro.

Daliodd Gohebydd Gwleidyddol y *Faner* i wasgu ar wynt Gruffydd hyd ddiwedd yr ymgyrch. Deuddydd cyn cau'r pôl y mae'n sylwi, ymhlith pethau eraill, ar y gwahaniaeth rhwng cyfarfodydd y ddau brif ymgeisydd. Yr oedd rhai Sauinders Lewis yn lluosog a brwdfrdig, rhai Gruffydd yn tueddu i fod yn fflat. Ei thema ef, yn enwedig wrth ateb cwestiynau o'r llawr, oedd ei fod 'yn mynd i'r Senedd i ddysgu', a sylwodd rhywun yn ôl y Gohebydd, fod £600 (cyflog Aelod Seneddol bryd hynny) yn ormod i dalu i brentis. Cyhuddir prif swyddfa'r Rhyddfrydwyr yn Llundain o anfon allan lithoedd i'r wasg yn llawn celwydd am y Blaid Genedlaethol. A oedd raid i W. J. Gruffydd wrth 'bropoganda prif swyddfa gyfoethog y Rhyddfrydwyr . . . i ennill cefnogaeth gwerin dlawd Cymru?' Nodir yn yr un erthygl rai o ddadleniadau Evan Davies, Hengoed, un o'r ddau ymgeisydd Sosialaidd Annibynnol. Honnai fod y Blaid Ryddfrydol wedi cynnig ei fabwysiadu ef cyn troi at W. J. Gruffydd, ond iddo wrthod am na fynnai wadu ei egwyddorion. Dywedai hefyd fod 'pobl neilltuol' wedi cynnig swm sylweddol o arian iddo yn ddiweddarach pe cytunai i beidio â sefyll o gwbl.

Ar ddiwedd eithaf yr ymgyrch, anelodd y *Western Mail* un ergyd arall at Saunders Lewis, drwy gyhoeddi llythyr gan R. E. R. Evans, Llanfair-ym-Muallt.. Ar ôl datgan ei gefnogaeth i W. J. Gruffydd, a chanmol ei ysgolheictod yn arbennig, gorffenna'r llythyr â'r geiriau, *His leading opponent Mr Saunders Lewis is, too, a Welsh scholar. But he is a clerical-Fascist, an obscurantist who would plunge us all back into an idealised mediaeval Wales.*

Cyfrifwyd y pleidleisiau fore Sadwrn, Ionawr 30ain, yn Swyddfa'r Cofrestrydd yng Nghaerdydd. Anfonodd y ddau brif ymladdwr eu cynrychiolwyr i'r cyfrif, ond yr oedd y tri ymgeisydd arall yn bresennol. Y canlyniad oedd:

W. J. Gruffydd (Rhyddfrydwr)	3098
Saunders Lewis (Cenedlaetholwr)	1330
Alun Talfan Davies (Annibynnol)	755
Evan Davies (Sosialydd Annibynnol)	634
Neville Evans (Sosialydd Annibynnol)	101
Mwyafrif Rhyddfrydol	1768

Collodd y ddau Sosialydd Annibynnol eu hernes.

Meddai'r *Cymro*, ar ôl cyhoeddi'r ffigyrau, 'Rhoesant eu llais yn glir a chryno o blaid Cymro mawr ein dydd, bardd a llenor, arweinydd a gwleidydd. Yn sicr y mae mwyafrif yr Athro Gruffydd yn arwydd pendant o ble mae calon Cymru'. Ac yr oedd Golygydd y *Cymro* yntau yn ymfachïo fod 'Cymru'n glynu fel erioed wrth y pleidiau Prydeinig sylfaenol, ac yn credu fel erioed mai anfon gwŷr grymus i Senedd Prydain Fawr ydyw ei braint a'i chyfle'.

Llawenhaodd Golygydd y *Western Mail* yntau ym muddugoliaeth Gruffydd ac yn nhrechiad Saunders Lewis. Am yr olaf dywedir [*his*] *tactics having failed again we must hope he will learn the plain lesson that no constituency in Wales approves the misguided policy of his party*'. Ychydig iawn o ddiddordeb a gymerodd y *Liverpool Daily Post* yn yr etholiad o gwbl, ond trannoeth y drin cyfeiriwyd ato mewn paragraff byr yn yr erthygl olygyddol. Y casgliad y daeth awdur y paragaff iddo oedd, *Mr Saunders Lewis attitude to the war has been so equivocal that probably some of those who might otherwise have supported him have been alienated. That, at any rate, is what it looks like. In fact, it is perhaps best for legitimate Welsh national aspirations that Mr Lewis was not sent to Parliament.* Atebwyd y sylw olaf hwn mewn llythyr at y Golygydd (3/2/43) gan y Parch. J. Lloyd Jones, Llanfairfechan. Meddai ef, *It was the Welsh Nationalists alone that stood definitely and unequivocally for that kind of Nationalism which the British Government avows to champion and establish within its realms. Consequently, the fact that Mr Lewis was not sent to Parliament was a tragedy'*.

Barn Olygyddol y *Faner* ar ôl y gyflafan oedd, 'Y mae mwy o werth moesol mewn colli etholiad yn y dull hwn na'i ennill yn nulliau'r Blaid Ryddfrydol'. Ac meddai'r Gohebydd Gwleidyddol, ar ôl nodi'r ffigyrau, 'Cafodd yr Athro Gruffydd y tu ôl iddo adnoddau'r Llywodraeth a'r holl bleidiau Seisnig sy'n ei chyfansoddi am ddigwydd iddo fod yn ymgeisydd swyddogol. Aeth yn frwydr rhwng Llywodraeth Lloegr a Chymru . . . Ac ar adeg felly ni fethodd Lloegr erioed mewn un gwlad a oresgynnodd, gael pobl esmwyth eu byd yn y wlad honno i anghefnogi buddiannau gorau eu gwlad eu hunain. Fe'u cafwyd yng Nghymru, ac y wasg Gymraeg'. Nid buddugoliaeth bersonol i'r Athro Gruffydd mo hon, ac nid buddugoliaeth i Ryddfrydigrwydd mohoni ychwaith, ond yn hytrach 'buddugoliaeth eglur ydyw yn erbyn Cymru, yn erbyn rhoddi i Gymru ei lle yn Nhŷ'r Cyffredin ac yn yr Adferiad [ar ôl y Rhyfel], yn erbyn cadw Cymry fel cenedl fyw. Nid yw'n fuddugoliaeth i un Cymro ystyriol heddiw lawenychu o'i phlegid'.

Rhai dyddiau ar ôl y fuddugoliaeth cyflwynwyd W. J. Gruffydd i'r Llefarydd yn y Tŷ gan Syr Percy Harris, Prif Chwip y Rhyddfrydwyr, a D. Owen Evans, Aelod Seneddol Rhyddfrydol Ceredigion. Yn yr Etholiad Cyffredinol ddwy flynedd yn ddiweddarach (1945) amddiffynnodd ei sedd yn llwyddiannus drwy guro Dr Gwenan Jones ar ran y Blaid Genedlaethol, ond erbyn Etholiad Cyffredinol 1950 yr oedd seddau Seneddol y Prifysgolion wedi eu diddymu, a bu'n rhaid i'r Athro W. J. Gruffydd droi ei gefn ar Dŷ'r Cyffredin.

Hiwmor yn y Baledi

Ymhlith baledi'r ddeunawfed ganrif y mae corff bychan o rai a luniwyd yn arbennig gyda'r bwriad o greu chwerthin a hwyl yn y gynulleidfa o gwmpas y canwr yn y farchnad a'r ffair ac ar y stryd. Ychydig ydynt ar gyfartaledd. Meddai J. H. Davies yn ei ragymadrodd i'w Lyfryddiaeth o faledi'r ganrif honno: *a few relate to comic adventures...The majority of the ballads, however, are of a distinctly religious type, in the nature of warnings against sin and songs composed for special religious festivals*. 'Crefyddol oedd tinc tuag wyth gerdd o bob deg', meddai Thomas Parry eto yn y gyfrol *Baledi'r Ddeunawfed Ganrif*. Ychwaneger at hyn y toreth baledi am ddigwyddiadau trist fel llofruddiaethau, llongddrylliadau, rhyfeloedd, caledi'r dyddiau, a phrinder a drudaniaeth bwyd i ymgynnal, efallai nad yw'n rhyfedd mai yn y lleiafrif y mae'r baledi bwriadol ysgafn. Ond y maent yn bod, oherwydd roedd gan gwmnïaeth y llofft stabal ambell geiniog i'w gwario yn y ffair, ac os oedd modd i'r baledwr ddenu honno i'w boced ei hun, ni fyddai'n brin o geisio gwneud hynny.

Beth fyddai cynnwys baledi o'r fath? Beth, mewn geiriau eraill – ym marn y baledwr – fyddai'n goglais ei gynulleidfa? I droi at J. H. Davies unwaith eto, ei ddisgrifiad cyffredinol ef o'r baledi arbennig hyn yw *amusing incidents of the countryside*, ac fel enghraifft o hynny mae'n rhoi crynodeb o faled rhif 399 yn ei Lyfryddiaeth, sef hanes tad a oedd yn bygwth saethu cariad ei ferch petai hwnnw mor annoeth â dod i edrych amdani. Ond rhyw noson dywyll fe glywodd y tad sŵn y tu allan i'r ty, ac fe dybiai ei fod yn gweld rhyw rith yn symud o gwmpas yn y tywyllwch. Dyma nôl y gwn a saethu i gyfeiriad y tresmaswr. Yr ergyd yn deffro pawb yn y tŷ, ac un o'r gweision yn mynd allan i'r ffald, ac yno'n darganfod fod ei feistr wedi saethu, nid cariad ei ferch, ond eidion ei gymydog. Rhaid bod y cariad yn ŵr go gorffol, neu bod y noson yn un anarferol o dywyll. I droi at y faled ei hun, dyma ychydig o'i blas. Roedd y tad, meddai'r baledwr, yn:

Cynghori'r ferch bob diwrnod
A rhoi iddi ymbell gernod,
Gan ddweud iddi y Byd a gae
Os ato yr âi yn briod.

Wele'r gwas, yn y pennill nesaf , yn mynd allan i weld beth oedd
effaith ergyd ei feistr:

Fe neidie'r gŵr tua'r lladdfa
I ymofyn am yr helfa,
Yr oedd [yr] eidion yn ei waed,
A'i ochor draed yn ucha.

Llinell ddigri iawn yw'r olaf. Daw'r cymydog, perchennog yr eidion,
draw yn nes ymlaen ac yn naturiol fe â'n ffrae fawr yno. Y ferch ifanc,
wedi iddi ddeall beth a ddigwyddodd, yn glana chwerthin:

Pan glybu'r ferch hwy'n siarad
Hi drawa grechwan anfad,
Nid ydi hynny ond mater bach
Os ydiw yn iach fy nghariad.

Hyn yn gwylltio'i thad yn ofnadwy, ac mae'n ei diarddel yn y man a'r lle:

Fe ddwede ei thad afrowiog,
Yr andras fo i'r wilog, (gwilog = hoeden, merch benchwiban)
O dos i'r fan a fynych di
Ni chei di genni geiniog.

A hithau wedyn yn ei bryfocio:

Hi a'i atebe fe'n galonnog,
Mae gennych drâd nodidog,
Fy nghernodio hyd yr ha
A saethu da'ch cymydog.

Does dim enw awdur wrth y faled, ac mae'n amhosib dweud ai cofnod sydd yma am ddigwyddiad go iawn, gan nad oes nac enw lle na pherson ynddi chwaith. Ond fel y gwelir, hiwmor syml, arwynebol, ychydig yn arw, ychydig yn amrwd, ond yn nodweddiadol iawn o hiwmor y baledi.

Ac y mae'r thema yma o ladd anifail mewn camgymeriad yn un bur gyffredin ym maledi bwriadol ddigri'r ddeunawfed ganrif, sy'n awgrymu ei fod yn dderbyniol ac yn debyg o werthu baledi. Mae gan Jonathan Hughes, Llangollen, faled sy'n sôn yn gellweirus iawn am helwyr a chŵn o blwy Rhiwabon yn mynd gyda'r nos i hela'r pry llwyd (mochyn daear), ac yn lladd dafad ddu, eiddo clochydd Llangollen, mewn camgymeriad:

> Ni fedrent mor dirnad wrth lewych y lleuad
> Rhwng brefiad hen ddafad a llefiad pry llwyd,

Ac mae yna gyngor i'r helwyr fynd â chwn ychydig mwy deallus i'w canlyn y tro nesaf.

Hugh Hughes, y Bardd Coch o Fôn wedyn, yn canu baled am 'Hanes y ffowliwr trwstan, yr hwn a saethodd oen ei gymydog yn lle dyfrgi':

> Rhown gyngor fy hunan i bob ffowliwr trwstan
> Cyn gollwng mwg allan na'r tân ar y tir,
> Am wybod rhagoriaeth rhwng dyfrgi ac oen llywaeth
> Rhag digwydd fod eilwaith gamsyniaeth drwy'r sir.
> Ni chlywais i fod dyfrgi erioed
> A gwlân a chyrn mewn glyn a choed,
> Na fforchog ewin ar ei droed.

Gellir ychwanegu eraill ar yr un thema, fel er enghraifft, y 'Mawr drwstaneiddwch yn Llaneurgain, Sir y Fflint...i wr ladd hwch ei gymydog ...liw nos, yn lle ei fochyn ei hun'. Y mochyn wedi dianc o'i dwlc yn ôl yr hanes, a'r hwch rywsut neu'i gilydd wedi ymlwybro tuag yno, a chymryd ei le. Pam mai liw nos y lleddid moch yn Llaneurgain, nid oes esboniad, ond felly y bu, a'r gwas bach oedd y cyntaf i sylweddoli fod rhywbeth o'i le:

Dyweda'r hogyn cyn pen awr, Ai llaeth sydd gan y mochyn mawr?
Mae'i dethau a'i bwrs o'n llusgo'r llawr, yn wrthiau gawr nerthol...

Ac fe â'r stori rhagddi. Dônt o hyd i'r mochyn, a throsglwyddir ef i'r cymydog colledus, tra mae'n rhaid i'r ffarmwr wneud y gorau gall â charcas yr hwch. *Amusing incidents of the countryside!*

Ond ar wahân i'r lladd anfwriadol hwn, y mae i anifeiliaid – ac yn arbennig y mochyn efallai – le go amlwg yn y baledi bwriadol ysgafn. Mae J. H. Davies yn ei ragymadrodd i'w Lyfryddiaeth, yn rhoi crynodeb o faled am wraig i grydd o Goetmor, Llanllechid. Gwraig ddrwg oedd y wraig, yn yfed a chwarae cardiau, er gwaethaf cwynion ei gŵr, a'r ddau rhyw noson yn y gwely, yn gweld rhyw rith gwyn yn symud o gwmpas yr ystafell wely. Y gŵr yn dweud wrth ei wraig mai ei buchedd bechadurus hi a ddenodd y 'peth' yma i'w bwthyn, a hithau, yn ei hofn mawr a'i dychryn, yn mynd ati i gyffesu ei holl bechodau – llawer ohonynt yn newydd i'w gŵr – ond y tu allan i'r ffenest, heb yn wybod iddynt, roedd llanc o'r pentre'n llercian, ac yn clywed y cyfan. Bore trannoeth yng ngolau dydd, dyma weld mai mochyn gwyn oedd yr ysbryd, wedi crwydro i mewn i'r tŷ yn ystod y dydd, ac wedi mynd i gysgu o dan y gwely. Ond yn rhy hwyr – diolch i'r llanc o dan y ffenest yr oedd y sôn am bechodau lliwgar y wraig eisoes wedi lledu drwy'r ardal fel tân gwyllt.

Mae gan Ellis y Cowper faled sy'n dwyn y teitl 'Fel y buwyd yn chwilio am fochyn ag ynta yn y cwpwrdd gartref'. Eiddo oedd hwn i ryw Richard fab Wiliam – nid oes enw lle – a cheir disgrifiad hir ohono ef a'i wraig yn chwilio'r ardal am y mochyn coll:

> Fe ddweda'i gwyn wrth bawb yn syn,
> A than fanwl chwilio yn nhin pob bryn
> Oedd dim o ôl y mochyn gwyn, gyw terwyn, yn tirio.

A hithau'n dechrau nosi, doedd dim amdani ond rhoi'r gorau i chwilio:

> Pan ffaelian a'i gaffel a'r haul yn o isel
> Nhw gyd roddan ffarwel, iach gaffel dwrch llwyd,
> Nhw ymlusgan tuag adre yn hidil i dagre,
> A gweigion ei bolie er cyn bore heb ddim bwyd,

Ar ôl gorffwyso a ffrolio'n ffraeth
I'r cwpwrdd yr aen-nhw yn union saeth
A'u bryd yn llwyr cael bara llaeth,
Oer alaeth ar wylo,
Pwy oedd yno a'i gest yn den
Ond annwyl fab yr hen hwch wen,
A'r pot a'r menyn ar ei ben yn llawen, yn llywio.

Mae'r adwaith i'r darganfyddiad hwn yn un disgwyledig:

Rhoe'r wraig un waedd arwa, Hys fochyn dos odd'ma
Gwaeth gen i yr holl fara ddifwriodd y rhol,
Ow fy annwyl gosyn a'r ddesgil a'r pwding
A'm deugain pwys menyn ae'n felyn i'w fol...
Och pwy galon na chyffroe, ymhle mae'r cig oedd yn y noe
A rois i halltu bore ddoe? Fo â'm gwnaeth i yn sioe bellach.

Mewn geiriau eraill byddai'r wraig yn destun sbort drwy'r
gymdogaeth ar ôl hyn, a'r un oedd pryder y gŵr:

Bydd cwilydd hefyd, myn fy ffydd,
Am chwilio amdano nos a dydd
Ac yntau yma yn rhodio'n rhydd, annedwydd yn nadu.

Ond nid hanesion am foch yn unig a fyddai'n difyrru'r dyrfa yn y ffair.
Mae mwy nag un copi wedi goroesi o faled John Thomas, Bodedern,
am yr Ysgyfarnog Farus a ymosodai'n feunosol ar ei ardd lysiau:

Mae rhyw sgyfarnog donnog dynn
Yn pori 'ngardd, nid hardd yw hyn,
Ni adawodd hi imi, gwir di-syn
Lysieuyn glas yno,
Tynnu 'ngharaits hyn sydd fawr,
A'm holl lysiau yn llwyr o'r llawr,
Gwae fi na welwn yma yn awr,
Bla engfawr, ei blingo.

Yn ychwanegol at y 'garaits', mae'n rhestru'n ddiddorol mewn pennill arall y gwahanol lysiau oedd ganddo yn ei ardd cyn i'r ysgyfarnog ddechrau ymweld â hi, ac yna geilw ar eu ffrindiau i ddod i'w gynorthwyo i'w dal:

> Gobeithio cyn tridydd
> Y gwelai'r ddigwilydd
> A'i garai drwy'i gilydd
> Yn llonydd uwch llawr,
> Yngrhog ar ryw gambren
> A'i dau droed i'r wybren,
> Oer gilwg yn gelen, y felen dew fawr.

Ac yna byddai dathlu:

> Ni luniwn wledd mewn hedd o hyd
> Am ei bwrw i ffwrdd o'r byd,
> Bîr a bragod yn ei bryd
> Mewn gwynfyd dan ganu.

Nifer o'r baledi bwriadol ysgafn hyn felly, fel y gwelir, yn cofnodi rhyw droeon trwstan yn ymwneud ag anifeiliaid, sy'n adlewyrchu'r gymdeithas wledig amaethyddol y perthynai'r baledwr a'i gynulleidfa iddi. Ond a gadael difyrrwch sy'n ymwneud ag anifeiliaid am y tro, mae corff bach o faledi'r ddeunawfed ganrif, fel y gwyddys, yn ymwneud â'r ffasiwn newydd o yfed te – mae hyn a llawer o bethau difyr eraill, wedi eu cofnodi yn llyfr E. G. Millward *'Gym'rwch chi baned?'* – a cheir mwy nag un faled s'yn ddadl rhwng Morgan Rondol, fel y personolir te gan y baledwyr, a Syr John yr Haidd neu Heidden, sef cwrw, a'r olaf – yr hen frodor Cymreig – yn ddieithriad bron yn ennill y dydd ar y newydd-ddyfodiad o'r India. Ond yn bennaf, mae'r hwyl yn codi yn y baledi arbennig hyn o arfer honedig y merched o ymgasglu i yfed te, darllen eu tesni yn y dail, ac weithiau ychwanegu rhywbeth cryfach ato, yn enwedig brandi.

> Ni bu yr hen bobl erioed yn yfed brandi

meddai Jac Glan-y-gors yn gynnar yn y bedwaredd ganrif ar bymtheg, yn ei gerdd 'Bess yn Teyrnasu', ond nid dyna yw tystiolaeth rhai o'r baledi sy'n ymwneud ag yfed te o leiaf. Roedd brandi fel petai wrth law yn ddigon cyfleus, ac y mae disgrifiadau amrwd a bras weithiau o gyflwr rhai o'r gwragedd hyn wrth i'w gwŷr geisio'u hymgeleddu a'u rhoi yn y gwely i sobri.

Os oedd te a brandi yn hawdd eu cael, nid felly tobaco, a gwelodd mwy nag un baledwr gyfle i godi hwyl ar gorn hynny. Y rhyfel rhwng Lloegr Hen a Lloegr Newydd, chwedl un baledwr, Rhyfel Annibyniaeth America, oedd i gyfrif am y prinder:

> Clowch alar pob Tobacwr

meddai Ellis Roberts,

> O waith cynnwr' Merica
> Wrth drin y rhyfel milen hwy sathren ddeilen dda...
> Ow'r hen Dobaco bach a wnâi gynt galon iach
> Ar ôl ei fwynder hyd yr amser
> Fe gria lawer gwrach...

Ambell hen wreigan yn mwynhau'i chetyn:

> Ow'r cetyn melyn mwyn
> Oedd gynt yn twymo'i thrwyn,
> Yn iach bibelled – mae rhyw wyllied
> O ddiawled wedi ei ddwyn....

Ac mae rhyw John Edwart wedi canu ar yr un pwnc:

> Pob carl ewinog enwog iach
> Sy'n caru'r cetyn melyn bach,
> Brysiwch chwitheu pob hen wrach i ganu'n iach i smoco,
> Ni welir mwy mo'r ddeilen ddu,
> A hyn fu fraw mewn llawer tŷ,
> Nid oes yr awron ond lle bu'r – Tobaco.

Mae'n cyfeirio at y pannwr a'r gwŷdd a'r teiliwr ac yn y blaen yn hiraethu am faco:

> Pawb o'r rhain sydd ddigon prudd
> Gan ddweud yn ddwys, 'Ni welsom ddydd
> Y cowsed joi gan Job y Crydd, a hyn mor rhydd a'i gofio,
> Fe ddarfu am hynny, dyna'r drwg,
> O achos rhyfel, llid a gwg,
> A dyna'r pam y pallodd mwg – Tobaco'.

> Wel heddwch, heddwch, cyn bo hir,
> I gael llenwi siopau'r sir,
> Pa fodd gall hwsmon drin ei dir na hau mo'i lafur yntho?
> Heb gael bodlondeb undeb iawn,
> Pob peth yn gryno er llwyddo'n iawn,
> Hai how, hai how, On'd mawr na chawn – Dobaco?

Soniwyd yn barod, yng nghyd-destun y baledi am ladd anifeiliaid yn anfwriadol, am droeon trwstan, ond cofnodir troeon cyffelyb eraill ym maledi'r cyfnod heb fod anifail o angenrheidrwydd yn rhan o'r stori. Byddai'n wir dweud mai troeon trwstan efallai, yw prif thema'r math o faledi y sonnir amdanynt yma, hyn eto mae'n siŵr yn adlewyrchu'r gymdeithas glos, blwyfol, cymharol brin ei hadloniant y byddai rhyw ffolineb anfwriadol, gan aelod o'r gymdeithas honno ei hun, yn destun difyrrwch i'w gyfeillion a'i gydnabod yn yr un plwy, ac mewn plwyfi cyfagos. Byddai'n werth, efallai, cyfeirio at un neu ddau o'r digwyddiadau yma.

Mae rhyw R. R. o Lanynys yn cofnodi – ac yn cael cryn hwyl wrth wneud hynny – ddigwyddiad a fu yn Rhuddlan, pan gyffrowyd trigolion y dref honno rhyw fore o weld rhyw anghenfil – llamhidydd mawr, fel y tybient hwy – yn hwylio heibio'r dref ar yr afon – Afon Clwyd:

> Ac yno rhedodd Gwyr y Drê, i geisio'i ladd pe cawsen' lê,
> Nid oedd un Gwr heb efo 'gê, rhyw bastwn nê bystol,
> Ac ynte'n rhowlio gida'r don,

dan rwyfo a'i lyw'n yr Afon lon,
Yn ail i'r Afanc Grafanc gron, o foddion rhyfeddol.

Roedd gwreng a bôn i'w canfod yn y dyrfa a gyrchodd yr afon y bore hwnnw:

Fo rede'r Bon'ddigion, dan ledio'r Tylodion,
I lawr at yr Afon, on'd gwirion y gwaith?
A phawb a'i Fwsged ar ei Gefn
Yn mynd o ddeutu'r Afon ddefn.

Daeth rhywun â sbieinddrych o rywle, a mawr fu'r defnyddio ar hwnnw:

A rhai oedd yn edrych, drwy ganol Sbiendrych,
Dwysglaerwyn disgleirwych, yn fynych ei faint,
Gan ddwedyd yn ebrwydd, 'Mi a'i gwela'n gyfarwydd,
O'i fôn hyd ei fennydd, a deunydd pob daint...'

Yr oedd yr anghenfil i'w weld mor fanwl â hynny, ac wrth gwrs, gwelid cyfle ardderchog i gael cig a chroen ac olew pe gellid ei ddal a'i lanio. Ond yna – y dadrithiad a'r siom:

A chwedi'r holl ffwndwr, awch union, a chynnwr,
Nid oedd wedi'r dwndwr ar gefnddwr i'w gael
Ond baich o Ddrain geirwon, yn lle Llamydyddion,
I'r ffowliwrs lled ffolion, wyr meinion ei mael,
Ac yno rên i'r Dre'n 'u hôl, dan regi'r drain yn ddrwg i rôl,
Fel haid o heliwrs ffowliwrs ffôl, rhagorol o'r gwirion,
On'd gwell i'r Gwyr rhag colli co'
Nad elon' fyth er dim a fo
I hindro Drain i fynd ar dro, ne nofio mewn Afon?

Diau y byddai cryn ddifyrrwch yn yr ardaloedd o gwmpas Rhuddlan – er nad yn Rhuddlan ei hun efallai – o glywed datgan y gerdd hon.
Ymhlith baledi'r ddeunawfed ganrif yn enwedig, mae nifer s'yn

cyfeirio at y milisia, sef y corffluoedd sirol rhanamser hynny o filwyr, a fyddai'n derbyn mis o hyfforddiant bob blwyddyn, ac y byddai galw am eu gwasanaeth i gynorthwyo'r fyddin pe digwyddai rhyw argyfwng yn y wlad. Gan amlaf mewn geiriau canmoliaethus dros ben y bydd y baledwyr yn cyfarch y milisia – 'Cân o glod i Filisia Sir Fôn', 'Cerdd o fawl i Filisia Sir Aberteifi, ynghyd a'r Officers, gan roddi iddynt glod fel y maent yn ei haeddu', 'Cerdd...o glod i'r Milisia Cymru sy yn Ddychryn i'w gelynion', ac yn y blaen. Ond pan ddigwyddodd tro trwstan i chwech aelod o filisia sir Ddinbych, fe'i cofnodwyd yn llawen ac heb betruso dim gan Ellis Roberts. Wedi bod am fis o hyfforddiant yn Ninbych yr oedd y milwyr, ac ar eu ffordd adref:

> Wrth gerdded yn galed daeth syched di-swyn,
> Nhwy ddoe i Lansannan, wyr cyfan, mewn cwyn,
> Gwnaen yno gyfarfod ar *lan fedd-dod mwyn*.

Yfed yno a mynd braidd yn afreolus:

> A'r bobol yn diengyd mewn credid rhag cri,
> Wrth glywed eu damio a ffrolio mor ffri.

Ond yn ymadael ymhen tipyn gan ymffrostio'n uchel yn eu dewrder milwrol wrth fynd:

> Gan ddweud yr ymladden, na ysbarien mo Sbaen,
> A'r Ffrancod a ddiengen lle bloeddien' o'u blaen.

Nes cyrraedd lle o'r enw Pont yr Ellylldy, enw sy'n awgrymu efallai bod rhyw hanes am ysbryd ynglŷn â'r lle, a bod y milwyr o bosib yn gwybod hynny. Yno un ohonynt yn gweld yr hyn a dybiai ef oedd yn gorff marw mewn amdo. Beth wnaeth y milwyr dewr wedyn?

> Yna prysuren a rheden yn rhes
> Mewn chwys at Langernyw yn groyw dân gwrês,
> Dan edrych o'u hole drwy loese di-les.
> Y chwech oedd yn synnu, yn crynu drwy'u crwyn,

Nes caffael ty arnyn, bu gyfyng eu cwyn,
Mawr iawn oedd eu trallod ar lan fedd-dod mwyn.

Ac yna fe ddatgelir gan y baledwr mai 'siwmpig' ('cot fer, siaced') a
welsai'r milwyr:

Yr hon wedi'i gosod yn gyson fel dyn
I nadal y defed i gerdded mewn gwyn.

Hynny yw, rhyw fath o 'fwgan defaid' wedi'i osod yno gan ffermwr.
Ac mae Ellis Roberts yn gorffen ei gerdd trwy honni – os oedd siaced
wag yn gallu codi'r fath ofn ar y milwyr dewr hyn, yna:

Bydase ddyn ynddi, myn difri yno ar dir,
Rhedasen gryn filltir yn sicir o'r sir.

Yn naturiol ni chyll y baledwyr ei gyfle i gofnodi ambell dro trwstan
sy'n digwydd ym myd carwriaeth. Mae rhyw H.O. o Lanllyfni yn canu
am 'Hanes Gwr ifanc a gollodd ei glos wrth garu merch o Lanrwst
oedd yn Nhreffynnon'. Dim enwau, ond efallai bod hynny – merch o
Lanrwst yn Nhreffynnon – yn ddigon o gliw i'r cyfarwydd ar y pryd:

Roedd Gwyddel o Iwerddon o ddeutu tre ffynnon
A nesodd rhiw noson yn dirion ei daith
At lodes lân heini a'i fryd yn ddioedi
Ar ddofi neu dorri Natturiaeth.

Ond a'r ddau ym mreichiau'i gilydd, fe ddaeth llanc gobeithiol arall
o rywle, ac wrth deimlo'i ffordd at ystafell y ferch, fel Dafydd ap
Gwilym yn y cywydd hwnnw, rhoddodd ei law ar glos, oedd wedi ei
osod ar gefn cadair yno:

A'r dyn pan ei teimlodd ei galon a giliodd,
Brawychodd a dychrynodd dechreunos.

Ac i ffwrdd ag ef, ond yn ei siom, ac er mwyn dial ar y Gwyddel, fe aeth â'r clos i'w ganlyn. Y Gwyddel druan yn ddiweddarach yn chwilio'n ofer amdano:

> Pan gododd y Llengcyn o barlwr cwm deulin
> i chwilio am ei glosyn mewn dychryn a dig
> Fe gafodd fynd adre, carlopiwr carlipe,
> Yn dinoeth y bore trwy'r barrug.

Ac yna mae gair o gyngor yn dilyn:

> Y llanciau diofal, dyna i chwi siampal
> Rhag cwympo i'r un fagal ar drafal yn dre,
> Os ewch i tin desach meddyliwch pawb bellach
> Am gadw yn daclusach eich closau.

Enghraifft arall yn yr un maes – a'r clos yn chware rhan allweddol unwaith yn rhagor. Yr hen Gowper unwaith eto yw'r awdur, yn canu'r tro yma i'r testun 'Hanes gwr yn dyfod adre ryw noswaith pan oedd un arall gyda'i wraig o'n gwely, fel y cymerth hi arni fod Colic yn ei blino, a'i gwr, wedi tynnu ei glos, fel y digwyddodd iddo gymeryd clos y llall i fynd i geisio ffisig iddi'. Caiff ei annog i fynd ar unwaith gan y wraig, sydd ar farw gan y poen, meddai hi, ac i ffwrdd ag ef, heb wybod dim am yr ymwelydd yn ei wely:

> I nôl ffisig iddi yn gwic
> I gael o'r Colic gilio,
> Pan aeth o i'r drws allan fo redodd yn fuan
> Mewn gofal yn gyfan rhag marw ei fwyn wreigan
> Yn druan dan geulan oer galar,
> R ôl rhedeg a thuthio ymhell dan amhwyllo
> Fe glowe'r gwr cryno i glos yn cau glosio,
> Yn llithro tan dduo tua'r ddaear.

Dyfelir mai ystyr hynny yw fod y clos yn rhy fawr iddo, a'i fod yn ei deimlo'n araf ddisgyn wrth iddo redeg. Wrth ei godi, dyma ddarganfod wats ddrud yn un o'r pocedi:

Ac yno y gwybu toc ar goedd
Mai celwydd oedd y colic,
Ac yno ail chwilie y cadarn bocede,
C'add arian i'w ddyrne, ac Aur fel gwr gore.

Ac yn lle mynd i chwilio am ffisig i'w wraig, â i'r dafarn agosa, a dechrau gwario'r pres yn ffri:

Y gwr a fodlone iawn fuddiol pan feddwe
R ôl cael y *watch* ore a'r llownion bocede...
Y carwr mwyn heini a gafodd ei gosbi,
A lechodd yn wisgi rhag nôl ei glos gwedi,
Gwell ganddo fo dewi na dwad.

Ac unwaith eto, ar y diwedd, gair o gyngor:

Os eiff gwr serchog at wraig ei gymydog
Cymered glos clytiog a dwy boced dyllog
Rhag digwydd yn rowiog ei dynnu.

Mae baled arall am y digwyddiad yna sy'n perthyn i'r ganrif ddilynol, wedi ei hysgrifennu ar fesur symlach, ac yn honni mai gwerthwr te oedd y gŵr a gafodd y golled, a cholled ariannol yn unig oedd honno, nid oes sôn am wats.

Ac wrth sôn am glosau, ceir baled arall eto fyth gan Ellis y Cowper, am dro trwstan yn ymwneud â chlos. Hanes morwyn sydd yn hon - 'ladi o wlad Eifionydd' – a oedd yn gobeithio'n dawel fach y dôi'n wraig ymhen y rhawg i'w meistr gweddw a chefnog. Ond drylliwyd ei gobeithion gan ei diofalwch hi ei hun pan roddodd glos newydd ei meistr ryw noson, 'ar geg y fuddai', gan fwriadu ei olchi drannoeth. Yn ystod y nos, llithrodd y clos ohono'i hun i mewn i'r fuddai, a phan aeth hithau ati'n blygeiniol drannoeth i gorddi, ni chofiai ddim amdano. Arllwysodd ddwr a llaeth i'r fuddai a dechrau corddi:

I gael Emenyn ir gwr mwynedd
O ffrwyth ei borfa lond ei berfedd.

Wedi gorffen, a cholli llawer o chwys wrth droi'r fuddai, codi'r ymenyn i noe:

Ag yno fe stoppia dros dipyn
Rhoi'r Fudde ar lawr a rhythu llyged,
ag yno yn waeledd hi gae weled,
yn nofio fel gleisiad rhyw glosyn.

Roedd aur, arian a chwecheiniogau ar waelod y fuddai, a'r clos 'yn gregin mân':

Y Clos newydd wrth hir nofio
Oedd is balog wedi ysbwylio,
'Rol bod yn hir rainio yn yr enwyn.
'Ei meistr' (meddai'r Cowper),
sydd yn ddig gythreulig
Am iddi sbwylio ei Glos bonheddig.

Cip digon brysiog ac anghyflawn a welir uchod ar rai o faledi'r ddeunawfed ganrif a luniwyd, mae'n ymddangos, yn fwriadol ac yn unig, er mwyn codi hwyl. Fel yr awgrymwyd eisoes, hiwmor syml, arwynebol, digon di-ddyfais a welir yn y cerddi hyn, amrwd weithiau – rhyw hiwmor slapstig – wedi ei anelu at werin, chwedl R. T. Jenkins yn *Hanes Cymru yn y Ddeunawfed Ganrif*, 'gwerin a'i gofid a'i llawenydd yn agos iawn i'r wyneb'. Nid oes ymgais i godi golygon uwchlaw'r lleol i chwilio am ddeunydd digri nac i ddefnyddio hiwmor yn bigog at bwrpas dychanu cymdeithas yn gyffredinol, fel y gwnaed cyn diwedd y ganrif gan Jac Glan-y-gors. Nid hiwmor i ddod â'r to i lawr heddiw efallai, ond yr hyn sy'n rhaid cadw mewn cof yn gyson – ar wahân i'r ffaith fod ffasiwn yn newid mewn hiwmor fel mewn popeth arall – yw'r ffaith mai cerddi i'w *canu* y bwriadwyd y rhain i fod, i'w perfformio'n wir. Mae gennym ddigon o ddisgrifiadadau gan lygad-dystion, am ddulliau perfformiadol rhai o faledwyr mawr y bedwaredd ganrif ar bymtheg – Ywain Meirion, Dic Dywyll, Abel Jones ac eraill – pan fyddent *hwy* wrthi'n canu a gwerthu eu cerddu, a does dim lle i gredu nad oedd eu rhagflaenwyr yn y ddeunawfed ganrif yn wahanol. Nid ar y geiriau'n unig y dibynnai llwyddiant yr hiwmor.

Idwal Jones, Dramodydd a Digrifwr

Un mlynedd ar hugain ar ôl marw Idwal Jones yn 1937, ymddangosodd cofiant iddo gan ei gyfaill Gwenallt a seiliwyd ar adnabyddiaeth glòs ohono, a gwybodaeth drylwyr am ei gynnyrch llenyddol. Er y bydd yn ofynnol yma i ailadrodd llawer o ffeithiau a groniclir gan Gwenallt, ceisir ychwanegu rhai pethau y bu'n rhaid iddo ef eu hepgor oherwydd diffyg gofod, neu a ddaeth i'r amlwg ar ôl cyhoeddi'r cofiant.

Ganed Idwal Jones yn Rhoslwyn, Llanbedr Pont Steffan ar 8 Mehefin 1895. Ef oedd pedwerydd plentyn Mary, ail wraig ei dad, a hanner brawd felly i'r tri phlentyn o briodas gyntaf ei dad â Sarah, chwaer hŷn Mary. Ar ôl gadael yr ysgol, bu am gyfnod byr yn Llundain yn dysgu llaw fer, teipio a Ffrangeg, ac wedi hynny'n glerc mewn swyddfa cyfreithiwr yn Llambed. Ym mis Mawrth 1915, ymunodd â'r fyddin a threuliodd y rhan fwyaf o'i wasanaeth milwrol yn nwyrain Affrica. Dychwelodd ar ôl y rhyfel wedi colli ei iechyd i raddau helaeth, a manteisiodd ar y ffaith fod y llywodraeth wedi penderfynu nad oedd raid i gyn-filwyr wrth fatríc cyn cael mynediad i goleg, ac y caent gymorthdal i'w cynnal yno. Aeth Idwal i Goleg y Brifysgol yn Aberystwyth, lle y graddiodd yn y Saesneg, ac oddi yno, ar ôl dilyn cwrs hyfforddi athrawon, aeth yn brifathro Ysgol Mynach, Pontarfynach yn 1923. Bu yno hyd 1928 pan ymddiswyddodd a mynd yn ôl i fyw i'w hen gartref yn Llambed, at ei unig chwaer, Olwen. Cynigiwyd iddo ddosbarth nos o dan nawdd Adran Efrydiau Allanol Coleg Aberystwyth, ac yn araf cynyddodd nifer ei ddosbarthiadau ledled y sir, a thu hwnt, rhai ohonynt o dan nawdd Mudiad Addysg y Gweithwyr yn ogystal. Ynglŷn â'r gwaith hwnnw y bu wedyn nes y bu'n rhaid iddo roi'r gorau iddo pan oddiweddwyd ef gan wendid corff.

Dengys Gwenallt yn glir yn y cofiant mai teulu agos iawn oedd teulu Teifi Jones ar aelwyd Rhoslwyn. Brodor o Gwmerfin yng ngogledd y sir oedd ef, a enillodd dystysgrif athro yn y Coleg Normal, a'i benodi'n brifathro wedi hynny ar Ysgol Fwrdd y Felin-fach yn Nyffryn Aeron. Wedi priodi a dechrau magu teulu penderfynodd

Teifi Jones na allai gael dau ben y llinyn ynghyd ar gyflog sgwlyn, a'r diwedd fu iddo gefnu ar ei swydd ac ymgymryd â busnes gwerthu glo yn Llambed ei hun. Rhyddfrydwr blaenllaw a fu'n faer Llambed oedd Teifi Jones, gŵr tu hwnt o huawdl ar lwyfan gwleidyddol adeg etholiad, ac un yr oedd galw mawr am ei wasanaeth fel arweinydd eisteddfodau a chyngherddau. Un ffraeth iawn ei dafod, a chanddo stôr ddihysbydd o straeon at bob galw ar ei gof. Wrth goffáu ei fab Idwal yn y *Western Mail* pan fu farw, meddai ei weinidog, T. Eirug Davies amdano:

> Gŵr arbennig iawn oedd Teifi Jones . . . un yn ei ddydd a fedrai fwrw torf yn storm o chwerthin a'i ffraethineb gloyw a chraff.

Nid oedd yn fardd nac yn llenor, ond yr oedd cof amdano yn Llambed a thu hwnt mor ddiweddar â phumdegau'r ugeinfed ganrif, meddai Gwenallt, fel 'chwaraewr clyfar â geiriau' ymhlith amryfal ddoniau eraill.

Merch y Parchedig Thomas Jones, gweinidog Annibynnol yn ardal y Felin-fach oedd Mary, mam Idwal, a byddai ei mam hithau, yn ogystal â bod yn wraig gweinidog, yn cadw siop yn Temple Bar yn ymyl. Merch ddeallus, sensitif a gymerai ddiddordeb mawr yn y pasiant o gymeriadau cefn gwlad a fynychai siop ei mam, a'r amrywiaeth o weinidogion yr enwad, ac enwadau eraill a alwai i weld ei thad o dro i dro. Cafodd well addysg nag a gâi merched yn gyffredin yn y dyddiau hynny. Bu mewn ysgol breifat yn Lloegr am ychydig, ac mewn ysgol gyffelyb yn Aberystwyth yn ddiweddarach. Pan oedd dros ei thrigain oed enillodd wobr am ysgrifennu drama hir mewn eisteddfod yn Aberaeron o dan feirniadaeth Dyfnallt, ac un o orchwylion hapusaf Idwal cyn ei farw oedd golygu a chyhoeddi drama'i fam – *Ann y Wernolau* – er cof amdani. Cyhoeddwyd tair o'i straeon byrion yn y *Cymru* Coch yn y dauddegau, ac yr oedd yn fardd gwlad a oedd wedi trwytho'i hun yn nhraddodiad barddol ei hardal. Yn rhyfedd iawn, fel y sylwodd Gwenallt, er agosed yr ardal i i ardal Llangeitho ni adawyd fawr o ôl arni gan Fethodistiaeth Galfinaidd. Glynodd yn hwy na llawer ardal arall wrth ddiwylliant gwledig y ddeunawfed ganrif, a'r diwylliant hwnnw yn ardal mam Idwal yn cael ei gynrychioli'n bennaf gan John Jenkins (Cerngoch) a'i faledi a'i dribannau digri, a'i benillion bras iawn weithiau, a chan gylch o feirdd eraill tebyg iddo. Byddai Mary Jones yn cyfansoddi penillion a cherddi i'w hanfon at Idwal pan oedd yn y fyddin, a cheir ef yn diolch yn gynnes am rai ohonynt mewn llythyr a anfonodd adref ym mis Ebrill 1915, lle ceir ef yn ymbilio'n daer am ragor. 'Tarawodd fi', meddai'n gellweirus ddiamynedd, 'mai rhyfedd oedd fod Awdures fyd-Enwog fel chwi, Mam, yn treulio rhyw haner llythyr i drin mater is-raddol fel crys gwlanen'. Os gan ei dad y cafodd Idwal y tafod cyflym, yr ymadrodd sydyn, y cellwair a'r chwarae â geiriau, gan ei fam y cafodd yr hoffter at gymeriadau gwreiddiol, at eu tafodiaith, a'i duedd at y ddrama a phrydyddiaeth. A hefyd, yn fwy na thebyg, yr haen o ddifrifwch nad oedd byth ymhell o'r wyneb.

Yr oedd chwarae â geiriau, yn ôl tystiolaeth Idwal ei hun yn ddiweddarach, yn rhan o fagwraeth plant Teifi Jones, yn rhan o'u difyrrwch o gwmpas y bwrdd bwyd ac o flaen y tân gyda'r nos, nes iddo fynd i waed rhai ohonynt. Yn y llu llythyrau a ysgrifennodd Idwal at ri rieni, ac at ei chwaer Olwen yn enwedig, pan oedd yn y fyddin adeg y Rhyfel Mawr, mae'n amlwg na allai wrthsefyll y demtasiwn i gael hwyl â geiriau, llunio mwyseiriau ac yn y blaen. Ac er na chadwyd, ysywaeth, y llythyron a dderbyniodd ef gan ei deulu, mae'n eithaf clir, a barnu wrth ymateb Idwal yn ei atebion, fod hynny'n nodwedd amlwg arnynt hwythau hefyd, yn enwedig llythyron ei frawd Penry a'i chwaer. Mewn llythyr at ei dad yn 1918, hola ynghylch iechyd brawd arall, John Emrys, a fuasai'n dioddef gan y dolur rhydd (aflwydd y byddai Idwal ei hun yn dioddef dano o dro i dro – 'fy nhueddiadau rhyddfrydig', chwedl yntau) ac â ymlaen fel hyn:

Peth rhyfedd fod pawb yn ystyried fod hawl ganddo i graco jokes am glefydau penodol fel dannedd gwinio, sea-sickness a diarrhoea, ac anhawdd meddwl am glefydau gwaeth a mwy poenus. Ni chlywais neb a fentrodd ddweud peth digrif am (dywedwch) y Frech Goch. Ni fu neb digon *rash* debyg iawn.

'Ych a fi', meddai unwaith ar ôl ymgais debyg, 'yr wyf yn cael y spasms yma ar adegau'. Yr oedd y 'spasms' yn gymaint rhan ohono nes ei fod yn llunio pethau o'r fath yn ei gwsg. Dyma ddyfyniad o lythyr o'i eiddo at Olwen o'r gwersyll yng Nghaersallog yn 1915:

> Cefais freuddwyd ryfedd y dydd o'r blaen. Dyma hi . . . Meddyliais fy mod yn siarad a Mr D. F. Lloyd yn rhywle a'r testyn ydoedd *huts* a *tents* a phethau cyffelyb. Dyma fi yn troi ato ac yn dweyd, 'This is *hut*terly wrong'. Nid oedd hyn yn ddigon i mi. Dywedais wedyn, 'Are you con*tent* now?' Adroddais y freuddwyd wrth Corporal Price . . . ac y mae y *puns* wedi eu hadrodd dros y swyddfa wrth sawl un o'r bechgyn.

Dyna'r math o ffraethineb a doniolwch iach sy'n llanw llythyron Idwal rhwng 1915 a 1918, ac yntau ar y pryd, fel y bu weddill ei oes, yn ymgodymu â gwendid corff. Wele enghraifft neu ddwy arall o blith y rhai nad yw Gwenallt wedi eu dyfynnu yn y cofiant.

Mewn un llythyr yr oedd Olwen wedi dweud wrtho ei bod hi a'i brawd hŷn, John Emrys, a oedd yn gyfreithiwr yn Llambed, wedi cyrraedd y tŷ yr un pryd un noson, a bod ast fach y teulu – Mona wrth ei henw – wedi ei hanwybyddu hi ac wedi mynd yn syth at ei brawd a'i groesawu'n frwd. Hithau'n esgus bod yn flin o'r herwydd. Wrth ateb ei llythyr mae Idwal yn cyfeirio at y digwyddiad mewn dau driban:

> Mae Olwen fach yn fibus
> Oblegid braidd yn boenus
> Oedd gweld 'r ast fach yn siglo'i chwt
> A mynd yn dwt at Emrys.
>
> Ond dyma gyngor milwr
> Sydd ambell waith yn odlwr,
> Ni thâl hi byth i ast na dyn
> I ddilyn traed cyfreithiwr.

Olwen eto yn dweud wrtho mewn llythyr ym mis Mawrth 1916, ei bod ar ei ffordd i Gymdeithas Llên Capel Soar yn y dref lle oedd Idwal a'i deulu'n aelodau, i wrando ar Ddafydd yr Oel yn rhoi papur. Gellid tybio mai traddodwr hytrach yn llafurus oedd Dafydd oherwydd sylw Idwal wrth ateb oedd:

Pan ddarllenais i fod Dafydd yr Oel wedi bod yn darllen papur yn Soar meddyliais fod yna fanteision . . . mewn bod ar Active Service.

Ymhlith papurau cyfaill agos Idwal, sef Dai Williams, Tregaron, yn y Llyfrgell Genedlaethol, mae rhan o lythyr yn llaw Olwen sy'n cyfeirio at ei mam ar frecwast rhyw fore yn darllen un o lythyron hir Idwal ati hi a'i gŵr, ac yn anghofio'r cyfan am yr wy oedd yn berwi mewn sosban ar y tân. Hwnnw'n berwi'n sych ac yn ffrwydro dros y gegin. Soniodd ei chwaer am y digwyddiad, ac ymhen y rhawg, ym mis Medi 1917, daeth un o'r llythyron byrraf a ysgrifennodd Idwal erioed i law yn Rhoslwyn. Rhyw bitw hanner tudalen ydyw, ac ar ôl ymddiheuro am ei fyrdra, meddai:

Hefyd y mae dychryn arnaf rhag ysgrifennu llythyr rhy hir oherwydd efallai y bydd rhagor o wyau yn explodo ar hyd y gegin.

Dyfais i gludo'r jôc ddiniwed hon yn ddiau oedd yr epistol byr.

Mab ei dad oedd Idwal yn y direidi hwn, ond beth am ddiddirdeb mawr ei dad mewn gwleidyddiaeth? Mynnai Idwal nad oed a fynno ef ddim oll â gwleidyddiaeth. Ymhlith papurau J. Tysul Jones yn y Llyfrgell Genedlaethol mae llythyr ato gan Waldo Williams lle y dywedir yn blwmp ac yn blaen fod gwleidyddiaeth yn anathema i Idwal. 'Dynion o'r nawfed radd sy'n ymwneud â hi', oedd ei sylw unwaith, ac roedd ganddo esboniad rhyfedd braidd ar y diffyg diddordeb hwn. Dyfynnir o'r llythyr:

Pan ysgubwyd y Torïaid allan yn etholiad 1906, yr oedd Idwal yn grwt bach tua Std. 1 yn yr ysgol. Daeth y sgwlyn heibio i'r dosbarth un bore a gofynnodd iddynt pwy odd y prif weinidog newydd. Gwyddai rhai, ac Idwal yn eu plith. Yna gofynnodd am y canghellor, ac Idwal oedd yr unig un a wyddai. O holi ymhellach cafodd fod Idwal yn medru adrodd enwau'r llywodraeth i gyd. Y canlyniad i hyn oedd i Idwal gael y wobr oedd yn agored i'r ysgol i gyd am wybodaeth gyffredinol. 'O'r foment y ces i'r wobr honno', meddai Idwal, 'bennodd fy niddordeb mewn politics – beth wyt ti'n wherthin? rwy'n gweyd y gwir wrthot-ti'.

Ond mab ei dad oedd Idwal yma eto, er gwaethaf ei brotestiadau. Nid oedd heb ei arghyoeddiadau gwleidyddol o bell ffordd. Yn ystod yr is-etholiad enwog hwnnw yng Ngheredigion yn 1921, pan safodd Llewelyn Williams fel Rhyddfrydwr Rhydd yn erbyn ymgeisydd Lloyd George, Ernest Evans, fe weithiodd Idwal yr un mor egnïol dros Llewelyn Williams yn Aberystwyth – yr oedd yn y coleg erbyn hynny – ag a wnaeth ei dad drosto yn Llambed a'r cylch.

Rhyddfrydiaeth Cymru Fydd, a safai dros ymreolaeth i Gymru, oedd rhyddfrydiaeth y ddau. Hyd y gwyddys ni ddaeth Idwal erioed yn aelod o'r Blaid Genedlaethol, fel yr adnabyddid hi yn ei ddyddiau ef, ond byddai'n mynychu ei chyfarfodydd, ac yr oedd yn bresennol yn ei hysgol haf gyntaf ym Machynlleth yn 1926, a'i ddigrifwch yn cadw pawb ar eu traed hyd berfeddion nos. A phan ymosododd cyfaill mynwesol iddo, J. Lemuel Rees (yr oedd y ddau'n aelodau yn yr un capel, byddent yn gohebu â'i gilydd pan oedd Idwal yn y fyddin, a chyflwynodd Idwal un o'i ddramâu iddo) yn y *Western Mail* ar y blaid newydd, ac yn arbennig ar arweinyddiaeth Saunders Lewis, achubwyd eu cam gan Idwal yn yr un papur mewn llythyr pur chwyrn, o gofio am eu cyfeillgarwch agos. Idwal hefyd oedd un o'r rhai cyntaf i longyfarch ei gyfaill D. J. Williams, Abergwaun, ar ôl y weithred ym Mhenyberth yn 1936. 'Nid oes eisiau i mi ddweud', meddai mewn llythyr sydd bellach ymhlith papurau D.J. yn y Llyfrgell Genedlaethol, 'ein bod ni yma yn gobeithio'r gorau ym mhob ffordd i chwi pan ddewch o flaen eich gwell, os gwell hefyd. Dwêd wrth Siân am gymryd calon, bod pawb yn dymuno'n dda iddi, ac y gall hi fod yn falch o'i gŵr'. Nid oedd neb yn fwy ymwybodol nag

Idwal Jones o'r byd o'i gwmpas a'i amryfal broblemau a'i annhegwch cymdeithasol, ond yghydig yn wahanol i'w dad yn yr achos hwn ni thaflodd ei hun i weithgarwch gwleidyddol cyson yn enw un plaid arbennig. Mae'n amlwg serch hynny, yn ôl y Cofiant, fod gwleidyddiaeth yn dod yn amlach i'w sgwrs fel yr âi'r tridegau rhagddynt, a'r ffurfafen uwchben Ewrop yn tywyllu unwaith eto. Ond cyn i'r storm honno dorri yr oedd Idwal yn ei fedd.

Erbyn Gwanwyn 1915 yr oedd wedi ymuno o'i wirfodd â'r fyddin, ac ar ôl treulio peth amser yn Lloegr, anfonwyd ef yn Awst 1916 i Ddwyrain Affrica gyda'r East African Expeditionary Force. Ar y daith hir honno mae'n amlwg fod dyfeisio yn ei ben rhyw sefyllfaoedd difyr, digri – grotesg hyd yn oed – wedi bod yn help iddo ladd amser. Dyma enghraifft o lythyr a ysgrifennodd ar fwrdd y llong, yn dwyn y cyfeiriad 'Mid-ocean' yn unig, ac yn Saesneg – peth anghyffredin i Idwal:

I was attending Church Parade the other day when my thoughts began to wander outside the boundaries of divine meditation. It struck me rather forcibly that the service at Soar could, if not with profit, at least with melodramatic effect, be carried on in military fashion. We will imagine the congregation standing at ease in chapel on a breezy Sunday evening. John Dafis, Pwllgrafel (who for the purpose of this paragraph holds the rank of Lieutenant Colonel) sees the door of the vestry open, and Mr Evans approaching the 'Sêt Fawr'. He springs up and shouts out, 'Parade Shun! Attention to Divine Service!'. At the word all the congregation from Shinkin White Hart to Evan John bring their heels together with one click ... The service is begun and everything goes on peaceably enough, although after the service it is found necessary to give Charles Evans three days CB for giving vent to a 'Hm! Hm!' and sleeping while the sermon was on. After the sermon, Lieutenant J. Dafis ... gets up and speaks to this effect. 'Well my dear friends (this is force of habit) we wish to throw open the door of the Church to all new members, and we hardly like to close the service without ascertaining whether there is anyone wishing to gain admittance or not – tebyg nagoes – *Parade Shyn! Dismiss!'*.

Llanc ieuanc un ar hugain oed erbyn hyn yn mynd ymhell iawn o gartref, a'r dyfodol agos yn lled ansicr ac yn llawn peryglon, ond digrifwch gwreiddiol felly sydd i'w ganfod yn ei lythyron, digrifwch a ddarllenid yn awchus ar yr aelwyd yn Rhoslwyn, fel y gwyddai ef o'r gorau.

Bu'r ddrama'n swcwr ac yn ddiddanwch iddo yn ei alltudiaeth. Mewn ysbyty yn Affrica darllenodd *Man and Superman*, Bernard Shaw, a mynd dan y dillad i chwerthin, meddai, wrth ei gyfaill Matthew Williams yn ddiweddarach, rhag ofn y gwelai'r nyrs ef a mynd â'r llyfr oddi wrtho, oherwydd 'rest and quiet' oedd y rheol yno. Yn Affrica hefyd yr eisteddodd i lawr i ysgrifennu drama o ddifri am y tro cyntaf, a chofnododd y profiad mewn erthygl yn *Y Llwyfan*, 1928:

> Nid oedd gennyf na phlot na thema na chymeriad wedi eu llunio yn fy meddwl . . . [ond] yn yr ymdeimlad yma o antur ac anwybod . . . dechreuais ysgrifennu. 'Ar y chwith, gyferbyn a'r edrychwr, gwelir cwpwrdd mawr melyn'. Pam cwpwrdd? A pham oedd yn rhaid iddo fod yn fawr ac yn felyn? Ni wyddwn i. Ond roedd y wyrth wedi ei chyflawni.

Wrth osod y geiriau 'cwpwrdd Mawr melyn' i lawr, meddai, Waldo yn y llythyr y cyfeiriwyd ato, sylweddolodd Idwal Jones ei fod bellach yn greawdwr ar fyd.

Nid dyma'r lle i fynd yn fanwl ar ôl pob un o'r dramâu a ysgrifennwyd ganddo yn nes ymlaen wedi iddo ddychwelyd o'r fyddin a mynd i'r Coleg, ac wedi hynny mynd yn brifathro Ysgol Mynach ym Mhontarfynach, ond daeth yn un o ddramodwyr blaenllaw ei gyfnod, a fyddai'n cystadlu cryn dipyn yn yr Eisteddfod Genedlaethol, ac yn ennill o dan feirniadaeth Saunders Lewis ymhlith eraill. Mae ganddo rhyw naw neu ddeg drama i gyd, rhai mewn teipysgrif heb erioed eu cyhoeddi, fel *My Piffle*, *Hwyl a Gwrid y Wawr*, y ddwy yn gomedïau yn nhafodiaith canolbarth Ceredigion, drama i blant, *Ffarwel Tibit y Popty*, comedi gerdd tu hwnt o boblogaidd, *Yr Eosiaid*, a ysgrifennodd pan oedd yn y Coleg ac sy'n seiliedig ar *The Student's Opera* gan Walter Garstang, a'r gwaith hwnnw yn ei dro yn barodi ar *The Beggar's Opera* gan John Gay. Fe'i haddaswyd yn rhaglen radio lwyddiannus yn ddiweddarach, a John Hughes, Treorci, yn gyfrifol am y gerddoriaeth. Yna ceir dwy gomedi fer gyhoeddedig, *Toddi'r Ia* a *P'un*, ac wrth gwrs ei ddwy ddrama enwocaf, *Pobl yr Ymylon* a'r *Anfarwol Ifan Harris*, yr ymdrinnir yn fanwl â hwy yn y Cofiant gan Gwenallt. Yr oedd y cyfnod yn un bywiog a chyffrous yn hanes y ddrama yng Nghymru, ac ysgrifennodd Idwal yn helaeth ar y pwnc yng nghylchgronau a phapurau newydd y dydd. Darllenai ddramâu di-ri, yn enwedig gwaith Synge, Ibsen a Shaw. Credai'n gryf y dylai cynnwys drama fod yn bwysicach na'i ffurf. 'Dadleuodd yn frwd iawn â mi un tro', meddai Waldo mewn adolygiad o'r Cofiant, 'nad oedd y ffurf yn cyfrif fawr o ddim, mai deunydd oedd y cwbl, a phan godasom yn y diwedd i fynd allan yr oedd Idwal wedi bod yn eistedd ar ei het'. Yr oedd ganddo syniadau blaenllaw am Theatr Genedlaethol, a chredai fod dramodwyr a oedd wrthi yn y cyfnod hwnnw – J. O. Francis, D. T. Davies, R. G. Berry ac yn y blaen – yn gnewllyn addawol iawn.

O blith ei ddramâu anghyoeddedig, diau mai'r un fwyaf diddorol yw *My Piffle, a study of the pleasantry of West Wales done into Welsh from the Hebrew of Karactacus Ivanoff*, drama a'r Gymraeg a'r Saesneg yn ymwáu drwyddi. Afraid dweud mai Caradog Evans yw Karactacus Ivanoff, a sgit ar enw ei lyfr enwog *My People* yw *My Piffle*. Yr oedd gwaith Cardaog yn dân ar groen Idwal am iddo bortreadu cymeriadau cefn gwlad Ceredigion fel y gwaneth – cymeriadau yr oedd ef ei hun yn eu parchu a'u mawrygu – ac yn *My Piffle* daw Miss Barbara Colcott Cleaves, nofelyddes adnabyddus, a'i hysgrifenyddes, Millicent, i orllewin Cymru i astudio'r brodorion ar gyfer un o'i nofelau, ac y mae criw o Gymry ieuanc, o ddeall hyn, yn mynd ati i ymarfer siarad Saesneg yn null cymeriadau Cardaog Evans. Daw'r wraig hon i'w canol a thybio ar unwaith iddi daro ar ddeunydd crai wrth ei bodd. Gofynna i un o'r merched, Mallt wrth ei henw iawn, beth yw ei henw:

Rachel, the daughter of Abram, First of the Big Heads in Capel Salem . . .

('Take that down', wrth ei hysgrifenyddes).

Are your parents living?

Iss, iss. Abram our father is down in the village.

And your mother?

Mam fach is away at the preaching match at Cardigan town . . .

('Take that down'.)

Mae un o'r bechgyn – Harri – yn esgus mai gweinidog ydyw, a phwysa'r lleill arno i roi enghraifft i'r ymwelydd o bregethu Cymraeg ar ei orau:

Preach you a bit from the sermon for rain you gave at Sheiloh last summer. The bit about the girl fach who died of distemper. There's weeping there was, and the seat of the Big Pew like a mackintosh.

That must have been very touching. But did it have any effect – did you have rain, I mean?

Dear me, now, there's selling umberellas there was the next day . . .

A chan nad yw Harri'n cofio'i bregeth ymostyngiad am law yn ddigon da, mae'n rhoi iddi flas pregeth arall o'i eiddo – pregeth am Jonah ym mol y morfil:

Oh, the Lord said to Jonah. Where is you now, Jonah bach? Is you in your shop saddler in Niniveh? No . . . Is you in Colej Theological Aberystwyth? No . . . Wel then, is you turned Church, Jonah bach? No! No! Where is you then, Jonah bach? O, Big Man bach, I am down here, reading my little Welsh Beibil in the belly of the whale . . .

(The secretary scribbles furiously.)

Y mae'r ddwy yn mynd yn y diwedd, ac mae'r bobl ieuanc yn rhoi record ar y gramaffon, yn dawnsio i'r miwsig, ac yn cael hwyl fawr – yn Gymraeg bellach. Ond daw Miss Calcott Cleaves yn ôl i gyrchu ei bag llaw anghofiedig, a chaiff syndod o weld cynulliad tipyn llai defosiynol ei naws, a chlywed Saesneg tipyn coethach y tro hwn wrth iddynt ymgomio â hi. Sylweddola beth sy'n digwydd, ac meddai yn ei dicter:

> *Your nation is a blot in the sight of God! I came prepared to find a nation of hypocrites and deceivers . . .*
> *Exactly, madam, that is what we anticipated.*

Dial Idwal Jones ar Gardaog Evans yw *My Piffle*. Yr oedd yn ddrama fer rymus ac effeithiol yn ei chyfnod, pan oedd Caradog Evans yn fyw ac yn dal i ysgrifennu, ac y mae'n brawf o alluoedd dychanol peryglus Idwal pan oedd ar gefn ei geffyl.

Mae Dai Williams, Tregaron, mewn teyrnged iddo ar ôl ei farw, yn dweud mai at Idwal Jones yr edrychai pawb o'i gyfoedion ym myd y ddrama, am y ddrama fawr, ac y mae Waldo, yn y llythyr hwnnw at Tysul Jones, yn datgan ei siom 'na chawsai Idwal iechyd i fynd i'r afael â gwaith mawr ei fywyd, sef sgrifennu dramâu, am fod yr hyn a allasai Idwal gymaint yn fwy nag a allodd'. Ond y mae Matthew Williams – cyfaill coleg arall i Idwal – yn dweud – eto mewn llythyr at Tysul Jones – fod Idwal wedi dod i'r casgliad yn ystod blynyddoedd olaf ei oes nad ar ddramâu hir tair neu bedair act y dylai ganolbwyntio, ond yn hytrach ar lunio *revue* Gymraeg, ac o gofio am ei ddoniau digri a dychanol, ei ddawn gerddorol hefyd, a'i wybodaeth am dechneg llwyfan, gallai fod wedi creu rhywbeth a fyddai wedi bod yn garreg filltir go bendant yn hanes y theatr yng Nghymru.

Fel y dirywiodd ei iechyd yn ystod naw mlynedd olaf ei oes, aeth cynllunio drama a *revues* yn ormod o dreth arno mewn gwirionedd, a throdd fwyfwy at lunio cerddi ysgafn. A mynd ati o ddifri. Digon adnabyddus yw'r geiriau a ddewisodd wrth gyflwyno un o'i lyfrau i'w gyfaill Matthew Williams:

> Sydd yn credu fel finnau nad yw ein gwlad fach ni yn cymryd ei digrifwch yn ddigon difrifol.

Dyna a wnaeth ef ei hun ar hyd y blynyddoedd. Darllenodd lyfrau am y gwahanol fathau o lenyddiaeth ysgafn, gomic a oedd ar gael nid yn unig yn Lloegr, ond yn llenyddiaethau Ewrop, a gwelodd mor dlawd oedd llenyddiaeth Cymru yn y cyfeiriad hwnnw mewn cymhariaeth. Yn 1928 ysgrifennodd erthygl fer i'r *South Wales News* yn dwyn y pennawd *A Surefit of Gravity: The importance of not being earnest*, ac yn honno mae'n canolbwyntio ar y diffyg hwn, fel y gwelai ef bethau, gan fynd ar ôl rhai o'r oblygiadau:

> *It may mean that a peculiar trend of outlook, which might be all-important in saving us from priggishness and dullness and ultra-respectability, is missing from our consciousness. That there is a serious defect in our philosophy of life. That where other nations laugh, we may be relied upon to wag a reproving finger.*

Gall olygu'r pethau hyn i gyd, ond erys y ffaith nad yw ein digrifwr mawr wedi cyrraedd. Ond fe *fyddai* wedi cyrraedd petai pethau wedi datblygu'n naturiol. Digwyddodd rhywbeth, meddai, yn y cyfnod modern, *for a direct line of development from the mischievous Dafydd ap Gwilym would have given us our great comedian by this time.* Yn y Canol Oesoedd, meddai, yr oeddem ar y llwybr iawn, ond wedi hynny nid oes digrifwch yn ein llenyddiaeth nes down ni at goler Tomos Bartley – gosodiad ychydig bach yn eithafol. Ond a ydym i gasglu felly inni golli ein synnwyr hiwmor? Dim o gwbl, yw ateb Idwal i'w gwestiwn ei hun. Ewch i'r ffair neu i'r mart, neu i'r eisteddfod leol, ac fe ddowch oddi yno wedi'ch darbwyllo fod y pibau sy'n cysylltu bywyd Cymru a llenyddiaeth Cymru yn gollwng yn rhywle. Ac â yn ei flaen i geisio dyfalu paham. Pan ymgymhlethodd y gymdeithas yng Nghymru a mynd yn ddwyieithog ac yn fwy cosmopolitan, ai methu ag ymaddasu a wnaeth yr iaith Gymraeg? Gallwn fynegi'n hadwaith i ryfeddodau natur a phrydferthwch pethau cyntefig cystal â neb,

> *but when we come to render the complex emotions of a cigarette-smoking, dancing, motoring age, our fingers fumble for the keys and find them missing.*

Ond, meddai, wedi inni roi cymaint o fai ag sy'n bosibl ar y sefyllfa gymdeithasol, a chymryd i ystyriaeth y math o natur a roddwyd i ni fel pobl, pam na ellir gwneud dim yn ei gylch,

> *we are still entitled to ask whether we are not taking ourselves a trifle too seriously, and have we not somewhere in the national storehouse a great big kitbag wherein we can occasionally pack up our troubles and smile, smile, smile?*

At hynny yr anelodd Idwal yn yr hyn y dewisodd ef ei alw'n 'farddoniaeth ffwlbri', ond sydd fel y gwyddom yn ffwlbri a chryn gamp arno. Ac nid ar chwarae bach yr esgorid ar y gamp honno. Cyfeiria Gwenallt mewn erthygl yn *Yr Efrydydd* at ei ddyfalbarhad wrth ymdrin â'i gerddi:

> Cymerai . . . drafferth fawr wrth gyfansoddi ei ganeuon digri, eu rhwbio, eu tocio, eu cloi yn y drôr am wythnosau a'u morthwylio eilwaith ar yr eingion.

Ceir yn ei lyfrau nodiadau sawl cynnig weithiau ar benillion a all ymddangos i ni yn bethau digon diymdrech a ffwrdd-â-hi. Dyna'r pennill hwnnw o'i gân boblogaidd 'Eistedd ar Ben Llidiart', er enghraifft:

> Pe bai ein Prif Weinidog ni
> Yn gofyn cyngor gennyf i,
> Pa sut i lywodraethu'r wlad,
> Mi rown fy nghyngor iddo'n rhad,
> Eisteddwch ar ben llidiart
> A meddwl beth i wneud . . .

Yn ei nodiadau y mae sawl fersiwn wedi eu dileu cyn cyrraedd y ffurf uchod. Prif Weinidog y dydd oedd J. Ramsay Macdonald, a dyma ymgais gyntaf Idwal:

Y dydd o'r blaen daeth Ramsay Mac
Y Prif Weinidog ar fy nhrac
I ofyn sut i riwlio'r wlad,
Atebais innay, 'Nenw'r tad
    Eisteddwch ar ben llidiart, &c.

Ond dyma sylweddoli na fyddai Macdonald yn Brif Weinidog am byth, ac felly:

Pe bai Prif Weinidog Prydain Fawr
Yn gofyn imi, 'Be wna i nawr
Rwyn methu'n deg rheoli'r wlad',
Atewn innau, 'Nenw'r tad,
    Eisteddwch ar ben llidiart &c.

Mae llu o enghraeifftiau tebyg o arbrofi a chaboli o'r fath yn ei nodiadau. Er bod llawer o'i brydyddiaeth yn perthyn i gyfnod, a llawer ohoni – nid y cyfan o bell ffordd – wedi dyddio erbyn hyn, y mae hyd yn oed yn honno rywbeth atyniadol iawn o hyd, ac nid oes amau mai'r hyn sy'n ei gwneud yn arbennig bob amser yw ei ddawn ddihafal i drin geiriau ac odlau. Cyhoeddwyd y rhan fwyaf o'i waith prydyddol mewn dwy gyfrol, *Cerddi Digri a rhai Pethau Eraill* (1934) a *Cerddi Digri Newydd* (1937), ac ychydig wedyn yn *Storïau a Pharodïau* (1944). Yn y cyfolau hyn gwelir ei ddawn fel parodïwr. Astudiodd y grefft honno'n drwyadl, gan ddysgu cryn dipyn gan Chesterton yn enwedig. Mae ei raglen radio 'Y Gân ni Chanwyd' a gyhoeddwyd saith mlynedd ar ôl ei farw, ymhlith y pethau mwyaf difyr yn yr iaith, lle dychmyga sut y byddai gwahanol feirdd yn adrodd, yn eu harddull a'u hieithwedd arbennig hwy eu hunain, yr hen stori honno am y teiliwr yn mynd i foddi cath, y gath yn dod i'r lan, a'r cwdyn a oedd amdani yn mynd gyda'r llif. Pethau fel hyn:

Pwy a edrydd ynfydrwydd fy malchder i
    O ganfod y Teiliwr yn crïo
Wrth weled ei gwdyn yn mynd gyda'r dŵr,
    A'r gath ar y cei yn rhuo?

Ni bu fawr o fri ar fesur y limrig yn y Gymraeg cyn dyddiau Idwal Jones, ond pan gofir am natur y mesur hwnnw, bod Edward Lear a Lewis Carroll ymhlith arwyr Idwal, ac am ei hoffter o arbrofi â geiriau ac odlau yr oedd yn anorfod y byddai'n chwilio ei bosibiliadau. Ymddiddorodd ynddo'n gynnar. Wrth ysgrifennu gartref o Gaersallog ym mis Mai 1915, sonia am 'fachgen yma wrth fy ochr o'[r] enw Fred Snowdon . . . Yr oedd ef a mi yn ysgrifennu *limericks*, un yn ateb y llall'. Hoffai ddyfeisio odlau dwbl a threbl, ac weithiau odlau pedwarblyg, fel yn y limrig hwn na chyhoeddodd mohono ond a welir yn ei lyfrau nodiadau:

> Hen lodes fach neis ydyw Kitty, iti,
> Mae ei thafod yn smart iawn a witi, iti,
>   A dwedyd y gwir
>   Dyma'r orau'n y sir,
> Mae priodi merch arall yn biti iti.

Gwelir ei ddireidi odliadol mewn cerdd anghyhoeddedig arall o'i waith lle chwaraeir â phosibiliadau'r enw personol Magi:

> Pan aethom ni i garu
> Ni bu erioed ei bath,
> Rown i yn magu Magi
> A Magi'n magu'r gath.

Cyn diwedd y gân y mae ganddo ferch fach, eto o'r enw Magi:

> Dwi byth yn mynd o gartref
> Na meddwl pacio 'mag,
> Mil gwell yw magu Magi
> A Magi'n magu Mag.

Mae elfen arall eto yn ei gerddi nad yw mor hawdd ei diffinio. Rhyw hannerpanrwydd, rhyw loerigrwydd ffantasïol. Fe'i gwelir mewn cerddi fel 'The Walrus and the Carpenter', Lewis Carroll a 'The Owl and the Pussy Cat', Edward Lear, ac yr oedd Idawl yn hoff iawn o adrodd y pennill ffwlbri hwnnw o waith Gelett Burgess:

> *I never saw a Purple Cow,*
> *I never hope to see one,*
> *But I can tell you anyhow*
> *I'd rather see than be one.*

Apeliai rhyw wiriondeb dyfeisgar, rhyw ffwlbri direidus felly ato, ac fe'i gwelir yn ei waith yntau, fel er enghraifft yn y pennill hwn:

> Hen wraig Mam-gu sy'n galw – Ust!
> Mae am gael *Head-phones* wrth ei chlust,
> Yn enw popeth ble mae'r rhain?
> A welsoch chwi *Head-phones* fy nain?

Ac yn y gân honno 'Dyhead' sy'n cynnwys y penillion hyn:

> O am fyw yn glyd a diddan
> Tan ymbarelo newydd sidan,
> Yna hwylio'n ara', ara'
> Lawr yr afon mewn tun bara.

> Ceiso meddwl faint o niwed
> A wnâi diod fain i ddefed;
> Rhifo'n ddistaw pa sawl llyffant
> Ŵyr y ffordd i gynnig gwelliant.

> A yw porthmyn sir Feirionnydd
> Wrthi'n goglais traed ei gilydd?
> A oedd Nebiwchodonoser
> Weithiau'n arllwys te i'w soser?

Yr oedd deunydd o'r fath yn newydd ac yn ffres iawn yn y dauddegau a'r tridegau, ac nid oes ryfedd iddo apelio at do iau o brydyddion fel W. D. Williams, W. R. Evans, R. E. Jones, Jacob

Davies ac eraill, a gynhyrchodd rhyngddynt doreth o ddeunydd ysgafn ar hyd yr un llinellau, llawer ohono – fel yn achos Idwal ei hun – ar gyfer rhaglenni radio cynnar yn y Gymraeg. Yn ddiddadl, fel y dywed Islwyn Ffowc Elis, yn ei gerddi ffwlbri a'i barodïau y cyrhaeddodd Idwal aeddfedrwydd meistr, ond yn ei ddramâu y gwelir yr addewid fwyaf. Ond yn y ddau fyd daw â doniau ei rieni i'r un man megis, a'u caboli a'u perffeithio.

I ddychwelyd at Idwal Jones y dyn a'r cymeriad. 'Y creadur anwylaf a fu o gylch ein tŷ ni' meddai S. M. Powell, prifathro Ysgol Tregaron, mewn llythyr sydd i'w weld ymhlith papurau Idwal. Yr oedd ganddo ddosbarth nos yn Nhregaron ar nos Wener, a sonia S. M. Powell am y bodd y byddai ei fab bach pump oed yn edrych ymlaen am wythnos gyfan at ymweliad Idwal pan alwai am ei dad ar ei ffordd i'r dosbarth:

> Nid siarad am wneud pethau yfory y byddid . . . ond mynd ati ar unwaith. Roedd yno gontractio bob nos Wener – buildio railway, gwneud gwialen bysgota ac yn y blaen – a rheiny i lygad o gnawd y pethau mwyaf twp a fu erioed, ond roeddent yn ddigon da i Idwal a Jenkin . . . Y fi oedd y bwli mawr – yn mynd â Idwal i ffwrdd i'r dosbarth.

Perthynai rhyw ddiniwedrwydd arallfydol iddo hefyd, yn ôl S. M. Powell:

> Er enghraifft, mi fethodd meistroli daearyddiaeth y dref yma ar ôl dwy flynedd. Mae yma ddwy *gully*, un yn arwain i'r bompren a thŷ Dai Williams, a'r llall yn syth i'r afon. Onibai fy mod i'n dod gydag e, mi fyddai Idwal wedi boddi rhyw hanner dwsin o weithiau.

Er iddo trwy gydol ei oes bron ymladd yn erbyn afiechyd a gwendid corfforol, 'ni soniai am ei afiechyd yn ei lythyrau', meddai Prosser Rhys amdano yn y *Faner* pan fu farw, 'dyn llawn gwaith a llawn asbri oedd ynddynt'. Ac y mae llythyrau mewn gwahanol gasgliadau yn y Llyfrgell Genedlaethol, na welodd Prosser Rhys erioed mohonynt, yn tystio i wirioedd hynny.

Ymhlith papurau Dai Williams, Tregaron, cyd-fyfyriwr a chyfaill agos ar hyd y blynyddoedd, ac a gyflwynodd – fel arweinydd Adar Tregaron – lawer iawn o waith Idwal i'r cyhoedd am y tro cyntaf, y mae teyrnged yn ei law i'w gyfaill:

Nid y corff eiddil egwan a welsom droeon yn dihoeni ar wely cystudd oedd Idwal, ond rhyw bersonoliaeth fawr oedd yn meddiannu a gorchfygu pawb a'i hadwaenai . . . Ni fu neb erioed yng nghwmni Idwal heb ddod oddiwrtho yn llonnach ei galon ac yn ysgafnach ei droed.

Ac y mae Waldo yn y llythyr hwnnw at Tysul Jones, yn cyfeirio at ddylanwad tawel Idwal yn aml, ar y cwmni y byddai'n digwydd bod yn rhan ohono. Yr oedd gan Waldo ddau gyd-letywr yn ei flwyddyn olaf yn y Coleg – un ohonynt, John, yn ddywedwst ofnadwy, byth yn yngan gair wrth neb, a'r llall, cerddor o'r enw Hancox, yn glebryn di-baid, a'i hoff destun oedd y teulu brenhinol. Un Sadwrn', meddai Waldo:

Ag Idwal yn cael cinio gyda ni, yr oedd Hancox wedi bod drwy gydol y pryd ynglyn â'r teulu brenhinol. O'r diwedd dywedodd Idwal, *Have you noticed as history goes on, less place is given to the royal family? The historians of the future, who give Elizabeth five pages will probably give George V about five lines.* Gwelodd Hancox yr awgrym ac ni bu mwy o siarad. Ymhen ychydig funudau, cododd John, yr un dywedwst, i fynd ma's, yn ôl ei arfer heb weyd dim. Ond wedi mynd lawr i waelod y stâr, trodd yn ôl, dringodd eto, agorodd y drws, rhodd ei ben i mewn a dywedodd yn syml, *Five words would be too much* – ac aeth allan eilwaith.

Idwal gydag un sylw digon rhesymol yn rhoi taw ar y clebryn, ac yn peri i'r mudan lefaru.

Fel yr awgryma S. M. Powell uchod, yr oedd yn hoff o blant ac yn awyddus i ddeffro'u doniau creadigol. Sefydlodd eisteddfod rhwng ei ysgol ei hun ym Mhontarfynach a'r ysgol nesaf ato, Ysgol Trisant, a honno'n cael ei chynnal yn y ddwy ar yn ail. Byddai cymaint o bwyslais yn yr eisteddfod hon, os nad mwy, ar gyfansoddi penillion, dramâu byrion, straeon byrion ac yn y blaen ag a fyddai ar ganu ac adrodd. Dotiodd yn lân un tro pan gafodd gân fer gan un o'r bechgyn bach yn cynnwys y llinellau:

A chodaf yn y bore
Am chwech o'r gloch y nos.

Ond, meddai Dai Williams:

Ni fwriadodd Rhagluniaeth erioed iddo lanw swydd [ysgolfeistr]. Yr oedd cyfundrefn addysg ei ddydd yn rhy gyfyng i gynnwys Idwal.

Cafodd ei hun mewn dŵr poeth pan glywodd y Pwyllgor addysg iddo gau ei ysgol am brynhawn er mwyn mynd â'r plant i'r eisteddfod yn Nhrisant, a hynny heb hysbysu'r Pwyllgor ymlaen llaw, a thebyg iawn bod adroddiad llai na ffafriol wedi cyrraedd yr un Pwyllgor ar ôl y digwyddiad canlynol a gofnodir gan S. M. Powell:

Digwyddodd i Arolygwr Ysgolion gyrraedd ysgol fach Devils Bridge a chael y plant yn un pentwr ar y llawr, a'r reiots mwyaf gogoneddus. Holodd i rywun ble roedd y prifathro ac maes o law dyma'r prifathro yn ymddangos o ganol a gwaelod y pentwr. Nid gwrthryfel oedd yno ond rhyw chwarae o waith Idwal.

Gadawodd ei swydd yn Ysgol Mynach gan deimlo iddo golli ymddiriedaeth ei gyflogwyr a chael gwaith fel athro dosbarthiadau nos o dan nawdd Coleg Aberystwyth a'r WEA (*Workers Educational Association*) – a mynd â'i ddirieidi i'w ganlyn. Y mae yn y Llyfrgell Genedlaethol becyn bach o'i lythyrau at ysgrifennydd ei ddosbarth yn Nhal-sarn yn Nyffryn Aeron, Stanley Jones, ac yn un ohonynt y mae nodyn ychwanegol fel hwn, ar ôl trafod busnes y noson a oedd i ddod:

Efallai y gallaf gael nifer o benillion difyrrus heno i weindio'r dosbarth i fyny mewn hwyl. Gore y byd os na fydd y ffeirad yn bresennol – efallai y ceir fwy o hwyl. Ond peidiwch â dweud fy mod wedi dweud hynny.

Byddai wrth ei fodd yn tynnu blewyn o drwyn ysgolheigion ei ddydd. Y mae'r darnau rhyddiaith sy'n cysylltu'r parodïau yn 'Y Gân ni Chanwyd', y cyfeiriwyd ati eisoes, yn llawn o jargon ffug-ysgolheigaidd, ac yn un o'i lyfrau nodiaiau mae ganddo ran o erthygl y bwriadai ei defnyddio mewn rhyw gyhoeddiad neu'i gilydd, er na wnaeth hynny hyd y gwyddys. Erthygl ar ffurf colofn 'hawl ac ateb' ydyw, lle ceir merch ieuanc ddychmygol – Ellen Jane Davies – yn holi ei hathro. 'Pwy oedd Dafydd ap Gwilym a ble gwnaeth ef ei farc?' Dyma ran o'r ateb:

Yn ôl y prif awdurdodau – ac y mae nifer ohonynt – mab oedd Dafydd i ŵr o'r enw Gwilym Gam. Gelwid ef felly, mae'n debyg, am iddo dderbyn cam mewn Eisteddfod a gynhelid yn agos i'w gartref. Rhaid bod hyn wedi gwneud argraff fawr ar Ddafydd oblegid er yr holl sôn sydd amdano, nid oes hanes iddo dderbyn cymaint â gwobr mewn Penny Reading. Yn ôl yr un awdurdodau ganwyd Dafydd ap Gwilym yn sir Aberteifi yn y flwyddyn 1395, yn y flwyddyn 1435, a thrachefn yn y flwyddyn 1458. Bu farw rywle rhwng 1415 a 1495. Felly deuwn i'r casgliad ei fod wedi ei eni deirgwaith a'i fod rywle rhwng 55 a 132 pan fu farw. Claddwyd ef yn Ysrad Fflur, a hefyd yn Nhalyllychau. Diau yr ymddengys y pethau hyn yn rhyfedd i chwi, Ellen Jane, ond wedi i chwi dyfu i fyny ac astudio gwaith ein hysgolheigion pennaf deuwch i ymgynefino â phethau fel hyn yn fuan iawn.

Gellid cyffroi Idwal hyd at ddicter weithiau. Cyfeiriwyd eisoes at y llythyr miniog hwnnw yn y *Western Mail* a anelwyd at ei gyfaill Lemuel Rees, ac at ei deimladau tuag at Caradoc Evans. Gellir dychmygu ei ymateb pan gododd Mrs Caradoc Evans, y Countess Barcynska, gwmni drama yn 1925 i berfformio yn Aberystwyth, a phan roddodd hysbysiad yn y wasg yn ddiweddarach i'r perwyl mai ei bwriad oedd mynd â'r cwmni i chwarae dramâu Saesneg modern yn rhai o drefi a phentrefi Ceredigion. Cyffrowyd ef i'w waelodion, a gyrrodd lythyr arall i'r *Western Mail*:

> *We unsophisticated folk of Lampeter, Aberporth, etc., already owe a deep dept of gratitude to Mr Caradoc Evans for his charming rural studies of people whom, apparently he now desires to educate, and I for one, desire to express my appreciation of this salutary attempt to wean the benighted people of Aberporth and other Welsh villages from their preoccupation with the affairs of the chapel, the Sunday School, Welsh literature and the eisteddfod by giving them a right sense of values through the medium of Noel Coward's plays, portraying as they do, life in the more erotic circles of the West end of London.*

Â ymlaen yr un mor ddychanol, ond gan ddangos yn glir iawn yr un pryd ei fod yn gwybod yn union faint o'r gloch ydoedd ar y Theatr yn Llundain, yn Lloegr a thu hwnt:

> *And could not the company do with a little publicity? I have done my best in this letter, but it is not enough. Why not a cocktail party at Ffostrasol?*

Mae'n gorffen trwy droi unwaith eto i'r 'Caradoc-speak' a ddefnyddiwyd mor effeithiol ganddo yn *My Piffle*:

> *But lose you not heart, woman fach, for mighty is the forgiveness of the people bach nice of Cardiganshire . . . and the Big Man will lead the Respected of Capel Seion to Aberporth that night. Iss, iss. Ach y fi!*

Pan ymunodd Idwal Jones â'r fyddin yn 1915, fe'i hanfonwyd i Gaersallog, ac un o'r pethau cyntaf a ddigwyddodd iddo oedd cael ei daro gan y pliwrisi. Rhoddwyd ef mewn ysbyty am rai wythnosau, ac yna cafodd ddod adref ar lîf. Ond yn ôl llythyr gan Olwen ei chwaer a gadwyd ymlith papurau Dai Williams, daeth rhyw 'adyn o feddyg milwrol' i fyny o sir Benfro i'w archwilio, a'i orchymyn yn ôl i'r gwersyll ar unwaith, ac yntau yn ôl ei chwaer ymhell o fod wedi gwella. Yn y cyfamser rhoesai ei enw i lawr i fynd i Ddwyrain Affrica, oherwydd un o'i amcanion wrth ymuno â'r fyddin yn y lle cyntaf oedd cael gweld ychydig ar y byd. Ac yntau heb wella'n iawn o effeithiai'r pliwrisi, cafodd ei hun yn Mombassa, mewn hinsawdd tra pheryglus hyd yn oed i rywun holliach, a bu'n sâl iawn yno, sef, yn ôl tystiolaeth ei chwaer eto, 'y seilwch a adawodd y nam arno a fu'n achos angau iddo yn y diwedd'. Daeth adref ar ddiwedd y rhyfel ar ôl bod yn glaf mewn o leiaf bymtheg o ysbytai gwahanol yn Affrica a Lloegr. 'Pan welais ef', meddai Olwen, 'mawr oedd fy siom o ganfod fod y crwt a'r gwyneb crwn, iachus a ymunodd a'r fyddin wedi myned am byth, a bachgen tenau a wyneb hir wedi dod yn ei le, ond diolch i'r nefoedd roedd yr ysbryd yr un'.

Pedair blynedd yn ddiweddarach cafodd wybod gan feddyg yn Aberystwyth fod ganddo smotyn ar ei ysgyfaint, a dihoeni'n araf ond sicr fu ei hanes wedyn weddill ei oes. 'Yr awron', meddai mewn un llythyr, 'y mae yn aros gobaith, cymeryd pethau yn dawel a pheidio ag achwyn, a'r mwyaf o'r rhai hyn yw gobaith. Bu farw yn Rhoslwyn, lle ganed ef, ar 18 Mai 1937 yn ddwy a deugain oed, deuddydd cyn ymddangosiad ei ail gasgliad o gerddi, *Cerddi Digri Newydd*.

Sonia Gwenallt am fynd i'w weld yn ystod ei ddyddiau olaf, ac er mwyn ceisio codi ei galon, yn ei longyfarch ar daclusrwydd ei ystafell. Mor wahanol i'w ystafell yn ei lety yn 58 Cambrian Street, Aberystwyth gynt, lle'r oedd popeth yn gawdel ac yn sang-di-fang i gyd. Ond yma, y cerddi digri i gyd mewn ffeil las, ei lythyrau mewn ffeil goch, ei raglenni radio mewn ffeil werdd, ac yn y blaen.. Popeth yn ei le. 'Eitha gwir', meddai Idwal, 'rwyf wedi mynd yn greadur ffeiledig iawn'. Cystal enghraifft â'r un o'r ymadrodd Saesneg, *ruling passion strong in death*.

Cyfres Llyfrau Llafar Gwlad – rhai teitlau

42. AR HYD BEN 'RALLT
    Enwau Glannau Môr Penrhyn Llŷn
    Elfed Gruffydd; £4.75

45. 'DOETH A WRENDY . . .'
    Detholiad o ddiarhebion – Iwan Edgar; £4.25

47. 'GYM'RWCH CHI BANED?'
    Traddodiad y Te Cymreig – E.G. Millward; £3.50

48. HYNODION GWLAD Y BRYNIAU
    Steffan ab Owain; £4.25

49. O GRAIG YR EIFL I AMERICA
    Ioan Mai; £3.50

50. Y CYMRY AC AUR COLORADO
    Eirug Davies; £3.50

51. SEINTIAU CYNNAR CYMRU
    Daniel J. Mullins; £4.25

52. DILYN AFON DWYFOR
    Tom Jones; £4.50

53. SIONI WINWNS
    Gwyn Griffiths; £4.75

54. LLESTRI LLANELLI
    Donald M. Treharne; £4.95

55. GWLADYCHU'R CYMRY YN YR AMERICAN WEST
    Eirug Davies; £4.50

56. BRENHINES POWYS
    Gwenan Mair Gibbard; £4.50

57. Y DIWYDIANT GWLÂN YN NYFFRYN TEIFI
    D. G. Lloyd Hughes; £5.50

58. CACWN YN Y FFA
    Ysgrifau Wil Jones y Naturiaethwr; £5

59. TYDDYNNOD Y CHWARELWYR
    Dewi Tomos; £4.95

60. CHWYN JOE PYE A PHINCAS ROBIN – ysgrifau natur
    Bethan Wyn Jones; £5.50